Gerd Stuckert

Rechtschreibstrategien

Leichter und erfolgreicher zum richtigen Schreiben

5./6. Jahrgangsstufe

Band I

Zeichnungen: Monika Hirmer

umweltfreundlich
auf
chlorfreiem
Papier

Copyright: pb-verlag • 82178 Puchheim • 2006

ISBN 3-89291-**511**-3

Schülerhilfe für die SEKUNDARSTUFE

G. Stuckert

Rechtschreib-Regelheft

Mein Wortschatz geordnet nach rechtschriftlichen Besonderheiten

pb verlag

Wörter richtig schreiben – wie geht das am besten?, **1.** Mitsprech- oder Hörwörter, Deutlich silbenweise (mit) sprechen, Kurz- und langgesprochene Vokale, **2.** Nachdenk- oder Denkwörter, Das Wort verlängern, Frage nach dem Stammwort?, **3.** Merkwörter, **4.** Wortbausteine erkennen und ganz ausschreiben, **5.** Auf die Bedeutung des Wortes achten, **6.** Im Wörterbuch nachschlagen, Rechtschriftliche Besonderheiten

I. Wörter mit doppeltem Mitlaut
1. Verdopplung der Konsonanten (Mitlaute) „ff, ll, mm, nn, pp, rr, tt, bb, dd, gg, kk, zz", **2.** Sonderfälle der Verdopplung: ck und tz
II. Lange Vokale und Doppellaute – Dehnung
1. Das Dehnungs-h, **2.** Der lang gesprochene i-Laut: ie, ih oder ieh, nur i, **3.** Vokalverdopplung: aa, ee, und oo
III. Wörter mit ss und ß
IV. Gleich und ähnlich klingende Buchstaben und Wörter
Wörter mit weichem oder hartem Mitlaut am Wortende, b oder p, g oder k, d oder t?, Gleich klingende Mitlaute, Der „f " Laut „f, v, pf, ph", Der „ks" Laut: „x, chs, gs, ks, cks", Wörter mit gleich klingenden Selbst- und Doppellauten, ä klingt wie e, äu klingt wie eu, ai klingt wie ei, Gleich klingende Wörter mit unterschiedlicher Schreibweise Rad – Rat
V. Groß- und Kleinschreibung
1. Großschreibung (GS), – Satzanfang (auch in der wörtlichen Rede) und bei Überschriften / Titeln, – GS von Nomen / Substantiven (Namenwörtern), – GS von Nomen mit den Nachsilben -heit, -keit, -nis, -schaft, -ung, GS bei Zeitangaben, – Substantivierung (= wie ein Substantiv verwendetes Wort), – Anredefürwort Sie und Ihr, – Herkunftsbezeichnungen, – Mehrteilige Eigennamen, **2.** Kleinschreibung (KS), Alle Wortarten (außer Nomen), Kleinschreibung beim persönlichen Anredefürwort du und dein, Wörter, die sich auf ein Nomen beziehen, Zahlwörter und Mengenangaben, KS bei den Zeitangaben heute, abends, montags,

---

Abgeleitete Adjektive auf -isch, -sch, **3.** Großschreibung/Kleinschreibung, Klein- oder Großschreibung, Klein- und Großschreibung
VI. Zusammen- und Getrenntschreibung
1. Zusammenschreibung, Christbaum, Autobahnfahrt, riesengroß – zusammengesetzte Nomen, Zusammengesetzte Verben, maßregeln, frohlocken – untrennbare Wortverbindungen, heimfahren, fortlaufen – trennbare Wortverbindungen, abreisen, aufpassen, einsehen – Verbverbindungen mit Kurzwörtern, irgendjemand, irgendetwas – Zusammensetzungen mit irgend, **2.** Getrenntschreibung, **1.** Verbindungen mit einem **Verb**, Auto fahren, Recht haben – Nomen und Verb, kennen lernen, gefangen nehmen – Verb und Verb, da sein, da gewesen – Verbindungen mit sein, schnell fahren – Adjektiv und Verb, Adjektiv mit -ig, -lich, -isch und Verb, auseinander gehen, rückwärts gehen – Adverb und Verb, **2.** Verbindungen mit **Adjektiven**, Adjektive auf -ig, -lich, -isch und Adjektiv, z.B. riesig groß, strahlend weiß – Partizip und Adjektiv, leicht verständlich – Adjektiv (steigerbar) und Adjektiv, **3.** Weitere Verbindungen, so viel, wie viel, zu wenig, gar nicht - Verbindungen mit so, wie, zu und gar, nach/zu Hause, zu Ende - besondere Wortgruppen
VII. Fremdwörter
1. Unterschiedlich klingende Laute, **2.** Häufig vorkommende Wortbausteine am Wortanfang, **3.** Nachsilben / Endungen bei Fremdwörtern, **4.** Besondere Schreibweisen – Th/th, Ph/ph, Rh und Ch
VIII. Trennung von Wörtern am Zeilenende
1. Trennung nach Sprechsilben, **2.** Trennung bei ck, ch und sch, **3.** Trennung mit zwei Möglichkeiten
IX. Zeichensetzung: Die wichtigsten Satzzeichen
1. Am Satzende: Punkt, Fragezeichen, Ausrufezeichen, **2.** Kommasetzung, Komma zwischen Haupt- und Nebensätzen, Komma bei Aufzählungen, Komma bei der wörtlichen Rede, Komma bei Ap-

---

positionen (Beifügungen), Komma bei Einschüben, **3.** Der Bindestrich, Ein Bindestrich muss gesetzt werden: , – Zusammensetzungen mit Einzelbuchstaben, Abkürzungen, Ziffern, – Zusammensetzungen mit Eigennamen, Ein Bindestrich kann gesetzt werden: , – Hervorhebung einzelner Bestandteile eines Wortes, – Vermeidung von Missverständnissen, – Bessere Lesbarkeit bei Wortzusammensetzungen, **4.** Die Zeichensetzung bei der wörtlichen Rede
X. Wortbausteine erkennen und jeden ganz ausschreiben
1. Der Wortstamm ist der wichtigste Baustein, **2.** Wortzusammensetzungen mit **Endungen, Vorsilben** und **Nachsilben,** Wortzusammensetzungen mit Endungen, Endungen bei Nomen, Endungen bei Nomen, Wortzusammensetzungen mit Vorsilben, Wortzusammensetzungen mit Nachsilben, Nachsilben bei Nomen, -heit, -keit, -nis, -schaft, -ung, -ling, -tum, -chen, -lein, -in, Nachsilben bei Adjektiven, -ig, -lich, -isch und -bar, -haft, -sam, **3.** Wortzusammensetzungen mit **Kurzwörtern** (Strukturwörtern), **4.** Meine Wörterwerkstatt: Wortbausteine erkennen und richtig zusammensetzen, Übersicht über die Wortbausteine, **5.** Wörterzusammensetzungen – Zusammensetzung von zwei oder mehreren Wörtern, -Fugenbaustein, - Doppel- und Dreifachlaut bei Wörterzusammensetzungen, **Anhang,** Die unregelmäßigen Verben, Meine Fehler-Hitparade, Die beste Fehlerbekämpfung – meine Wörterkartei

Rechtschreib-Regelheft

Nr. 543	*48 Seiten*	€ 9,90
im Klassensatz		€ 6,90

Unterrichtspraxis

Karl-Hans Seyler

Aufsatzkorrektur-leicht gemacht

Praktische Hilfen zur gerechten Bewertung
5.-10. Jahrgangsstufe

NEU

● BEURTEILUNGSKRITERIEN • MERKBLÄTTER • AUFS...

Inhaltsübersicht:

Vorwort
Inhaltsverzeichnis
Wichtige Korrekturzeichen (Vorschlag)

Merkblatt, Bewertungsblatt und ausgewählte Schüleraufsätze für

● Nacherzählung (Jg. 5./6.)
● Erlebniserzählung (Jg. 5./6.)
● Bildergeschichte (Jg. 5./6.)
● Bericht (Jg. 6./7.)
● Gegenstands- und Vorgangsbeschreibung (Jg. 7./8.)
● Bildbeschreibung (7./8.)
● Inhaltsangabe (Jg. 7.-10.)
● Protokoll (Jg. 7.-10.)
● Lebenslauf und Bewerbungsschreiben (Jg. 8.-10.)
● Argumentation/Stellungnahme (8.-10.)
● Erörterung (Jg. 9.10.)
● Analyse von literarischen Texten (Jg. 9.-10.)
● Analyse von Sachtexten (Jg. 9.-10.)

Mit Hilfe dieses Buches werden Sie
❶ zügiger korrigieren
❷ gerechter bewerten
❸ Transparenz schaffen
❹ Ihren Schülern individuelle Hilfen geben können
❺ die Aufsatzleistung Ihrer Schüler verbessern
❻ in kürzester Zeit über die wichtigen Aufsatzarten informiert sein

In jeder Sequenz werden folgende Materialien angeboten:
❶ **Das Merkblatt zur passenden Aufsatzart mit Lösungsblatt**
Es ist nach der Erarbeitung in der Klasse für die Hand des Schülers bestimmt.

❷ **Das Bewertungsblatt zur passenden Aufsatzart**
Dieses ist in einem inhaltlichen und einen sprachlichen Teil untergliedert. Beide Bereiche sind gleich gewichtet. Die maximal zu vergebenden Punkte stehen in Klammern hinter den einzelnen Bewertungskriterien. Die tatsächlich erreichten Punkte tragen Sie rechts am Rand auf die Striche ein. Eine Bewertungsskala ist immer dabei. Sie finden diese auf dem Bewertungsblatt ganz unten. Auch dieses Blatt ist für die Hand des Schülers bestimmt und liegt nach Ihrer Bearbeitung dem korrigierten Aufsatz bei.

❸ **Ein korrigierter Schüleraufsatz (Aufsatz 1)**
Die Korrekturzeichen am Rand sind auf ein Minimum reduziert und können von Ihnen selbst nach Belieben modifiziert werden.

Betrachten Sie die Korrekturzeichen auf der Seite 4 nur als Vorschlag. Interpunktionsfehler (I) habe ich in den korrigierten Aufsätzen nicht am Rand vermerkt.

❹ **Ein nicht korrigierter Schüleraufsatz (Aufsatz 2)**
Sie können diesen Aufsatz entweder selbst oder zusammen mit Ihrer Klasse korrigieren. Schüler motiviert es außerordentlich, einen Aufsatz „ihrem Niveau" verbessern zu dürfen.

❺ **Ein ausgefülltes Bewertungsblatt**
Das zu obigem Aufsatz ausgefüllte Bewertungsblatt ist nur ein Vorschlag.

❻ **Der korrigierte Schüleraufsatz (Aufsatz 2)**
Er dient nur zur Ihrer Kontrolle.

Aufsatzkorrektur - leicht gemacht

Nr. 523	*144 Seiten*	€ 20,50

Unterrichtspraxis

J. Biesemann/K. v. Eunen/H.-J. Michels

Aufsatz-mal anders

Schreibanlässe zum Weiterdenken und Ausbauen
5./6. Jahrgangsstufe

● Arbeitsblätter mit Lösungen und Folien

Das unschuldige Gewissen

• Du siehst den Knoten in der Straßenlaterne. Beschreibe die Situation auf diesem Foto!
• Schreibe den Dialog zwischen dem Polizisten und dem vermeintlichen Täter auf!
• Welche Erklärung hat der Täter für diesen Vorfall?
• Denke dir aus, das passiert ist und wie die Geschichte weitergeht!
• Welche Strafe erwartet den Täter? Du bist der Richter.

Aufsatz-mal anders 5./6.

Nr. 975	*62 Seiten*	€ 14,50

Anton Schaller

DU

Geschichten zum sozialen Lernen

36 Geschichten
zum Lesen und Diskutieren

Themen:

Zurückgeben von gefundenen Gegenständen • Mithilfe daheim • Gewissenhaftigkeit • Jemanden hereinlegen • Spaß ist nur, was allen Spaß macht • Höflichkeit • Verständnis für alte Menschen • Versprechen halten • Unkenntnis eines Anderen ausnützen • Lügen haben keinen Sinn • Ladendiebstahl • Vorurteile • Neid • Horrorfilme • Verpetzen • Umweltschutz • Ausspotten von Mitschülern • Eindruck machen wollen • Imponiergehabe • Andere nicht zu Wort kommen lassen • Markenbewusstsein • Lärmstörung • Vordrängen • Stress am Morgen, Schlamperei • Hilfsbereitschaft • Außenseiter der Gesellschaft • Auch die Wahrheit kann weh tun • Gedränge beim Schulbus • Ehrlichkeit • Lange Telefongespräche • Umgang mit Schulsachen • Menschen nach dem Äußeren beurteilen • Mutwillige Sachbeschädigung • Briefgeheimnis • Tierquälerei

DU

Nr. 519	*40 Seiten*	€ 11,90

UNTERRICHTSPRAXIS

Erhard und Monika Hirmer

Textknacker

5./6. Jahrgangsstufe
Lesetexte besser verstehen

Sachtext
Schilderung
Kurzgeschichte
Kalendergeschichte
Erzählung
Sage
Märchen
Persiflage

NEU

• ARBEITSBLÄTTER mit Lösungen • FOLI...

INHALT knacken

Lokalitäten: Wo spielt die Geschichte?
Markiere und beschrifte: Wer macht dort was?

BERLIN

Marburg in Hessen

Wie ist der Krimi aufgebaut?
Kreuze richtig an.

	Zeilen 1 - 17	
1		
	Zeilen 18 - 42	
2		
	Zeilen 43 - 58	
3		
	Zeilen 59 - 79	
4		
	Zeilen 80 - 115	
5		

Vorschlag für die Kapitelüberschrift:

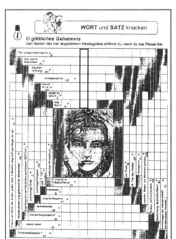

WORT und SATZ knacken

Göttliches Geheimnis
Den Namen des hier abgebildeten Hindugottes erfährst du, wenn du das Rätsel löst.

---

1. **Bernd Poieß** Die Klompen (Erzählung)
2. **Eva Markert** Die Tücke der Objekte (Kurzgeschichte)
3. **Paul Maar** Spinnen (Science Fiction)
4. **Hjalmar Kutzleb** Feuer (Geschichtserzählung)
5. **Die Teufelsmühle am Wiener Berg** (Sage)
6. **Der Zar und der Lügner** (Märchen)
7. **Luis Trenker** Flucht und Heimkehr (Kalendergeschichte)
8. **Das Turiner Grabtuch** (Sachtext)
9. **Amazing Discoveries** (Persiflage)
10. **Adpfent** (Schilderung)
11. **Gefährlicher Leichtsinn** (Minikrimi)
12. **Leonard Koop** Die Nacht mit Livia (Minikrimi)
13. **Nikola Hirmer** Discite Moniti (Minikrimi)
14. **Wolfgang Moll** Kalkutta (Schilderung)

Textknacker 5./6.

Nr. 525	*144 Seiten*	€ 20,50

Vorwort

Aufgrund der neuen Einteilung des Wortschatzes in Mitsprech- (Hör-), (Nach) Denk- und Merkwörter werden spezifische Rechtschreibstrategien aufgezeigt, die der Besonderheit der Wörter entsprechen. Es ist nun Aufgabe der Schule, die Ausbildung einzelner Strategien anzubahnen und diese systematisch aufzubauen: Lautgetreues Schreiben als Grundstrategie, darauf aufbauend das regelgeleitete und nicht regelgeleitete Schreiben.

Erst wenn ein gewisses Repertoire solcher Strategien verfügbar ist, können Schüler die Gesetzmäßigkeiten der Sprache entdecken und entsprechend der Schwierigkeit eines Wortes handeln.

In Form von Arbeitsblättern, Kartei- bzw. Stationskarten und kleinen Tests wird ein effektives Übungsmaterial angeboten. Es ist dem Autor bewusst, dass die Arbeitsblätter stofflich oft überladen und deshalb in einer Unterrichtsstunde nicht zu bewältigen sind. Bei der Gestaltung der AB wurde berücksichtigt, dass das Kopierkontingent in den Schulen meist stark eingeschränkt wird. Deshalb sollte auf einem AB eher mehr als weniger Übungsmaterial angeboten werden. Sinnvoll wäre wohl der Einsatz eines AB sowohl in der Schule als auch als Hausaufgabe.

Die Karteikarten ermöglichen es den Schülern, die Wörter noch intensiver zu trainieren und sich selbst zu kontrollieren. Sie können fotokopiert und laminiert oder einfach in Klarsichthüllen (DIN A 5) geschoben werden. Die Schüler bearbeiten sie dann mit einem wasserlöslichen Folienstift während einer Freiarbeitsphase oder in einem Stationentraining.

Neu ist der Versuch für rechtschriftliche Besonderheiten jeweils eine Kurzform(el) zu finden, die z. B. das Wesentliche einer Regel symbolisiert und sich somit leichter einprägen lässt.

Weiterhin sind bei den Lösungen zu den einzelnen Strategien häufig verwendete Wörter in Kursivschrift gedruckt, da diese zum Kernwortschatz gehören.

Um die Zahl der Übungen steigern zu können, werden längere, sich öfter wiederholende Arbeitsaufträge nur einmal separat angeführt. Die Seiten 7/8 beinhalten Symbole, Abkürzungen und Hinweise zu den Arbeitsaufgaben, mit denen viel Platz gespart werden kann. Der Schüler soll mit diesen Hilfen - immer griffbereit in einer Sichthülle - gezielt arbeiten können.

Auf die Form von Nachschriften wurde verzichtet. Stattdessen wird meist in Rätselform nach dem neuen Begriff gesucht. In weiteren abwechslungsreichen Aufgabenstellungen werden dann die neuen Wörter geübt. Ein nur isoliertes Üben von Wörtern ist jedoch zu einseitig. Daher werden auch Texte angeboten, in denen einzelnen Rechtschreibbesonderheiten akzentuiert und in einen inhaltlichen Zusammenhang gebracht werden.

Besonders empfehlenswert ist die Erfindung kleiner Reizwortgeschichten. Den Schülern werden etwa 2 bis 3 oder 3 bis 5 geeignete Lernwörter vorgegeben und sie sollen zu diesen Sätze oder einen kleinen, möglichst lustigen Text gestalten. Gelungene Texte können sehr gut als Diktat verwendet werden.

Ein überzogenes Beispiel gebe ich auf S. 31 „Rocker Knock..." Natürlich sind es hier zu viele Wörter und die erfundene Geschichte ist wohl gar nicht so lustig. Wie viele Wörter es sein können/sollen, wissen Sie selbst am besten.

Für Korrekturen oder weitere Anregungen ist der Verfasser dankbar.

Verlag und Verfasser hoffen, dass Sie mit diesen Materialien erfolgreich arbeiten können und Ihre Schüler - trotz trockenem Stoff - dabei manchmal auch ein bisschen Spaß haben.

Zeichen und Kürzel für Überlegungen zum richtigen Schreiben

Wähle einige aus, die du gut findest. Am besten legst du dir eine eigene Kürzelliste an.

Kurzform	Beispiele	Erläuterung der Strategie
‿ ‿	Birne, raten	**Mitsprech-/Hörwörter (Hw)**
⁀•⁀•⁀	Markt, Hauptstraße	Ich spreche ein Wort grundsätzlich **silbenweise** mit.
V oder V̱	bald, ṟot	Überdeutlich buchstabenweise mitsprechen.
V̱M	Päket, leben	Vokal wird **kurz** oder **lang** gesprochen.
		Nach einem lang gesprochenen Vokal folgt meist nur ein Mitlaut.
		Denkwörter (Dw)
ṾdM	Ball, Mitte	Ist nach einem **kurz** gesprochenen Vokal nur **ein** Mitlaut hörbar, dann wird dieser **verdoppelt**.
Ṿck	Block, wecken, dick	Nach **kurzem** Vokal folgt **ck** (statt kk).
Ṿtz	Blitz, nützen, spitz	Nach **kurzem** Vokal folgt **tz** (statt zz).
i̱ → ie	Brief, fliegen, hier	Das lang gesprochene i̱ wird meist mit **ie** geschrieben.
		Wort verlängern
⬚→	lieb → lieber; Geld → Gelder; Reh → Rehe; Berg → Berge	Die Mitlaute **d**, **b**, **g** und **h** am Wortende können besser gehört werden, wenn jeweils das Wort verlängert und silbenweise mitgesprochen wird.
h	Nähe, sehen	Das **h** am Anfang einer Silbe kann man hören.
		Grundform suchen
Ⓖf	legt → legen; geht → gehen; lebt → leben	Bei der Grundform des gebeugten Verbs ist ein Mitlaut deutlicher hörbar.
		Verwandtes Wort suchen.
ä◯a äu◯au	hart → Härte Traum → träumen	Wort wird mit **ä/äu** geschrieben, wenn es zu ihm ein verwandtes Wort mit **a/au** gibt.
ll◯ll	rollen, Rolle, Roller	Wenn einmal im Wortstamm ll, dann bei allen verwandten Wörtern ll.
der die das ↑	der Ball, das Haus	**Großschreibung**, wenn man vor das Wort einen Begleiter (der, die, das) setzen kann.
↓	legen, lustig, gern	**Kleinschreibung** bei allen anderen Wörtern.
		Merkwörter (Mw)
V̱h	Bahn, fühlen	Lang gesprochener Vokal mit Dehnungs-**h**.
V̱S	Haar, Meer	Langer Vokal mit weiterem Selbstlaut → doppelter Selbstlaut **aa, ee, oo**.
V̱ß	Spaß, heiß	Langer Vokal mit **ß** → Merkwörter mit **ß**.
		Wortbausteine
⬚	Ball, spielen, Fahrt	Grundwort mit nur aus einem **Wortstamm**.
⬚⬚	Fußball, Autofahrt	Zusammengesetztes Wort mit zwei Wortstämmen.
⬚⬚	Gefahr, Unglück	Wort mit einem Anfangsbaustein, z. B. Vorsilbe (ge-, ent-, ver-)
	abfahren, Vorfahrt	oder Kurzwort (ab-, auf-, ein-, vor-).
		Wort mit einer **Nachsilbe (NS)**. An der NS erkenne ich:
⬚⬚	Schönheit, Hoffnung lustig, herrlich	-heit, -keit, -nis, -ung → Nomen ↑; -ig, -lich, -sam, -los → Adjektiv ↓
⬚⬚	Handtuch, entdecken Laubbaum, verreisen	Achte bei diesem Wort besonders auf die Nahtstelle, an der zwei gleich klingende oder gleiche Mitlaute aufeinander treffen können.
⬚ ≠ ⬚	Ende ≠ Ente	Diese Wörter darf ich nicht miteinander verwechseln.

Grundsätzlich können diese Zeichen/Abkürzungen für Arbeitsaufträge und eigene Überlegungen verwendet werden, z. B.

Ⓖf = Suche die **Grundform** dazu: lebst → leben, wiegt → wiegen, sagst → sagen

= Ich setze das gebeugte Verb in die **Grundform**, um besser hören zu können, ob das Verb mit **b** oder **p** mit **g** oder **k** geschrieben wird.

ä◯a = Stelle fest, ob es zu dem **ä**-Wort ein **verwandtes a**-Wort gibt.

= Ich denke nach, ob es dazu ein **verwandtes** Wort mit **a** gibt. Wenn ja, dann **ä** wegen **a**.

Inhaltsverzeichnis

	Arbeitsblätter/ **Strategien**	Stationskarten **Lösungen**	Texte

Abkürzungen
Abkürzungen bei Wörtern mit Wort

		Weitere Abkürzungen	
W=	Wort, Wörter	B=	Buchstabe(n)
DW=	(Nach)Denkwort	Dl=	Doppellaut (au, ei, eu)
EW/A=	Eigenschaftswort/Adjektiv	E=	Endung(en)
HW=	Hör- oder Mitsprechwort	GSch=	Großschreibung
GW=	Grundwort	KSch=	Kleinschreibung
KW=	Kurzwort	M=	Mitlaut
MW=	Merkwort	dM=	doppelter Mitlaut
NW/N=	Namenwort/Nomen	NS=	Nachsilbe
iW=	im Wort	S/S/S=	Selbstlaut/kurz und lang gesprochener Selbstlaut
vW=	Verwandtes Wort	dS=	doppelter Selbstlaut
zusg.W=	zusammengesetztes Wort	U/UU=	Umlaut/kurz und lang gesprochener Umlaut
WA=	Wortanfang WE= Wortende	V/V=	Vokal/kurz und lang gesprochener Vokal
WF=	Wortfamilie	VS=	Vorsilbe
WSt=	Wortstamm	dV=	doppelter Vokal

Hinweise zu einzelnen Arbeitsaufgaben

Brückenwörter

Auto | Bahn | Fahrt

Setze jeweils zwischen die zwei Wörter als Brücke ein weiteres Wort ein, das sowohl mit dem ersten Wort als Schlussteil als auch mit dem 2. Wort als Anfangsteil ein zusammengesetztes Wort bilden kann. Steht das Brückenwort am Anfang, dann ist es das **Bestimmungswort (BW)**, steht es am Wortende, dann ist es das **Grundwort (GW)** des zusammengesetzten Wortes. Schreibe die Namenwörter mit ihren Begleitern.

			Brückenwort = Grundwort
Tür	**Schlüssel**	Bund	der Schlüsselbund
früh	**Geburt**	Tag	der Türschlüssel
Knochen	**hart**	Geld	die Frühgeburt
			der Geburtstag

Brückenwort = Bestimmungswort
knochenhart
das Hartgeld

Wörterdetektiv

Früher hat Nick Knatterton die schwierigsten Kriminalfälle gelöst. Bei Nick Knulp geht es um Rechtschreibfälle. Er untersucht jedes Wort ganz genau. Wie viele Buchstaben hat es? Wo ist die schwierige Stelle? Nick Knulp kombiniert so lange bis er die Lösung gefunden hat.

Kannst du alle 10 **ie**- Wörter vom Kästchen in das vorgegebene Kreuzworträtsel richtig einsetzen, obwohl kein Buchstabe vorgegeben ist?
Geh **taktisch** vor und untersuche jedes Wort. Beispiel: Fange mit dem längsten Wort senkrecht an. → (⑧schwierig) Dann findest du auch gleich das zweitlängste. → (①Beispiel) Welches Wort beginnt mit L und hat vier Buchstaben?
→ (⑩Lied) Bei welchem Wort mit 7 Buchstaben ist der 2. Buchstabe ein r? → (④Frieden). Wenn du so weiter kombinierst, löst du locker auch dieses knifflige Rätsel.

Beispiel	biegen	Frieden	Krieg	Lied
Miete	niemals	schwierig	Spiel	Ziel

① Beispiel
②
③
④ Frieden
⑤
⑥
⑦
⑧ schwierig
⑨
⑩ Lied

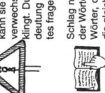

Reimwörter

Finde mit den Buchstaben im Balken die Reimwörter. Schreibe genau untereinander der, was sich reimt. Markiere jeweils die schwierige Stelle. Streiche immer den bereits verwendeten Buchstaben durch, damit ein weiteres Suchen erleichtert wird. Setze unter einen **kurz** gesprochenen Selbstlaut einen Punkt und unter einen **lang** gesprochenen Selbstlaut einen Strich. Die Anfangsbuchstaben kleingeschriebener Wörter sind jeweils fett gedruckt.

F	l	w	n
L	i	e	d	e	r
w	i	e	d	e	r
n	i	e	d	e	r
F	l	i	e	d	e	r

Gute Zeichen ersparen viele Worte
Was die Zeichen (Symbole) bedeuten:

 Ordne die Wörter nach dem Alphabet und trage sie sauber in die Zeilen ein.

 Zusammengesetzte Wörter mit 2 Wörtern, z.B. Autobahn, Fußball
Zusammengesetzte Wörter mit 3 Wörtern, z.B. Autobahnfahrt, Fußballspiel

 Schreibe die Wörter/Sätze zuerst auf deinen Block!

Arbeite mit deiner Wörterliste!

 Kennzeichne die rechtschriftliche Besonderheit der Wörter, z.B. Brille, backen, süß, boxen.

Wenn du diese Aufgabe nicht verstehst oder Schwierigkeiten hast, schau bei „Hinweise zu den Arbeitsaufgaben" nach.

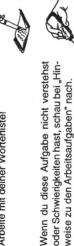 Höre genau hin und sprich deutlich mit, dann kannst du diese Wörter richtig schreiben.

Aufgepasst! Dieses Wort ist schwierig, bzw. diese Wörter sind schwierig. Man kann sie leicht mit einem anderen Wort verwechseln, das genauso oder ähnlich klingt. Du musst deshalb nach der Bedeutung bzw. nach dem Sinn des Wortes fragen.

 Diese Wörter sind schwierig. Für sie gibt es keine Regel. Du musst sie dir merken („eintrichtern"). Dazu sind mehrere Wiederholungen notwendig.

Schlag nach, z.B. im Wörterlexikon, in der Wörterliste und suche noch weitere Wörter, die das gleiche Merkmal oder die gleiche Schwierigkeit haben.

Hinweise zur Bearbeitung der Übungstexte
(Vgl. S. 137 - 148)

1. Ein Wort, das sich im Text wiederholt, nur einmal aufschreiben.
2. Du kannst die Wörter des Textes auch in ihre **Grundform** setzen - so wie sie als erstes Wort im Lexikon stehen.
Setze dann gebeugte Verben in die Grundform, z. B. setzt (setzen), legte (legen).
Bei **unregelmäßigen Verben** schreibe jedoch das Verb, wie es im Text steht und dazu noch die Grundform, z. B. ritten (reiten), stieß (stoßen)
3. Bei **zusammengesetzten Wörtern**, die gut zu trennen sind, kannst du auch nur das Wort mit der besonderen Schwierigkeit aufschreiben.
4. ⟨⟩ Schreibe zu den **ä/äu**-Wörtern auch ein verwandtes **a/au**-Wort, z. B. kämpfen - Kampf, läuten - laut.
5. ☐ Schreibe zu diesen Wörtern mit **b, d, g** und **h** am Wortende auch das **verlängerte** Wort, das diese Mitlaute besser hören lässt, z. B. Weg - Wege, mild - milder.
6. Gf Schreibe zu dem **gebeugten** Verb die **Grundform**, in der beim silbenweisen Sprechen der Mitlaut besser zu hören ist, z. B. geht - gehen, sagte - sagen.

Tore schießen

Mit den Buchstaben auf dem Ball sind möglichst viele Wörter zu bilden, die immer etwas gemeinsam haben müssen. Jedes gefundene Wort ist ein Tor. Beachte, dass die angegebenen Buchstaben einen großgeschrieben oder kleingeschrieben werden können, z.B. W in Wanne oder wann und dass du einen Buchstaben mehrmals verwenden darfst, z.B. e in setzen, g in gegen. Wie viele Tore schießt du? Jedes Wort, das du findest, ist ein Treffer für dich, jedes das du nicht findest, ein Gegentor. Wie geht das Spiel aus?

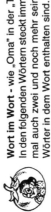

Wörter mit ann		Wörter mit enn		Wörter mit inn	
Wanne	Banner	nennen	wenn	Rinne	gewinnen
wann	kann	rennen	kennen	rinnen	Gewinner
Bann	Kanne	brennen	Kenner	binnen	Kinn
				beginnen	Gewinn

So ging das Spiel aus: [: :]

Meine Taktik beim Tore schießen

1. Welche kurz gesprochenen Vokale sind angegeben, die vor nn stehen können?
→ ann enn inn

2. Welche Buchstaben passen für einen Wortanfang?
Das g geht z.B. bei enn → wenn und ann → wann, K bei inn→ Kinn

3. Die Endung -en ist wichtig für die Grundform eines Verbs, z.B.
enn+en → ennen, inn+en → innen. Jetzt findest du auch gleich noch die entsprechenden Anfangsbuchstaben für weitere Verben, z.B. rennen, rinnen.

Wort im Wort - wie „Oma" in der „Tomate" oder „und" in „Hund".
In den folgenden Wörtern steckt immer ein kleineres Wort, es können manchmal auch zwei und noch mehr sein. Die Anzahl der Linien zeigt, wie viele Wörter in dem Wort enthalten sind.

Beispiel: Hals __als__ , vergessen __essen__ __es__

glauben __Glaube__ , __Laub__ , __Laube__

darüber __da__ , __Rübe__ __über__ __rüber__

Wortbaumeister Kannst du jeweils mit einem **Wortstamm** möglichst viele Wörter bilden? Du darfst die einzelnen **Wortbausteine** (Vorsilben, Kurzwörter, Nachsilben und Endungen) mehrmals verwenden. Lege sie so nebeneinander, dass Wörter entstehen. Manchmal ist der Wortstamm allein schon ein Wort z.B. Spiel. Trage die gefundenen Wörter entsprechend in die Tabelle ein. Beachte: Obwohl die Bausteine fast immer mit einem Kleinbuchstaben beginnen, können auch viele großgeschriebene Namenwörter dabei sein.
Ein Wort kann auch zwei dem Wortstamm vorangestellte Bausteine (**Vorbestellung**, **beeinflussen**) oder zwei nachfolgende Bausteine haben (**Flüssigkeit**, **bekräftigen**).

VS/KW	WSt	NS/E
ab	fähr	en
an		er
er		ung
ge		t
vor		

Tunwörter (Verben)		Namenwörter (Nomen)	
fahren	erfahren	Fahrt	Erfahrung
abfahren	gefahren	Fahrer	Gefahr
anfahren	vorfahren	Abfahrt	Vorfahrt
		Abfahrer	Anfahrt
		Anfahrer	

Abkürzungen: VS = Vorsilbe   KW = Kurzwort   WSt = Wortstamm   NS = Nachsilbe   E = Endung

Wörter kegeln Triffst du so gut die neun Buchstaben und schaffst ein Wort (1), zwei Wörter (2) oder drei Wörter (3)? Die Anfangsbuchstaben sind **fett** gedruckt. Am schwierigsten sind natürlich „alle Neune",
d.h. ein Wort mit neun Buchstaben zu finden.

__kann__   __fahren__   __Urlaub__   __plötzlich__

__er__   __Uhr__   __Tag__

__was__

Wörterversteck (⇄↓↑)

Wörter mit ll sind zu suchen. Du findest sie von links nach rechts (→), von rechts nach links (←), von oben nach unten (↓) und von unten nach oben (↑). Streiche die gefundenen Wörter durch, damit ein weiteres Suchen erleichtert wird. Wenn du alle Wörter gefunden hast, ergeben die Restbuchstaben das Lösungswort.

E	B	R	I	L	L	E	G
L	L	L	A	H	C	S	M
R	E	L	L	E	T	Ü	
E	F	Ü	L	L	E	N	L
U	U	V	O	L	L	T	↓
Q	S	T	E	L	L	E	N

Wörterbastler

Setze aus den Wortteilen, die du auch mehrmals verwenden kannst, Wörter ein- und zweisilbig sein und die Anfangsbuchstaben groß und kleingeschrieben werden können. Trage die Wörter in die Tabelle ein.

B/b F/f gl M/m R/r Sch W/w

a e i u   tt   a en er ern e

einsilbig		zweisilbig		
NW	EW	Nomen		Verben oder andere
Bett	fett	Betten	Watte	bitten
Schutt	glatt	Schatten	Mitte	bitter
	matt	Wette	Matte	wetten
		Wetter	Ratte	fetten
		Bitte	Ritter	retten
		Butter		mitten
		Mutter		

Wörterzauberer

Er arbeitet mit 3 Tricks

1. (⇄) 1B = Nur 1 Buchstabe im Wort (i.W.) oder am Wortende (WE) wird ausgewechselt und schon entsteht eine neues Wort.
Beispiele: **fällen** - **füllen**, Mund - Mond, stark - starr

2. (+) 1B = Mit einem Buchstaben mehr entsteht ein neues Wort.
Beispiele: trocken - trocknen, Band - Brand, kein - klein

3. (−) 1B = Ein Buchstabe weniger (streichen) ergibt ein neues Wort.
Beispiele: Stand - Sand, Schreck - Scheck, stark - Star

Wörterfenster

Kannst du die 3 Streifen mit Wortbausteinen so nach oben und unten schieben, dass im Wortfenster immer waagrecht ein Wort lesbar ist? Manchmal genügt es auch, zwei oder nur einen Streifen zu bewegen, um ein Wort zu finden.

	Fehl/fehl	Lehr/lehr	Kehr/kehr
		Wortstamm	
	fehlen	Lehre	Kehre
	Fehler	Lehrer	kehren
	Befehl	lehren	bekehren
	befehlen	belehren	Verkehr
	verfehlen		verkehren

Zusammengesetzte Wörter

Setze jeweils 2 oder 3 Kästchen so zusammen, dass sich ein zusammengesetztes Wort ergibt. Verbinde mit dem Lineal die Kästchen von Punkt zu Punkt. Dabei werden in manchen Aufgaben Buchstaben im Kreis durchkreuzt. Sie ergeben von oben nach unten gelesen das Lösungswort.

Holz ⑩ — ⑩ Wolken
Regen ⑪ — ⑪ Pilz
Gift Ⓢ — Ⓢ Bank

Holzbank

Giftpilz

Regenwolken

Mit allen Sinnen Wörter lernen

An der Tafel steht: | Der Vogel fliegt. |

Einfache Aufgabe: Schreibe diesen kleinen Satz auf deinen Block.
Schon bei dieser einfachen Aufgabe können vier wichtige Teilvorgänge beim Lernen festgestellt werden.

① **Aufnahme** der Aufgabe durch **Sinnesorgane** und **Gehirn**

Bei der Aufnahme werden verschiedene Lernorgane eingesetzt.
Genau hinsehen und z. B. feststellen: Vogel hat fünf Buchstaben → Auge
Leise deutlich mitsprechen: Der Vo - gel fliegt. Genau hinhören: langes o, langes i → Ohr

② **Verarbeitung** der Aufgabe durch das **Gehirn** (**Gedächtnis** und **Denken**)

Bereits bekannt (Leistung des Gedächtnisses), z. B.
– Vogel wird mit V geschrieben (Merkwort)
– fliegen (Grundform)
– „der" ist männlicher Begleiter

Nachdenken (Denken)
– Grundform „fliegen", um g besser hören zu können.
– Regel anwenden: langes i meist mit ie
– Reimwörter mit der gleichen Schwierigkeit: liegen, biegen, wiegen
– Verwandtes Wort suchen: die Fliege

Dass wir so denken können, ist eine Superleistung unseres Gehirns. Irgendwie herrscht in unserem Kopf eine tolle Ordnung. Alle Wörter sind auf vielfältige Weise miteinander vernetzt. Allein bei dem Wort Vogel können dir viele unterschiedliche Begriffe einfallen, z. B. Amsel, Meise, Vogelnest ...
Besonders beim Denken läuft unser Gehirnapparat auf Hochtouren, es wird kombiniert, geordnet, verglichen - kurzum so viel ge- und verarbeitet, dass man das alles gar nicht beschreiben kann.

③ **Antwort** durch Bewegungsorgane, die vom Gehirn gesteuert werden: Der kleine Satz wird sauber geschrieben und dabei silbenweise mitgesprochen.

√ **Überprüfen** und Rückmeldung der Antwort
– bei „falsch": Aufgabe wiederholen
  nochmals Aufnahme – Verarbeitung – Antwort bis die Aufgabe gelöst ist.
– bei „richtig": Neue Aufgabe und wieder ① — ② — ③

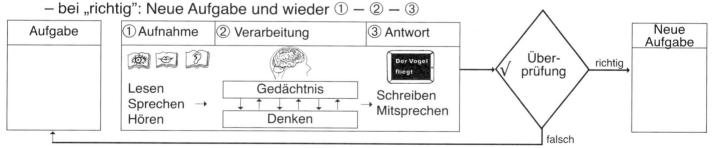

An dieser einfachen Aufgabe wird bereits die Zusammenarbeit hochspezialisierter „Lernorgane" deutlich. Das Auge z. B. hat nur die Aufgabe, Lichtreize aufzunehmen. Die Sehnerven sind allein für die Leitung der Lichtwellen zum „Sehfeld" des Gehirns zuständig, in verschiedenen Gehirnfeldern werden die Aufgaben verarbeitet usw.
Diese Zusammenarbeit ist wie bei einer Mannschaft sinnvoll aufeinander abgestimmt.
Beim Fußballspiel bemüht sich eine Mannschaft, zu „gewinnen". Gelingt ihr dieses gemeinsame Ziel, spricht man von einer guten **Teamarbeit**. Beim Lernen heißt das Ziel „Lösen der Aufgabe".
Bei Beachtung folgender Punkte kannst du mithelfen, dass dein Lernteam einen „Lernsieg" herbeiführt.

Bei einer Aufgabe nicht nur ein Lernorgan belasten und damit überlasten, sondern viele Lernspezialisten einsetzen, d. h.
– mit möglichst vielen Sinnen lernen (z. B. Augen und Ohren)
– möglichst viele Bewegungsorgane betätigen: Sprechen, Schreiben, Zeichnen usw.
– Wissen abrufen, z. B. was weiß ich schon, auf welche Erfahrung kann ich zurückgreifen (Gedächtnis)
– nachdenken, z. B. welche Regel trifft zu, gibt es ein verwandtes Wort, kenne ich ein Wort mit der gleichen Schwierigkeit usw.

Wörter lernen mit allen Sinnen

Lesen | sprechen | hören
[Auge | Mund | Ohr]

Wort genau lesen und langsam und deutlich (mit)sprechen. Kann ich das Wort so schreiben wie ich es höre? Ich beachte die schwierige Stelle (Aufpass-Stelle), die anders geschrieben als gesprochen wird.

Einprägen

Ich stelle mir vor, dass meine Augen wie eine Kamera arbeiten und das Wort „fotografieren". Ist in meinem Gehirn das Wort genau abgebildet?

Aufschreiben

 Wetter

Ich schreibe nun dieses von mir „fotografierte" Wortbild auswendig auf und spreche dabei aus, was ich denke:
„Wetter" schreibe ich mit „**tt**", weil das „e" **kurz** gesprochen wird.
„Brief" schreibe ich mit „**ie**", weil das „i" **lang** gesprochen wird.
Stängel schreibe ich mit „**ä**", weil es mit dem Wort Stange **verwandt** ist."

Prüfen

 Wetter = *Wetter*

Wetter

~~*Wetter*~~ *Wetter*

Ich vergleiche nun mein aufgeschriebenes Wort mit dem vorgegebenen Wort.

Richtig? Prima! Das ist mir gut gelungen. Ich markiere farbig die schwierige Stelle.

Falsch? Überhaupt kein Problem! Da man ja bekanntlich aus Fehlern lernen kann, sind diese geradezu wichtig für das Lernen. Ich streiche das Wort einfach durch und schreibe es nochmals neu und richtig auf.

Zur Bedeutung des Fehlers

Aus Fehlern wird man klug, deshalb ist einer nicht genug.
Dazu ein paar aufklärende Erläuterungen: Aussagen wie „Fehler sind dazu da, dass sie gemacht werden" und „aus Fehlern lernen" belegen die Bedeutung des Fehlers. Ein Fehler verweist auf eine für dich schwierige Stelle des Wortes. Er sagt dir: „Hoppla, da muss ich künftig genau aufpassen. Diesen Fehler darf ich nicht mehr machen." Du hast somit etwas (dazu)gelernt.

Die Einstellung zu Fehlern

negativ

furchtbar — schlimm
Versager — schlecht
Wie kann man nur — eine schwache Leistung
so ein blöder Patzer

positiv

interessant — richtig
ein Fehler weniger — genauso nicht
Aha! So geht es. — Vielen Dank für den Hinweis.
Jetzt weiß ich es besser.

Fehler sind Chancen, eine Sache beim nächsten Mal besser zu machen. Was zählt, sind nicht die Fehler, sondern das, was wir daraus lernen. In diesem Sinne wünschen wir dir, dass du deine Fehler erkennst und daraus lernst. Dann hast du gut gelernt.

Einteilung der Wörter nach ihrer rechtschriftlichen Besonderheit

Man kann Wörter je nach Art ihrer rechtschriftlichen Besonderheit in drei Gruppen einteilen:

    ① Mitsprech- oder Hörwörter

    ② Nachdenk- oder Denkwörter

    ③ Merkwörter

❶ Mitsprech- oder Hörwörter

Die meisten Wörter unserer Sprache sind Mitsprech- oder Hörwörter.
Bei diesen Wörtern kann ich jeden Laut (Mitlaut und Selbstlaut) hören.
Deutlich silbenweise (mit)sprechen (‿‿).
Wenn du beim Schreiben diese Wörter ganz deutlich **silbenweise mitsprichst**, kannst du
je-den Laut ge-nau hö-ren und schrei-ben.

H · a · s · e, A · m · p · e · l, M · i · n · u · t · e, T · e · l · e · f · o · n, e · n · t · g · e · g · e · n

Wichtig ist also bei diesen Wörtern: Ich **schreibe** wie ich **höre** und **spreche**.

• **Kurz** und **lang gesprochene Vokale**

Was kannst du bei folgenden Wortpaaren feststellen? Bad – Band, Ofen – offen, Blume – bunt
Unterscheide bei Wörtern, ob der Vokal **kurz** oder **lang** gesprochen wird.
Setze jeweils unter den **kurz** gesprochenen Selbstlaut einen Punkt und unter den **lang** gesprochenen
Selbstlaut einen Strich.

• Auch den **doppelten Mitlaut** kann man bei mehrsilbigen Wörtern hören.
Hörst du am Ende der 1. Silbe denselben Mitlaut wie am Anfang der 2. Silbe, dann **verdoppele** den
Mitlaut.

Beispiel: Wet-   1. Silbe endet mit dem Mitlaut **t** → Wetter Son- → Sonne of- → offen
         ter   2. Silbe beginnt mit dem Mitlaut **t**   ne   fen

Lautgerechtes Schreiben ist die wichtigste Grundlage des richtigen Schreibens.
Deshalb: Ich spreche deutlich **silbenweise** mit und schreibe nacheinander zu jedem gehörten Laut den
entsprechenden Buchstaben. Das hilft oft schon, ein Wort richtig schreiben zu können.

❷ Nachdenk- oder Denkwörter

Bei diesen Wörtern schreibe ich an einer bestimmten Wortstelle einen Laut oder eine Lautverbindung
anders als ich sie spreche. Durch Nachdenken kann ich mir aber selbst helfen, das Wort richtig zu
schreiben.
Die wichtigsten Überlegungen und Strategien sind:

① Nach einem **kurz** gesprochenen Vokal wird, wenn nur **ein Mitlaut** folgt, dieser **verdoppelt**,   VdM
   z. B. Stoff, Teller, kommen, dünn, Treppe, Herr, glatt, Hobby, Teddy, Bagger
   Auch die Sonderfälle der Verdoppelung: **ck** (statt kk) und **tz** (statt zz)   Vck Vtz
   stehen nach einem **kurz** gesprochenen Vokal (S̩ oder U̩).

② Wörter mit **lang** gesprochenem **i** werden fast immer mit **ie** geschrieben, z. B. Brief, siegen. i→ie

③ „**b**" oder „**p**", „**d**" oder „**t**", „**g**" oder „**k**" am Wortende?
   Wenn ich ein Wort **verlängere** und silbenweise mitspreche, höre ich die weichen Mitlaute **b, d, g**
   besser. Das gilt auch für das **h** am Wortende.
   Beispiele: lieb → lieber, Hemd → Hemden, Berg → Berge, Reh → Rehe

√ **ä** oder **e**, **äu** oder **eu**? Wenn es ein **verwandtes** Wort mit **a** gibt, schreibe ich **ä**,
   bei einem **verwandten** Wort mit **au** schreibe ich **äu**.
   Beispiel: „Bälle" hat das verwandte Wort „Ball". Deshalb **ä**.   ä←a äu←au
           „Gebäude" hat das verwandte Wort „Bau". Deshalb **äu**.

Kreuze jeweils in der Reihe das Denkwort an und schreibe es nochmals daneben. Markiere die
schwierige Stelle.

O für	O dürr	O Tür	_____	O finden	O Fieber	O Monat	_____
O links	O Ängste	O rechts	_____	O krank	O krachen	O kratzen	_____
O Grab	O Gras	O Kraft	_____	O blank	O Blick	O blinken	_____

❸ Merkwörter

Dass man fahren mit h und sparen ohne h schreibt, das kann man weder hören noch durch Nachdenken erklären. Bei Wagen hört man ein lang gesprochenes a, bei Waage auch, geschrieben wird jedoch einmal ein **a** und einmal **aa**. Ja, ja - und ohne Fleiß kein Prei**s**.

Solche Wörter, bei denen ein deutliches Mitsprechen und ein Nachdenken nicht weiterhelfen, werden als **Merkwörter** bezeichnet. Dazu gehören:

① Wörter, bei denen dem lang gesprochenen Vokal - nicht hörbar - ein Dehnungs-h oder ein weiterer gleicher Vokal folgt:
   - Wörter mit Dehnungs-**h**
     ah/äh (Bahn, wählen), **eh/eih** (fehlen, Weihnachten), **ih** (ihr, ihn, ihm) | Vh |
   - Wörter mit doppeltem Selbstlaut **aa**, **ee** oder **oo** (Haare, Meer, Moos) | VS |

② Wörter mit **ß**- Laut (Straße, bloß, heiß) | Vß |

③ Wörter, bei denen der Konsonant anders gesprochen als geschrieben wird:
   - Wörter bei denen der **f**-Laut mit **v** geschrieben wird, z.B. Vogel, vor, brav
   - Wörter mit **x** oder **chs** (ks- Laut), z. B. Hexe, wechseln

√ Schwierige Wörter mit Vokal oder Doppellaut:
   - Wörter mit **ä** (Bär, März) oder **äu** (Säule), die kein verwandtes Wort mit a und au haben. (ä) ohne (a)
   - Wörter mit **ai** (Mai, Kaiser)

⑤ Fremdwörter
   • Wörter mit **y** (Handy, Baby)
   • Wörter mit **C/c** (Clown, Comic) und **Ch/ch** (Chaos, christlich)
   • Wörter mit **Th/th** (Theater, Mathematik) und **Ph/ph** (Physik, Strophe)

Damit du dir diese Wörter **merken** kannst, sind **mehrere Wiederholungen** notwendig. Mit einer gesonderten Behandlung dieser Wörter kannst du deine Merkfähigkeit steigern. Stelle dir am Anfang immer die wichtige Frage:

Was ist schwierig an diesem Wort?

Markiere diese Aufpass-Stelle und sprich dazu!

Beispiele: Za**h**l schreibe ich mit „**ah**".   bei**ß**en hat ein „**ß**". Gel**ee** schreibe ich mit „**ee**".
   He**x**e schreibe ich mit „**x**".   **Th**ermometer hat am Wortanfang ein „**Th**".
   Veilchen mit „**V**".   S**y**mpa**th**ie hat ein „**y**" und ein „**th**".

Mit solchen Hinweisen machst du dir deutlich, worauf es bei dem Wort ankommt und du wirst künftig mit dieser Problemstelle besser fertig.

Die Unterscheidung in Hör-, Denk- oder Merkwort sagt auch aus, wie schwierig ein Wort zu lernen ist. Hörwörter sind leichter zu lernen als Nachdenkwörter und Nachdenkwörter leichter als Merkwörter. Bei Merkwörtern sind deshalb mehr Wiederholungen notwendig als bei den übrigen Wörtern.

Findest du in der Kiste mindestens acht Merkwörter? Vielleicht sogar noch mehr? Schreibe sie nochmals daneben.

Spaß	jung	Text	Hase
Radio	Boot	Blitz	besser
Chaos	Bett	Bahn	wachsen
Höhle	Urlaub	Brief	Strauß
Tee	Magnet	System	läuten
Träne	dünn	Kurve	Theater

_____   _____   _____

_____   _____   _____

_____   _____   _____

_____   _____   _____

Kannst du drei Wörter auswählen und begründen, warum diese schwierig sind?

_____

_____

_____

RS | Name: _____   Datum: _____

Kurz und lang gesprochene Vokale und nachfolgende Mitlaute

Worin unterscheiden sich die folgenden Wortpaare? Sprich deutlich und höre genau hin.

Nacht - Name, jung - gut, Traum - trinken, Hose - Post, Regen - Eltern, fein - fest

Setze bei den Wörtern oben unter den kurz gesprochenen Vokal einen Punkt und unter den lang gesprochenen einen Strich.

Lang (V̠) und kurz (Ṿ) klingende Vokale

Höre genau hin und sprich die Wörter im Kästchen deutlich aus. Setze jeweils unter den ersten **kurz** gesprochenen Vokal einen dicken Punkt und unter den ersten **lang** gesprochenen einen Strich. Trage die Wörter dann in die Tabelle ein.

Ṿ = Wörter mit kurzem Vokal	V̠ = Wörter mit langem Vokal

Wörter im Kästchen:

Sonne · zeigen · Dank · bunt · Herbst · Freude · Block · Blume · Fluss · klar · kratzen · Bräune · Paket · Decke · Brot · Hitze · Schutz · Fenster · Mitte · Sturm · dick

Anzahl der Mitlaute nach kurzen oder langen Vokalen:

Kurz oder lang gesprochene Mitlaute geben auch Hinweise auf Mitlaute, die danach stehen können.
Nach einem langen Vokal oder Doppellaut folgt meist nur ein deutlich hörbarer Mitlaut (Paket, Brot, Meise, laut). → V̠M
Nach einem kurz gesprochenen Vokal (Ṿ) können folgen:
– **verschiedene Mitlaute** (mindestens zwei, z. B. bunt, Sturm, links, Herbst).
– **zwei gleiche Mitlaute** (doppelter Mitlaut, z. B. Sonne, Mitte, Fluss).
– **ck** oder **tz** (Sonderfall der Verdoppelung: ck statt kk oder tz statt zz, z. B. dick, Hitze).
Trage die Wörter nochmals in die Tabelle ein.

Nach V̠ oder Doppellaut steht meist nur		Nach Ṿ können folgen		
ein Mitlaut		verschiedene Mitl.	doppelter Mitlaut	**ck** oder **tz**

Ergänze die Tabelle mit Hilfe deiner Wörterliste.

| RS | Name: _____ | Datum: _____ |

Kurz und lang gesprochene Vokale und nachfolgende Mitlaute

Worin unterscheiden sich die folgenden Wortpaare? Sprich deutlich und höre genau hin.

> Nacht - Name, jung - gut, Traum - trinken, Hose - Post, Regen - Eltern, fein - fest

Setze bei den Wörtern oben unter den kurz gesprochenen Vokal einen Punkt und unter den lang gesprochenen einen Strich.

Lang (V̲) und kurz (Ṿ) klingende Vokale

Höre genau hin und sprich die Wörter im Kästchen deutlich aus. Setze jeweils unter den ersten **kurz** gesprochenen Vokal einen dicken Punkt und unter den ersten **lang** gesprochenen einen Strich. Trage die Wörter dann in die Tabelle ein.

Sonne zeigen Dank bunt Herbst Freude Block Blume Fluss klar kratzen Bräune Paket Decke Brot Hitze Schutz Fenster Mitte Sturm dick	Ṿ = Wörter mit kurzem Vokal	V̲ = Wörter mit langem Vokal
	Sonne, Block, Hitze, bunt,	**Blume, klar, Brot, Paket,**
	kratzen, Fenster, Herbst,	**zeigen, Freude, Bräune**
	Mitte, dick, Schutz, Sturm,	
	Fluss, Decke, Dank	

Anzahl der Mitlaute nach kurzen oder langen Vokalen:

Kurz oder lang gesprochene Mitlaute geben auch Hinweise auf Mitlaute, die danach stehen können. Nach einem langen Vokal oder Doppellaut folgt meist nur ein deutlich hörbarer Mitlaut (Paket, Brot, Meise, laut). → V̲M

Nach einem kurz gesprochenen Vokal (Ṿ) können folgen:
- **verschiedene Mitlaute** (mindestens zwei, z. B. bunt, Sturm, links, Herbst).
- **zwei gleiche Mitlaute** (doppelter Mitlaut, z. B. Sonne, Mitte, Fluss).
- **ck** oder **tz** (Sonderfall der Verdoppelung: ck statt kk oder tz statt zz, z. B. dick, Hitze).

Trage die Wörter nochmals in die Tabelle ein.

Nach V̲ oder Doppellaut steht meist nur		Nach Ṿ können folgen		
ein Mitlaut		verschiedene Mitl.	doppelter Mitlaut	**ck** oder **tz**
Blume	**Freude**	**bunt**	**Sonne**	**Block**
klar	**Bräune**	**Fenster**	**Fluss**	**dick**
Paket	**zeigen**	**Dank**	**Mitte**	**Decke**
Brot		**Herbst**		**Hitze**
		Sturm		**Schutz**
				kratzen

Ergänze die Tabelle mit Hilfe deiner Wörterliste.

| RS | Name: _____ | Datum: _____ |

RS - Strategie bei Hör-/Mitsprechwörtern

Ich schreibe wie ich höre und spreche.

Am besten spreche ich diese Wörter silbenweise so überdeutlich mit, dass ich jeden Laut genau hören und schreiben kann. Dabei kann ich feststellen: Es gibt kurz oder lang gesprochene Vokale.

Überlegung

Vokal kurz oder lang gesprochen

kurz

Es folgen mindestens zwei Mitlaute:
– zwei oder mehr verschiedene Mitlaute, z. B. bald, folgen, Antwort, Durst
– zwei gleiche Mitlaute, z. B. Brille, kennen, klettern, Puppe
– ck (=kk) oder tz (für zz), z. B. blicken, Stück, Blitz, nützen

lang

Es folgt ein Mitlaut, der deutlich hörbar ist, z. B. leben, klar, rot

Mitlauthäufung

Nach kurz gesprochenem Vokal können 3 oder noch mehr Mitlaute aufeinander treffen. Bei diesen Wörtern muss ich besonders deutlich jeden Buchstaben langsam mitsprechen und aufschreiben.

Finde die Wörter, bei denen sich 3 oder 4 Mitlaute häufen. Trage diese in die Tabelle ein. Findest du auch das Wort mit 5 Mitlauten?

Antwort Arzt selbst abends entfliehen freundlich jetzt versprechen wenigstens ernsthaft Dienstag Obst erst verstehen Herbst anspringen	3 Mitlaute		4 Mitlaute

Bei diesem Wort treffen sogar 5 Mitlaute aufeinander: _____. Und noch ein Mitlaut mehr. Findest du auch die beiden Wörter, bei denen sogar 6 Mitlaute aufeinander treffen?

| Wurstwaren - Kunstbuch - feststellen - Zukunftspläne
 Geburtstag - Herbstblume - Dienstmädchen - Angsthase | _____ |

Besonders bei zusammengesetzten Wörtern können sich Mitlaute häufen. Ich muss deshalb Wort für Wort silbenweise mitsprechen. Ich beachte besonders die Nahtstelle (an der Wörter aufeinander treffen) und spreche hier besonders deutlich **buchstabenweise** mit.

Gleich klingende Wörter

Bei den folgenden Mitsprechwörtern muss ich besonders gut aufpassen, da sie gleich klingen und sich meist nur in einem Buchstaben unterscheiden.

Höre ich

d oder t?   Deich oder Teich - Dorf oder Torf - __anken oder __anken

Sei__e oder Sei__e - En__e oder En__e - lei__er oder Lei__er - lei__en oder lei__en

g oder k?   __asse oder __asse - __reis oder __reis - __leiten oder __leiden

b oder p?   __acken oder __acken - rau__en oder Rau__en

e oder ö?   k__nnen oder k__nnen

ie oder ü?   T__r oder T__r - sp__len oder sp__len - s__den oder S__den

ch oder sch?   Kir__e oder Kir____e - rau__en oder rau_____en

ng oder nk?   si__en oder si__en - hi__en oder hi__en

s oder z?   Gan__ oder gan__

+Ende

Bei gleich klingenden Wörtern muss ich besonders genau hinhören und auf die Bedeutung des Wortes achten, z. B. Ende ∓ Ente, spülen ∓ spielen.

Ende ∓ Ente

RS	Name: _____	Datum: _____

RS - Strategie bei Hör-/Mitsprechwörtern

Ich schreibe wie ich höre und spreche.

Am besten spreche ich diese Wörter silbenweise so überdeutlich mit, dass ich jeden Laut genau hören und schreiben kann. Dabei kann ich feststellen: Es gibt kurz oder lang gesprochene Vokale.

Überlegung

Vokal kurz oder lang gesprochen

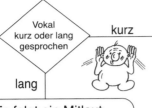

kurz → Es folgen mindestens zwei Mitlaute:
– zwei oder mehr verschiedene Mitlaute, z. B. bald, folgen, Antwort, Durst
– zwei gleiche Mitlaute, z. B. Brille, kennen, klettern, Puppe
– ck (=kk) oder tz (für zz), z. B. blicken, Stück, Blitz, nützen

lang → Es folgt ein Mitlaut, der deutlich hörbar ist, z. B. leben, klar, rot

Mitlauthäufung

Nach kurz gesprochenem Vokal können 3 oder noch mehr Mitlaute aufeinander treffen. Bei diesen Wörtern muss ich besonders deutlich jeden Buchstaben langsam mitsprechen und aufschreiben.

Finde die Wörter, bei denen sich 3 oder 4 Mitlaute häufen. Trage diese in die Tabelle ein. Findest du auch das Wort mit 5 Mitlauten?

Antwort	Arzt	selbst
abends	entfliehen	freundlich
jetzt	versprechen	wenigstens
ernsthaft	Dienstag	Obst	erst
verstehen	Herbst	anspringen

3 Mitlaute		4 Mitlaute
Antwort	**Obst**	**selbst**
Arzt	**erst**	**anspringen**
abends	**verstehen**	**entfliehen**
freundlich	**jetzt**	**Herbst**
Dienstag	**wenigstens**	**versprechen**

Bei diesem Wort treffen sogar 5 Mitlaute aufeinander: _____**ernsthaft**_____ . Und noch ein Mitlaut mehr. Findest du auch die beiden Wörter, bei denen sogar 6 Mitlaute aufeinander treffen?

Wurstwaren - Kunstbuch - feststellen - Zukunftspläne	**Zukunftspläne**
Geburtstag - Herbstblume - Dienstmädchen - Angsthase	**Herbstblume**

 Besonders bei zusammengesetzten Wörtern können sich Mitlaute häufen. Ich muss deshalb Wort für Wort silbenweise mitsprechen. Ich beachte besonders die Nahtstelle (an der Wörter aufeinander treffen) und spreche hier besonders deutlich **buchstabenweise** mit.

Gleich klingende Wörter

Bei den folgenden Mitsprechwörtern muss ich besonders gut aufpassen, da sie gleich klingen und sich meist nur in einem Buchstaben unterscheiden.

Höre ich

d oder t?	Deich oder Teich - Dorf oder Torf - **d** anken oder **t** anken
	Sei **d** e oder Sei **t** e - En **d** e oder En **t** e - lei **d** er oder Lei **t** er - lei **d** en oder lei **t** en
g oder k?	**G** asse oder **K** asse - **G** reis oder **K** reis - **g** leiten oder **k** leiden
b oder p?	**b** acken oder **p** acken - rau **b** en oder Rau **p** en
e oder ö?	k **e** nnen oder k **ö** nnen
ie oder ü?	Tie **r** oder T **ü** r - sp **ie** len oder sp **ü** len - **sie** den oder S **ü** den
ch oder sch?	Kir **ch** e oder Kir **sch** e - rau **ch** en oder rau **sch** en
ng oder nk?	si **ng** en oder si **nk** en - hi **ng** en oder hi **nk** en
s oder z?	Gan **s** oder gan **z**

 Bei gleich klingenden Wörtern muss ich besonders genau hinhören und auf die Bedeutung des Wortes achten, z. B. Ende ≠ Ente, spülen ≠ spielen.

Ende ≠ Ente

 ≠ Ende

RS	Name: _____	Datum: _____

Wörter mit doppeltem Mitlaut

Kannst du die doppelten Mitlaute richtig einsetzen? Schreibe die
Wörter zuerst auf deinen Block und dann nochmals alphabetisch an den Rand rechts.

(ff) Was ich so a___es gebrauchen ka___:

(ll) Zu Begi___ des Tages eine Ta___e Ka___ee mit einem Lö___el Zucker

(mm) und von der Mu___er auf das Brot frische Bu___er,

(nn) für das Mi___age___en einen Te___er Su___e und danach

(pp) Po_____es, Spage___i oder Pi___a,

(ss) zur Fortbewegung schne___ ro___ende Skates oder ein Re___rad

(tt) und zum Schlafen i_____er ein mo___iges Be___ ;

(zz) ach, da___ wäre ja a___es so furchtbar ne___.

_____   _____

_____   _____

_____   _____

_____   _____

_____   _____

_____   _____

_____   _____

_____   _____

Wörterdetektiv

Welche der oben gefundenen
Wörter mit doppeltem Mitlaut
kannst du einsetzen?

Wort im Wort

rollen _____   Teller _____

Kaffee _____   immer _____

alles _____   _____

Mittagessen _____   _____

_____   _____

Reimwörter Findest du jeweils noch zwei?

F. v. Schiller

d a n n	B e t t	M u t t e r	S u p p e	r o l l e n	T a s s e

Zusammengesetzte Wörter

Mittag		Tasse	_____
Bett		Bäcker	_____
Kaffee		essen	_____
Pizza		Decke	_____
Suppe		Dose	_____
Butter		Teller	_____

K e a l a s r n s e l

Renn	Kaffee	Suppe
sauer	Rad	Getränk
Milch	Kraut	Fahrer

_____

Lösungswort ☐☐☐☐☐☐

**Folgt nach einem kurz gesprochenen Vokal nur ein hörbarer Mitlaut, dann wird dieser meist verdoppelt.
Oder: Vor einem doppeltem Mitlaut steht immer ein kurz gesprochener Vokal.**

Kurzform
VdM

RS	Name: _____	Datum: _____

Wörter mit doppeltem Mitlaut

Kannst du die doppelten Mitlaute richtig einsetzen? Schreibe die
Wörter zuerst auf deinen Block und dann nochmals alphabetisch an den Rand rechts.

(ff) Was ich so a**ll**es gebrauchen ka**nn**:

(ll) Zu Begi**nn** des Tages eine Ta**ss**e Ka**ff**ee mit einem Lö**ff**el Zucker

(mm) und von der Mu**tt**er auf das Brot frische Bu**tt**er,

(nn) für das Mi**tt**age**ss**en einen Te**ll**er Su**pp**e und danach

(pp) Po**mm**es, Spage**tt**i oder Pi**zz**a,

(ss) zur Fortbewegung schne**ll** ro**ll**ende Skates oder ein Re**nn**rad

(tt) und zum Schlafen i**mm**er ein mo**ll**iges Be**tt** ;

(zz) ach, da**nn** wäre ja a**ll**es so furchtbar ne**tt** .

alles	Mutter
Beginn	nett
Bett	Pizza
Butter	Pommes
dann	Rennrad
immer	rollen
Kaffee	schnell
kann	Spagetti
Löffel	Suppe
Mittagessen	Tasse
mollig	Teller

Wörterdetektiv

Welche der oben gefundenen
Wörter mit doppeltem Mitlaut
kannst du einsetzen?

VdM

Kreuzworträtsel:

```
              S     A S
      B    S C    L U
    E B   P H T L P
  P T U K A N A E P
→ M I T T A G E S S E N
  U Z   T F E L S    E
  T Z   E F T L E    T
  T A   R E T       T
  E     E I
  R
```

F. v. Schiller

Wort im Wort

rollen	Rolle	Teller	Elle
Kaffee	Affee	immer	im
alles	all	alle	
Mittagessen	Mittag	essen	
	mit	Tag	es

Reimwörter Findest du jeweils noch zwei?

d a n n	B e t t	M u t t e r	S u p p e	r o l l e n	T a s s e
k a n n	n e t t	B u t t e r	P u p p e	s o l l e n	K a s s e
M a n n	f e t t	F u t t e r	G r u p p e	w o l l e n	K l a s s e

Zusammengesetzte Wörter

Mittag	→	Tasse	**Mittagessen**
Bett		Bäcker	**Bettdecke**
Kaffee		essen	**Kaffeetasse**
Pizza		Decke	**Pizzabäcker**
Suppe		Dose	**Suppenteller**
Butter		Teller	**Butterdose**

Renn	Kaffee	Suppe
sauer	Rad	Getränk
Milch	Kraut	Fahrer

Rennradfahrer

Sauerkrautsuppe

Milchkaffeegetränk

Lösungswort | K | l | a | s | s | e |

Folgt nach einem **kurz** gesprochenen **Vokal** nur **ein** hörbarer Mitlaut, dann wird dieser meist **verdoppelt**.
Oder: Vor einem **doppeltem Mitlaut** steht immer ein **kurz** gesprochener **Vokal**.

Kurzform VdM

RS	Name: _____	Datum: _____

Wörter mit doppeltem Konsonanten

Wörter gesucht

Sich ereignen, geschehen

Arbeiten, produzieren

Entbehren, fehlen

Tageszeit

Anschrift

Gegenteil von leeren

Richtig sein

Interessant

In Haft nehmen

Mehrere Personen

Helfer in der Not

Meist hilft ein verwandtes Wort. Findest du sogar zwei?

_____
_____
_____
_____
_____
_____
_____
_____
_____
_____
_____

Silbenrätsel

Mache bei dem folgenden Silbenrätsel die Silbenprobe.

> Wenn man am **Ende einer Silbe** und am **Anfang der nachfolgenden Silbe** den **gleichen** Konsonanten hört, dann wird dieser Konsonant **verdoppelt**.

Beispiele:

Trep-   1. Silbe endet mit p   → Tre**pp**e
   pe   2. Silbe beginnt mit p

ver- mi**s**-   2. Silbe endet mit s   → vermi**ss**en
   sen   3. Silbe beginnt mit s

① Unwetter
② Reisegepäck
③ Sitz für den Reiter
√ Ballsportart
⑤ Sich verlaufen
≈ Wohnraum
Δ Sieger
⑧ Anfangen oder ...
⑨ Nicht behalten
⑩ Nicht geschlossen

Reimwörter

Versuche immer Reimwörter zu finden. Sie haben die gleiche Schwierigkeit. Wähle von oben fünf Wörter aus, zu denen du jeweils zwei Reimwörter finden sollst.

Wort im Wort

Manchmal steckt in einem Wort ein weiteres Wort mit der gleichen Schwierigkeit, z. B. „satt" in „Sattel". Findest du diese kleineren Wörter?

passieren _____	beginnen _____	Vormittag _____
Zimmer _____	stimmen _____	Wetter _____
verirren _____	einsperren _____	vergessen _____
Gewinner _____	spannend _____	schaffen _____

Vor einem **doppelten Mitlaut** steht immer ein **kurz** gesprochener **Selbstlaut** (Ṣ) oder **Umlaut** (Ụ). Oder: Nur nach einem Ṣ oder Ụ kann ein **doppelter Mitlaut** stehen.

| RS | Name: _____ | Datum: _____ |

Wörter mit doppeltem Konsonanten

Wörter gesucht

Meist hilft ein verwandtes Wort. Findest du sogar zwei?

Sich ereignen, geschehen	P A S S I E R E N	Pass, passierbar
Arbeiten, produzieren	S C H A F F E N	anschaffen, beschaffen
Entbehren, fehlen	V E R M I S S E N	missen, vermisst
Tageszeit	V O R M I T T A G	Nachmittag, Mittagessen
Anschrift	A D R E S S E	adressieren, Adressbuch
Gegenteil von leeren	F Ü L L E R	Fülle, auffüllen, Füller
Richtig sein	S T I M M E N	Stimme, bestimmen
Interessant	S P A N N E N D	Spannung, entspannen
In Haft nehmen	E I N S P E R R E N	Sperre, versperren
Mehrere Personen	G R U P P E	gruppieren, gruppenweise
Helfer in der Not	R E T T E R	retten, Rettung

Silbenrätsel

Mache bei dem folgenden Silbenrätsel die Silbenprobe.

> Wenn man am **Ende einer Silbe** und am **Anfang der nachfolgenden Silbe** den **gleichen** Konsonanten hört, dann wird dieser Konsonant **verdoppelt**.

Beispiele:

Trep- 1. Silbe endet mit p → Tre**pp**e
  pe 2. Silbe beginnt mit p

ver- mis- 2. Silbe endet mit s → vermi**ss**en
  sen 3. Silbe beginnt mit s

① Unwetter — G e **w** i t t e r
② Reisegepäck — K o f f **e** r
③ Sitz für den Reiter — S a **t** t e l
√ Ballsportart — **T** e n n i s
⑤ Sich verlaufen — v e r i **r** r e n
≈ Wohnraum — Z i m m **e** r
△ Sieger — G e w i **n** n e r
⑧ Anfangen oder ... — b e g i n **n** e n
⑨ Nicht behalten — v e r g **e** s s e n
⑩ Nicht geschlossen — o f f e **n**

Lösungswort: **w e t t r e n n e n**

Reimwörter

Versuche immer Reimwörter zu finden. Sie haben die gleiche Schwierigkeit. Wähle von oben fünf Wörter aus, zu denen du jeweils zwei Reimwörter finden sollst.

vergessen	vermissen	stimmen	Gruppe	beginnen
essen	Kissen	glimmen	Puppe	gewinnen
messen	Bissen	schwimmen	Suppe	drinnen
pressen	wissen	trimmen	Truppe	spinnen

Wort im Wort

Manchmal steckt in einem Wort ein weiteres Wort mit der gleichen Schwierigkeit, z. B. „satt" in „Sattel". Findest du diese kleineren Wörter?

passieren	Pass	beginnen	Beginn	Vormittag	Mittag, vor, mit, Tag
Zimmer	immer	stimmen	Stimme	Wetter	Wette
verirren	irr(e), irren	einsperren	Sperre(n)	vergessen	essen
Gewinner	Gewinn	spannend	spannen	schaffen	Affe

Vor einem **doppelten Mitlaut** steht immer ein **kurz** gesprochener **Selbstlaut** (S̬) oder **Umlaut** (U̬).
Oder: Nur nach einem S̬ oder U̬ kann ein **doppelter Mitlaut** stehen.

Wörter mit doppeltem Mitlaut (Konsonant)

VdM

Wörterdetektiv

Es ist schwierig, aber zu schaffen. Kannst du alle Wörter einsetzen, obwohl nur ein Buchstabe vorgegeben ist? In die grauen Kästchen gehören die doppelten Mitlaute.

Ball	Messer
essen	Nummer
Fall	retten
füllen	sammeln
Herr	sollen
innen	Skizze
Kasse	stimmen
kennen	Stoff
	treffen

M

Zusammengesetzte Wörter

Kannst du jeweils die Silben einer Zeile verwenden, um zwei zusammengesetzte Wörter zu finden?

fon - le - mer - mes - schen - ser - Ta - Te - num	**Taschenmesser**
a - büch - kas - mel - Sam - se - se - The - ter	
Blei - es - Mit - sen - skiz - stift - tag - ze	
fall - In - nen - sei - ser - te - Was	

Wörter mit doppeltem Mitlaut (Konsonant)

VdM

Wörter gesucht

- Sie sorgt für schönes Wetter
- Sitz für den Reiter
- Richtig sein
- Autos / Telefone haben jeweils eine ...
- Gegenteil von behalten / merken
- Den Stuhl unter den Tisch ...
- Material zur Reifenherstellung
- Heißes Getränk
- Sie führt von Stockwerk zu Stockwerk
- Ausweis oder Straße im Gebirge (Mz)
- Das Gegenteil von verlieren

Silbenbaukasten

Zerlege alle Wörter mit doppeltem Mitlaut in ihre Silben und trage sie in den Silbenbaukasten ein.
Schreibe die Silben zuerst auf den Block und ordne sie dann alphabetisch.

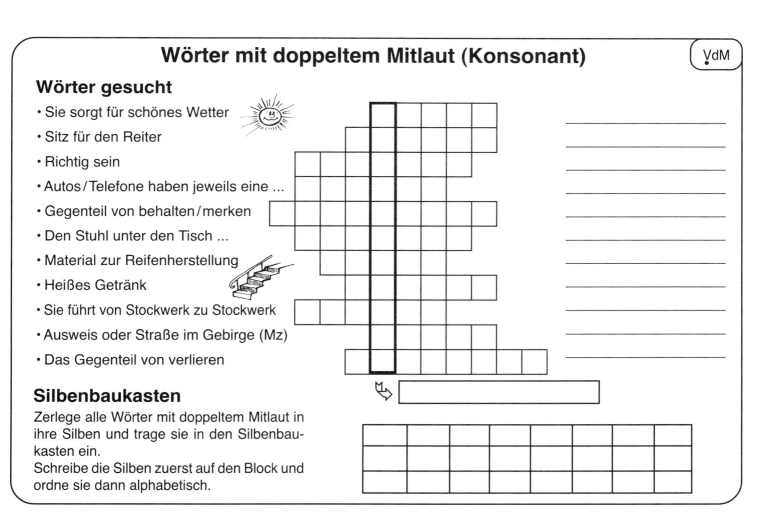

Wörter mit doppeltem Mitlaut (Konsonant)

VdM

Wörterdetektiv

Es ist schwierig, aber zu schaffen. Kannst du alle Wörter einsetzen, obwohl nur ein Buchstabe vorgegeben ist? In die grauen Kästchen gehören die doppelten Mitlaute.

Ball	Messer
essen	Nummer
Fall	retten
füllen	sammeln
Herr	sollen
innen	Skizze
Kasse	stimmen
kennen	Stoff
	treffen

Kreuzworträtsel:

H — STOFF — B
MESSER — A — KASSE
RETTEN — L — ELKOS
RIFÜLLENLILS
MF — NZLE
NUMMER — EZEN
SAMMELN — INNEN
N

Zusammengesetzte Wörter

Kannst du jeweils die Silben einer Zeile verwenden, um zwei zusammengesetzte Wörter zu finden?

fon - le - mer - mes - schen - ser - Ta - Te - num

a - büch - kas - mel - Sam - se - se - The - ter

Blei - es - Mit - sen - skiz - stift - tag - ze

fall - In - nen - sei - ser - te - Was

Taschenmesser   **Telefonnummer**

Sammelbüchse   **Theaterkasse**

Bleistiftskizze   **Mittagessen**

Wasserfall   **Innenseite**

Wörter mit doppeltem Mitlaut (Konsonant)

VdM

Wörter gesucht

- Sie sorgt für schönes Wetter
- Sitz für den Reiter
- Richtig sein
- Autos / Telefone haben jeweils eine ...
- Gegenteil von behalten / merken
- Den Stuhl unter den Tisch ...
- Material zur Reifenherstellung
- Heißes Getränk
- Sie führt von Stockwerk zu Stockwerk
- Ausweis oder Straße im Gebirge (Mz)
- Das Gegenteil von verlieren

Kreuzworträtsel:

SONNE
SATTEL
STIMMEN
NUMMER
VERGESSEN
STELLEN
GUMMI
KAFFEE
TREPPE
PÄSSE
GEWINNEN

⇨ **SAMMELMAPPE**

gewinnen
Gummi
Kaffee
Nummer
Pässe
Sattel
Sonne
stellen
stimmen
Treppe
vergessen

Silbenbaukasten

Zerlege alle Wörter mit doppeltem Mitlaut in ihre Silben und trage sie in den Silbenbaukasten ein.
Schreibe die Silben zuerst auf den Block und ordne sie dann alphabetisch.

fee	ge	ges	Gum	Kaf	len	men	mer
mi	ne	nen	Num	Päs	pe	Sat	se
sen	Son	stel	stim	tel	Trep	ver	win

Tore schießen. Jeder Treffer muss einen doppelten Mitlaut haben.

VdM

(Fünf Fußbälle mit den doppelten Mitlauten **ff**, **tt**, **nn**, **ll**, **mm** und umliegenden Buchstaben, darunter jeweils Schreiblinien und ein Kästchen □ : □)

| Test | Wörter mit doppeltem Mitlaut | 40 Punkte |

❶ Welche Doppelmitlaute fehlen? Folgende Doppelmitlaute sind einzusetzen:
(Für jedes gefundene Wort gibt es einen halben Punkt.)

| ff - ff - ll - ll - ll - mm - nn - nn - pp - rr - ss - tt - tt - zz | 7 Punkte |

He __ __   Bre__ __   o__ __en   fü__ __en   sti__ __en   la__ __en   dü__ __

Ski__ __e   Bla__ __   Te__ __er   ho__ __en   Su__ __e   bre__ __en   vo__ __

❷ Welche kurz gesprochenen Selbstlaute/Umlaute und Doppelmitlaute fehlen?
Jetzt wird es schon etwas schwieriger. Es fehlen Vokale und Doppelmitlaute.
Folgende Buchstabengruppen sind einzusetzen:

| all - amm - ass - edd - enn - ett - ill - inn - izz - off - onn - ütt | 12 Punkte |

D__ __ __ er   Kl __ __ __ e   beg __ __ __ en   sch __ __ __ en   T __ __ __ y   s __ __ __ eln

h __ __ __ en   Br __ __ __ e   verbr __ __ __ en   W __ __ __ er   P __ __ a   Sch __ __ __

❸ Mehrere Möglichkeiten
Und nun wird es noch schwieriger. Findest du auch die Wörter, bei denen es drei und sogar vier
Möglichkeiten gibt? Die Buchstabengruppen im Balken helfen dir.

| aff, all, ass, att, ell, ill, imm, üll, ütt | 21 Punkte | | all, amm, ämm, ann, enn, enn, ill, önn, umm, umm, ünn, üss |

Sch __ __ __ en   f __ __ __ en   St __ __ __ e   k __ __ __ en   St __ __ __ __   d __ __ __ __

sch __ __ __ en   f __ __ __ en   St __ __ __ e   k __ __ __ en   st __ __ __ __   d __ __ __ __

sch __ __ __ en   f __ __ __ en   St __ __ __ e   k __ __ __ en   st __ __ __ __   d __ __ __ __

Von ㊵ Punkten habe ich ◯ erreicht.   k __ __ __ en   St __ __ __ __   d __ __ __ __

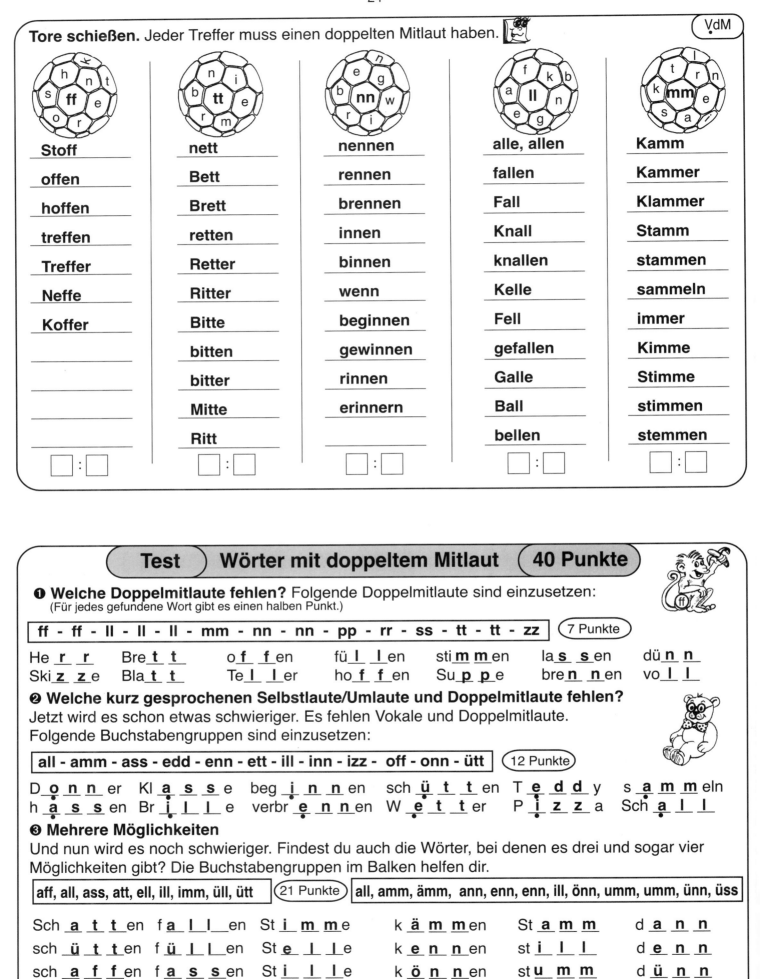

Tore schießen. Jeder Treffer muss einen doppelten Mitlaut haben. VdM

ff — Stoff, offen, hoffen, treffen, Treffer, Neffe, Koffer

tt — nett, Bett, Brett, retten, Retter, Ritter, Bitte, bitten, bitter, Mitte, Ritt

nn — nennen, rennen, brennen, innen, binnen, wenn, beginnen, gewinnen, rinnen, erinnern

ll — alle, allen, fallen, Fall, Knall, knallen, Kelle, Fell, gefallen, Galle, Ball, bellen

mm — Kamm, Kammer, Klammer, Stamm, stammen, sammeln, immer, Kimme, Stimme, stimmen, stemmen

☐ : ☐   ☐ : ☐   ☐ : ☐   ☐ : ☐   ☐ : ☐

Test — Wörter mit doppeltem Mitlaut — 40 Punkte

❶ Welche Doppelmitlaute fehlen? Folgende Doppelmitlaute sind einzusetzen:
(Für jedes gefundene Wort gibt es einen halben Punkt.)

ff - ff - ll - ll - ll - mm - nn - nn - pp - rr - ss - tt - tt - zz   **7 Punkte**

He**r r**   Bre**t t**   o**f f**en   fü**l l**en   sti**m m**en   la**s s**en   dü**n n**
Ski**z z**e   Bla**t t**   Te**l l**er   ho**f f**en   Su**p p**e   bre**n n**en   vo**l l**

❷ Welche kurz gesprochenen Selbstlaute/Umlaute und Doppelmitlaute fehlen?
Jetzt wird es schon etwas schwieriger. Es fehlen Vokale und Doppelmitlaute.
Folgende Buchstabengruppen sind einzusetzen:

all - amm - ass - edd - enn - ett - ill - inn - izz - off - onn - ütt   **12 Punkte**

D**o n n**er Kl**a s s**e beg**i n n**en sch**ü t t**en T**e d d**y s**a m m**eln
h**a s s**en Br**i l l**e verbr**e n n**en W**e t t**er P**i z z**a Sch**a l l**

❸ Mehrere Möglichkeiten
Und nun wird es noch schwieriger. Findest du auch die Wörter, bei denen es drei und sogar vier Möglichkeiten gibt? Die Buchstabengruppen im Balken helfen dir.

aff, all, ass, att, ell, ill, imm, üll, ütt   **21 Punkte**   all, amm, ämm, ann, enn, enn, ill, önn, umm, umm, ünn, üss

Sch**a t t**en f**a l l**en St**i m m**e   k**ä m m**en St**a m m** d**a n n**
sch**ü t t**en f**ü l l**en St**e l l**e   k**e n n**en st**i l l** d**e n n**
sch**a f f**en f**a s s**en St**i l l**e   k**ö n n**en st**u m m** d**ü n n**
Von ④⓪ Punkten habe ich ◯ erreicht.   k**ü s s**en St**a l l** d**u m m**

Ritterturniere

Ri__er waren im Mi__elalter Berufskrieger. Sie wurden in den Heeren der Könige und Fürsten eingeste__t, weil sie den zu Fuß kämpfenden Soldaten weit überlegen waren. Meist trugen die Ritter Rüstungen, die den ganzen Körper bede__ten und besonders das Gesicht schü__ten. In Friedenszeiten wurden Turniere ausgetragen, bei denen sich viele einheimische und auswärtige Ritter einfanden. Rings um den Turnierpla__ versa__elten sich die Zuschauer. Die Hauptart im We__-kampf die Kräfte zu me__en war der Tjost (Zweikampf), ein Due__ mit stumpfen Wa__en. Zwei Ritter standen sich gegenüber, ritten mit angelegten Lanzen im schärfsten Galo__ aufeinander zu und versuchten sich gegenseitig aus dem Sa__el zu stoßen.

Siegreiche Ritter erhielten aus der Hand eines Edelfräuleins die ausgese__ten Preise, z. B. eine goldene Ke__e oder ein Schwert. Der materie__e Wert der Preise war meist gering, aber dafür durfte der Gewi__er beim anschließenden Banke__ den Ehrenpla__ einnehmen und wurde von den Damen bedient.

(128)

Schreibe zuerst alle Wörter mit doppeltem Mitlaut, ck und tz auf den Block. Ordne sie dann alphabetisch und trage sie neben dem Text ein.

V ⇨ dM

(nach kurzem Vokal folgt doppelter Mitlaut)

——————— ———————
——————— ———————
——————— ———————
——————— ———————
——————— ———————
——————— ———————
——————— ———————
——————— ———————

V ⇨ ck / tz

———————
———————
———————
———————

Wörterbastler

Kannst du die einzelnen Wortteile zu Wörtern zusammenfügen? **tt** muss immer dabei sein.

B/b			e
K/k	a		el
R/r	e	tt	en
S/s	i		er
W/w			

Bei den fünf untereinander stehenden Wörtern fehlt jeweils ein gleicher Wortteil am Wortende. Trage diesen Wortteil, der aus vier oder fünf Buchstaben bestehen kann, unten in die Kästchen ein und vervollständige die Wörter.

gew_____	W_____	W_____	St_____	verg_____	Gew_____
beg_____	K_____	sch_____	W_____	ausm_____	Spl_____
r _____	Pinz_____	r_____	Qu_____	erpr_____	dr_____
dr_____	Kl_____	g _____	Ges_____	auffr_____	G_____
sp_____	F_____	str_____	Kap_____	d _____	R_____
ents_____	Toil_____	kl_____	Z_____	vers_____	Zw_____

Ritterturniere

Ritter waren im Mittelalter Berufskrieger. Sie wurden in den Heeren der Könige und Fürsten eingestellt, weil sie den zu Fuß kämpfenden Soldaten weit überlegen waren. Meist trugen die Ritter Rüstungen, die den ganzen Körper bedeckten und besonders das Gesicht schützten. In Friedenszeiten wurden Turniere ausgetragen, bei denen sich viele einheimische und auswärtige Ritter einfanden. Rings um den Turnierplatz versammelten sich die Zuschauer. Die Hauptart im Wettkampf die Kräfte zu messen war der Tjost (Zweikampf), ein Duell mit stumpfen Waffen. Zwei Ritter standen sich gegenüber, ritten mit angelegten Lanzen im schärfsten Galopp aufeinander zu und versuchten sich gegenseitig aus dem Sattel zu stoßen.

Siegreiche Ritter erhielten aus der Hand eines Edelfräuleins die ausgesetzten Preise, z. B. eine goldene Kette oder ein Schwert. Der materielle Wert der Preise war meist gering, aber dafür durfte der Gewinner beim anschließenden Bankett den Ehrenplatz einnehmen und wurde von den Damen bedient.

(128)

Schreibe zuerst alle Wörter mit doppeltem Mitlaut, ck und tz auf den Block. Ordne sie dann alphabetisch und trage sie neben dem Text ein.

V ⇨ dM

(nach kurzem Vokal folgt doppelter Mitlaut)

Bankett	messen
beherrschen	Mittelalter
Duell	reiten - ritten
einstellen	Ritter
Galopp	Sattel
Gewinner	versammeln
Kette	vollkommen
können	Waffen
materiell	Wettkampf

V ⇨ ck / tz

aussetzen

bedecken

Platz

schützen

Wörterbastler

Kannst du die einzelnen Wortteile zu Wörtern zusammenfügen? **tt** muss immer dabei sein.

B/b			
K/k	a		e
R/r	e	tt	el
S/s	i		en
W/w			er

Bett	Kitt	retten	Sitte
betten	kitten	Retter	Watte
Bitte	Kittel	Ritt	Wette
bitten	matt	ritten	wetten
bitter	Matte	Ritter	Wetter
Kette	Mitte	satt	
ketten	Ratte	Sattel	

Bei den fünf untereinander stehenden Wörtern fehlt jeweils ein gleicher Wortteil am Wortende. Trage diesen Wortteil, der aus vier oder fünf Buchstaben bestehen kann, unten in die Kästchen ein und vervollständige die Wörter.

innen	ette	affen	elle	essen	itter
gew **innen**	W **ette**	W **affen**	St **elle**	verg **essen**	Gew **itter**
beg **innen**	K **ette**	sch **affen**	W **elle**	ausm **essen**	Spl **itter**
r **innen**	Pinz **ette**	r **affen**	Qu **elle**	erpr **essen**	dr **itter**
dr **innen**	Kl **ette**	g **affen**	Ges **elle**	auffr **essen**	G **itter**
sp **innen**	F **ette**	str **affen**	Kap **elle**	d **essen**	R **itter**
ents **innen**	Toil **ette**	kl **affen**	Z **elle**	vers **essen**	Zw **itter**

Wörter mit doppeltem Mitlaut

Wenn nach einem kurz gesprochenen Vokal (Ṿ) nur ein Mitlaut hörbar ist, dann wird dieser verdoppelt.

ṾdM

1. Überlegung

Vokal kurz gesprochen? — nein → Nach Ṿ folgt meist nur ein Mitlaut →

Beispiele: Meter, Käfig, raten, Ferien, Natur, Hase

ja

2. Überlegung

Folgt nur ein Mitlaut? — nein → Es folgen zwei oder mehr verschiedene Mitlaute →

Beispiele: fertig, Angst, Strand, Arzt, Hemd

ja

Mitlaut wird verdoppelt

Ausnahmen bei Kurzwörtern (Sparwörter): ab, in

Doppelte Mitlaute					
ff	ll	mm	nn	pp	tt
					rr	
bb	dd	gg	kk	zz	

Markiere dir in den Spalten jeweils mit einer Farbe die Reimwörter, z. B. bei „tt" Bitte, Mitte, Sitte.

Wörter mit doppeltem Mitlaut

Wenn **nach** einem kurz gesprochenen Vokal (V̱) nur **ein** Mitlaut hörbar ist, dann wird dieser **verdoppelt**.

VdM

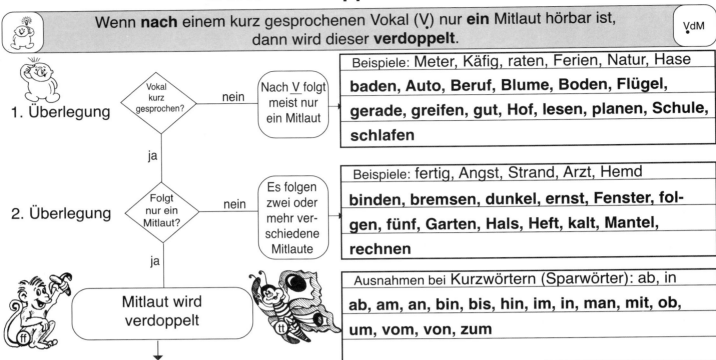

1. Überlegung — Vokal kurz gesprochen? — nein → Nach V̱ folgt meist nur ein Mitlaut →

Beispiele: Meter, Käfig, raten, Ferien, Natur, Hase

baden, Auto, Beruf, Blume, Boden, Flügel, gerade, greifen, gut, Hof, lesen, planen, Schule, schlafen

ja

2. Überlegung — Folgt nur ein Mitlaut? — nein → Es folgen zwei oder mehr verschiedene Mitlaute →

Beispiele: fertig, Angst, Strand, Arzt, Hemd

binden, bremsen, dunkel, ernst, Fenster, folgen, fünf, Garten, Hals, Heft, kalt, Mantel, rechnen

ja

Mitlaut wird verdoppelt

Ausnahmen bei Kurzwörtern (Sparwörter): ab, in

ab, am, an, bin, bis, hin, im, in, man, mit, ob, um, vom, von, zum

Doppelte Mitlaute					
ff	ll	mm	nn	pp	tt
Affe	**all, alle, alles**	**dumm**	**brennen**	**doppelt**	**Bett**
Begriff	**allein**	**immer**	**beginnen**	**Gruppe**	**Bitte, bitten**
Griff	**Ball**	**jammern**	**Donner**	**kippen**	**Blatt**
hoffen	**billig**	**Kamm**	**Donnerstag**	**knapp**	**Fett, fett**
Koffer	**Brille**	**Kammer**	**dünn**	**Mappe**	**Gewitter**
Löffel	**Fall, fallen**	**kommen**	**gewinnen**	**Pappe**	**glatt**
Neffe	**füllen**	**Nummer**	**innen**	**Puppe**	**Gott**
offen	**hell**	**Pommes**	**kennen**	**stoppen**	**kaputt**
öffnen	**herstellen**	**Programm**	**können, kann**	**Treppe**	**klettern**
Pfeffer	**Müll**	**sammeln**	**Mann**		**Mittag**
schaffen	**Quelle**	**schlimm**	**nennen**		**Mitte**
Schiff	**rollen**	**schwimmen**	**rennen**	rr	**Mittwoch**
Stoff	**Schall**	**Sommer**	**Sinn**		**Mutter**
treffen, trifft	**schnell**	**Stamm**	**Sonne**	**Herr**	**retten**
Waffe	**sollen**	**stimmen**	**Sonntag**	**herrlich**	**Schatten**
Ziffer	**stellen**	**Summe**	**spannend**	**irr(en)**	**Schmetterling**
	still	**Zimmer**	**Spannung**	**Pfarrer**	**Schutt**
	Teller	**zusammen**	**Tanne**	**Sperre**	**schütteln**
	toll		**Tennis**	**zerren**	**Sitte**
	voll		**trennen**		**Spagetti**
	wollen, will		**verbrennen**		**Wetter**
bb	dd	gg	kk	zz	
Ebbe	**Teddy**	**Bagger**	**Akkordeon**	**Pizza**	
Hobby	**Pudding**	**Roggen**	**Akku**	**Skizze**	

Die schräg gedruckten Wörter gehören zum Kernwortschatz, zu dem die etwa 400 wichtigsten Wörter gehören.

RS	Name: _____	Datum: _____

Wörter mit ck und tz

ck [ ]   tz [ ]

Kannst du die Wörter entschlüsseln? _____ _____

Blitz spitz trocken Decke gucken _____ _____

aufwecken setzen Schnecke Hitze _____ _____

zuletzt entwickeln Schmutz _____ _____

_____ _____

_____

Findest du die Wörter?

Die Lampe hängt an der ...

Kriechtier

Hohe Temperatur, sehr heiß

Wachrütteln, wachmachen

Nicht stumpf, sondern ...

Teil des Körpers

Durch das Fernrohr ...

Gegenteil von zuerst

Beim Gewitter gibt es Donner und ...

Reinigen, säubern

Wörter - Mathe

$\square$ + nicken = [ ][ ][ ][ ][ ]

trocken + $\square$ = [ ][ ][ ][ ][ ][ ]

blitzen − $\square\square$ = [ ][ ][ ]

Decke + $\square$ = [ ][ ][ ][ ]

Schmutz − $\square$ = [ ][ ][ ][ ]

sticken + $\square$ = [ ][ ][ ][ ][ ]

Schatz − $\square$ = [ ][ ]

Wörterbastler

Kannst du die einzelnen Wortteile so zusammenfügen, dass ck- oder tz- Wörter entstehen?

Bl/bl
Dr/dr
H/h
N/n
S/s
Sp/sp

a
e
i
o
ü

ck
tz

e
en

Wörter mit ck		Wörter mit tz	
Nomen (NW)	Verben	Nomen	Verben + Adjektive
_____	_____	_____	_____
_____	_____	_____	_____
_____	_____	_____	_____
_____	_____	_____	_____
_____	_____	_____	_____
_____	_____	_____	_____
_____	_____	_____	_____

Reimwörter

S s W p			h G S l			e h l p r v			d p z s r			R t S B		
B	l i t z		t r o c k e n			s e t z e n			g u c k e n			B l o c k		

Brückenwörter

durch	[ ]	Punkt
Kugel	[ ]	Schlag
Bett	[ ]	Lampe
Messer	[ ]	Reiter

Brückenwort = Grundwort	Brückenwort = Bestimmungswort
_____	_____
_____	_____
_____	_____
_____	_____

Vck   **ck** steht immer nur nach einem **kurz** gesprochenen Vokal (Ṣ/Ụ).   Vtz

RS Name: _____ Datum: _____

Wörter mit ck und tz

Kannst du die Wörter entschlüsseln?

Blitz spitz trocken Decke gucken
aufwecken setzen Schnecke Hitze
zuletzt entwickeln Schmutz

ck		tz	
aufwecken	_____	Blitz	_____
Decke	_____	Hitze	_____
entwickeln	_____	Schmutz	_____
gucken	_____	setzen	_____
Schnecke	_____	spitz	_____
trocken	_____	zuletzt	_____

Findest du die Wörter?

Die Lampe hängt an der ...			D	E	C	K	E	
Kriechtier		S	C	H	N	E	C	K	E
Hohe Temperatur, sehr heiß			H	I	T	Z	E	
Wachrütteln, wachmachen		A	U	F	W	E	C	K	E	N
Nicht stumpf, sondern ...			S	P	I	T	Z	
Teil des Körpers			R	Ü	C	K	E	N
Durch das Fernrohr ...			G	U	C	K	E	N
Gegenteil von zuerst			Z	U	L	E	T	Z	T
Beim Gewitter gibt es Donner und ...			B	L	I	T	Z
Reinigen, säubern	P	U	T	Z	E	N

Wörter - Mathe

$\square$ + nicken = **knicken**

trocken + $\square$ = **trocknen**

blitzen − $\square\square$ = **Blitz**

Decke + $\square$ = **Deckel**

Schmutz − $\square$ = **Schutz**

sticken + $\square$ = **stricken**

Schatz − $\square$ = **Satz**

Wörterbastler

Kannst du die einzelnen Wortteile so zusammenfügen, dass ck- oder tz- Wörter entstehen?

Bl/bl						
Dr/dr	a					
H/h	e	ck	e			
N/n	i	tz	en			
S/s	o					
Sp/sp	ü					

Wörter mit ck		Wörter mit tz	
Nomen (NW)	Verben	Nomen	Verben + Adjektive
Block	blocken	Blitz	blitzen
Blick	blicken	Hetze	hetzen
Hecke	hacken	Hitze	nützen
Nacken	hocken	Netz	setzen
Sack	necken	Satz	sitzen
Socken	nicken	Spatz	spitzen
Speck	spicken	Spitze	spitz
Dreck	drücken		

Reimwörter

S	s	W	p
B	l	i	t	z
	W	i	t	z
s	p	i	t	z
	S	i	t	z

h	G	S	l
t	r	o	ck	e	n
	h	o	ck	e	n
G	l	o	ck	e	n
	S	o	ck	e	n

e	h	l	p	r	v
		s	e	tz	e	n
		h	e	tz	e	n
		p	e	tz	e	n
v	e	r	l	e	tz	e	n

d	p	z	s	r
g	u	ck	e	n
z	u	ck	e	n
s	p	u	ck	e	n
d	r	u	ck	e	n

R	t	S	B
B	l	o	ck
	R	o	ck
	B	o	ck
S	t	o	ck

Brückenwörter

			Brückenwort = Grundwort	Brückenwort = Bestimmungswort
durch	**Blick**	Punkt	**Durchblick**	**Blickpunkt**
Kugel	**Blitz**	Schlag	**Kugelblitz**	**Blitzschlag**
Bett	**Decke**	Lampe	**Bettdecke**	**Deckenlampe**
Messer	**Spitze**	Reiter	**Messerspitze**	**Spitzenreiter**

Vck **ck** steht immer nur nach einem **kurz** gesprochenen Vokal (Ṣ/Ụ). Vtz

Wörter mit ck

Erfinde eine kleine Geschichte mit der Überschrift „Rocker Knock beim Frühstück unter der Brücke". Schreibe den Text auf deinen Block. Die Geschichte soll folgende Wörter enthalten:

Brücke	Decke	lecker	Rücken	schmecken

Vielleicht bringst du in deiner Geschichte noch weitere ck - Wörter unter:

backen	dick	dreckig	Ecke	Hecke	Päckchen	Sack	Stück	Zucker

Denke daran, dass du nicht immer die angegebenen Wörter, sondern auch verwandte Wörter (Wortfamilien) verwenden kannst, z. B. Gebäck (backen), Gedeck (decken), Rucksack (Sack).

Reimwörter Wähle vier Wörter aus, zu denen du jeweils noch zwei bis drei Reimwörter findest.

Würfelwörter

Die Würfel sind gefallen, und zwar so, dass von jedem Wort nur drei Buchstaben zu lesen sind. Findest du trotzdem die fünf Wörter?

Wörter gesucht

M → k + M → z

lk   lz

nk   nz

rk   rz

Gegenteil von schwach
Der Hund wedelt damit
Wichtiges Organ
Monat im Frühjahr
Gegenteil von hell
Wer krank ist, muss zum ...
Früchte des Waldes
Geistesarbeit leisten
Flüssigkeit zu sich nehmen

Lösungswort

Reimwörter | g | Gl | H | K | Kr | l | M | P | Qu | s | sch | st | w |

Suche aus dem Kästchen die passenden Anfangsbuchstaben und schreibe bei den Wörtern genau untereinander, was sich reimt.

s t a r k	d e n k e n	t r i n k e n	S c h m e r z e n	S c h w a n z

Nach kurz gesprochenem Vokal können stehen:
• mindestens zwei verschiedene Mitlaute, z.B. lk oder lz, nk oder nz stehen.
Nach einem **Mitlaut** (l, n, r), das merke ja, steht immer nur **z** und immer nur **k**.

Wörter mit ck

Unter der Brü**ck**e in der E**ck**e neben der He**ck**e frühstü**ck**te der di**ck**e Ro**ck**er Kno**ck**. Er saß auf einer etwas dre**ck**igen De**ck**e und holte gerade aus seinem Ru**ck**sa**ck** ein Pä**ck**chen mit Ba**ck**waren und ein Stü**ck** Zu**ck**er. Kaffee und Gebä**ck** ließ er sich gut schme**ck**en. Nach dem le**ck**eren Gede**ck** legte er sich auf den Rü**ck**en und schlief ganz fest ein.

Reimwörter

		D	e	c	k	e
		H	e	c	k	e
			E	c	k	e
S	c	h	n	e	c	k	e

s	c	h	m	e	c	k	e	n
			w	e	c	k	e	n
			l	e	c	k	e	n
			d	e	c	k	e	n

		R	ü	c	k	e	n
		b	ü	c	k	e	n
s	c	h	m	ü	c	k	e	n
	d	r	ü	c	k	e	n

b	a	c	k	e	n
p	a	c	k	e	n
N	a	c	k	e	n
k	n	a	c	k	e	n

Würfelwörter

Die Würfel sind gefallen, und zwar so, dass von jedem Wort nur drei Buchstaben zu lesen sind. Findest du trotzdem die fünf Wörter?

rücken _____

packen _____   zurück _____

Brücke _____   lecker _____

(M → k) + (M → z)

lk   lz

nk   nz

rk   rz

Wörter gesucht

Gegenteil von schwach						S	T	A	R	K		
Der Hund wedelt damit					S	C	H	W	A	N	Z	
Wichtiges Organ						H	E	R	Z			
Monat im Frühjahr						M	Ä	R	Z			
Gegenteil von hell		D	U	N	K	E	L					
Wer krank ist, muss zum ...					A	R	Z	T				
Früchte des Waldes		P	I	L	Z	E						
Geistesarbeit leisten					D	E	N	K	E	N		
Flüssigkeit zu sich nehmen	T	R	I	N	K	E	N					

Lösungswort | S | c | h | m | e | r | z | e | n |

Arzt

denken

dunkel

Herz

März

Pilze

Schmerzen

Schwanz

stark

trinken

Reimwörter | g | Gl | H | K | Kr | l | M | P | Qu | s | sch | st | w |

Suche aus dem Kästchen die passenden Anfangsbuchstaben und schreibe bei den Wörtern genau untereinander, was sich reimt.

s	t	a	r	k
P	a	r	k	
M	a	r	k	
Q	u	a	r	k

d	e	n	k	e	n
s	c	h	e	n	k	e	n
l	e	n	k	e	n
s	e	n	k	e	n

t	r	i	n	k	e	n
w	i	n	k	e	n
s	t	i	n	k	e	n

S	c	h	m	e	r	z	e	n
K	e	r	z	e	n
H	e	r	z	e	n

S	c	h	w	a	n	z
g	a	n	z
K	r	a	n	z
G	l	a	n	z

Nach kurz gesprochenem Vokal können stehen:
• mindestens zwei verschiedene Mitlaute, z. B. lk oder lz, nk oder nz stehen.
Nach einem **Mitlaut** (l, n, r), das merke ja, steht immer nur **z** und immer nur **k**.

Der k- und z- Laut

Lies die folgenden 4 Wortgruppen und sprich halblaut mit.

packen–parken–Paket, Spatz–Salz–spazieren, setzen–Schmerzen–Dezember, Rock–Onkel–Krokodil

Kennzeichne die Vokale (V̇ oder V̲) und beachte die nachfolgenden Mitlaute.
Was kannst du feststellen?

Nach einem _____ gesprochenen Vokal steht _____ oder _____ .

Nach einem _____ gesprochenen Vokal stehen zwei _____Mitlaute, z.B. ___ oder ___.

Nach einem _____ gesprochenen Vokal steht nur _____ _____.

Zu den lang gesprochenen Vokalen gehören auch die Doppellaute **au, ei, eu.**

Findest du die Wörter mit Doppellaut und k oder z? h__ __ __ en, Sch__ __ __el, Kr__ __ __ , P__ __ __e

Es gibt also beim **k-** und **z-** Laut 3 Möglichkeiten:

ck + tz nach **S̲ + U̲**	**k + z** nach **Mitlaut (l, n, r)**	**k + z** nach **S̲** oder **Doppellaut**

Trage jeweils 3 Beispiele in die Tabelle ein. Du kannst dir die Regel auch noch vereinfachen:

Nur nach V̇ (S̲/U̲) steht **ck** oder **tz**, sonst immer nur **k** oder **z**. ⟨Vck oder Vtz⟩

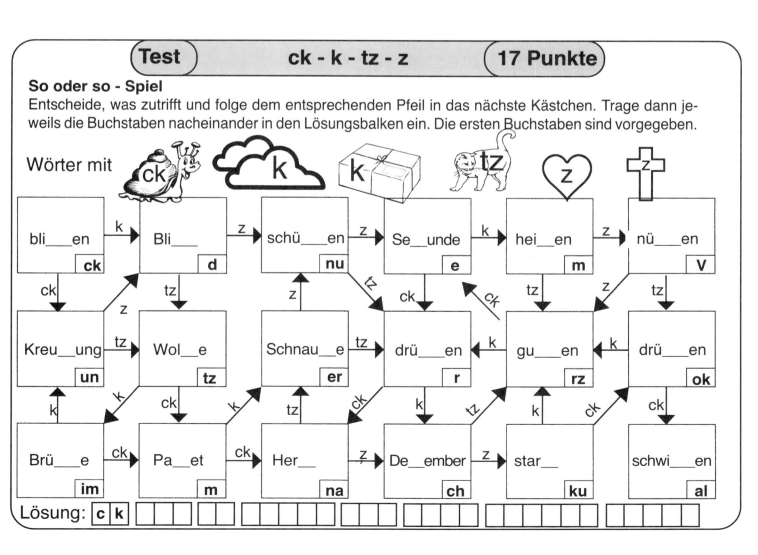

Test **ck - k - tz - z** **17 Punkte**

So oder so - Spiel

Entscheide, was zutrifft und folge dem entsprechenden Pfeil in das nächste Kästchen. Trage dann jeweils die Buchstaben nacheinander in den Lösungsbalken ein. Die ersten Buchstaben sind vorgegeben.

Wörter mit

bli___en	**ck**
Bli___	**d**
schü___en	**nu**
Se__unde	**e**
hei___en	**m**
nü___en	**V**
Kreu___ung	**un**
Wol___e	**tz**
Schnau___e	**er**
drü___en	**r**
gu___en	**rz**
drü___en	**ok**
Brü___e	**im**
Pa_et	**m**
Her__	**na**
De__ember	**ch**
star__	**ku**
schwi___en	**al**

Lösung: | c | k | | | | | | | | | | | | | | | | | | | | | | |

Der k- und z- Laut

Lies die folgenden 4 Wortgruppen und sprich halblaut mit.

packen–parken–Paket, Spatz–Salz–spazieren, setzen–Schmerzen–Dezember, Rock–Onkel–Krokodil

Kennzeichne die Vokale (V̌ oder V̱) und beachte die nachfolgenden Mitlaute.
Was kannst du feststellen?

Nach einem __kurz__ gesprochenen Vokal steht __ck__ oder __tz__ .

Nach einem __kurz__ gesprochenen Vokal stehen zwei __verschiedene__ Mitlaute, z. B. __rk__ oder __lz__ .

Nach einem __lang__ gesprochenen Vokal steht nur __ein__ __Mitlaut__ .

Zu den lang gesprochenen Vokalen gehören auch die Doppellaute **au, ei, eu.**

Findest du die Wörter mit Doppellaut und k oder z? h__e__ __i__ __z__ en, Sch__a__ __u__ __k__ el, Kr__e__ __u__ __z__, P__a__ __u__ __k__ e

Es gibt also beim **k-** und **z-** Laut 3 Möglichkeiten:

ck + tz nach S̱ + Ṷ		k + z nach Mitlaut (l, n, r)		k + z nach S̱ oder Doppellaut	
packen	spitz	stark	Herz	Laken	Geiz
drücken	nützen	trinken	Pflanze	Paket	Schnauze
Sack	Katze	Wolke	Pilz	Schaukel	spazieren

Trage jeweils 3 Beispiele in die Tabelle ein. Du kannst dir die Regel auch noch vereinfachen:

Nur nach V̌ (S̱/Ṷ) steht ck oder tz, sonst immer nur k oder z.   V̌ck oder V̌tz

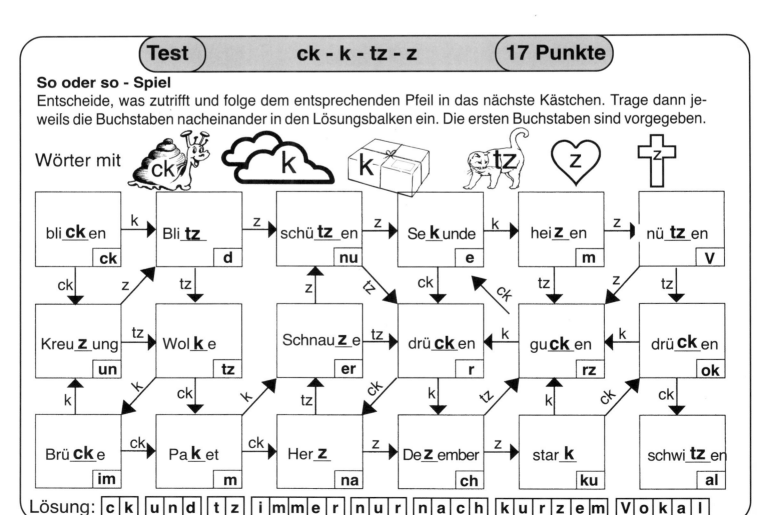

Test   **ck - k - tz - z**   **17 Punkte**

So oder so - Spiel
Entscheide, was zutrifft und folge dem entsprechenden Pfeil in das nächste Kästchen. Trage dann jeweils die Buchstaben nacheinander in den Lösungsbalken ein. Die ersten Buchstaben sind vorgegeben.

Wörter mit

bli**ck**en → Bli**tz** → schü**tz**en → Se**k**unde → hei**z**en → nü**tz**en
| ck | d | nu | e | m | V |

Kreu**z**ung → Wol**k**e → Schnau**z**e → drü**ck**en → gu**ck**en → drü**ck**en
| un | tz | er | r | rz | ok |

Brü**ck**e → Pa**k**et → Her**z** → De**z**ember → star**k** → schwi**tz**en
| im | m | na | ch | ku | al |

Lösung: | c | k | | u | n | d | | t | z | | i | m | m | e | r | | n | u | r | | n | a | c | h | | k | u | r | z | e | m | | V | o | k | a | l |

Ein etwas verunglückter Ausflug

Während Mutter heute zu Hause blieb, um die Schuhe zu pu__en, meine Ja__e zu fli__en und Oma ein Pä__- chen zu schi__en, fuhren Vater und ich ins Gebirge. Dort führte unser Wanderweg über Pfü__en, Sto__ und Stein. Nach etwa zwei Stunden kündigte sich plö__lich ein Gewitter an. Schon donnerte und bli__te es in der Ferne. Bis zur nächsten schü__enden Hütte waren es noch zehn Minuten. Wir kamen dort gerade noch tro-__en an und ho__ten uns an einen gemütlichen E__- pla__. Vater aß einen Ha__braten und schlu__te dazu eine halbe Maß Bier. Ich wollte lieber ein Stü__ selbst geba__enen Kuchen und einen Tee mit Zu__er. Da- nach schle__te ich noch ein le__eres Eis. Zwar hatten wir heute den Gipfel und einen schönen Rundbli__ verpasst, aber wir freuten uns tro__dem auf dem Rü__- weg darüber, dass wir tro__ Dre__ und Schmu__ das Gewitter tro__en überstanden hatten. Das war einfach spi__e.

V ⇨ ck / tz
(nach kurzem Vokal folgt ck / tz)

_____ _____
_____ _____
_____ _____
_____ _____
_____ _____
_____ _____
_____ _____
_____ _____
_____ _____
_____ _____
_____ _____
_____ _____

(152)

Reimwörter

Suche dir vier Verben aus, zu denen du jeweils mindestens vier Reimwörter findest.

flicken	backen	schlecken	blitzen
_____	_____	_____	_____
_____	_____	_____	_____
_____	_____	_____	_____
_____	_____	_____	_____
_____	_____	_____	_____
_____	_____	_____	_____
_____	_____	_____	_____
_____	_____	_____	_____

Wort im Wort

trocken _____   schlecken _____ _____ _____ _____

verunglücken _____ _____ _____ _____ _____

Buchstabenwechsel

Du musst nur einen Buchstaben auswechseln und schon entsteht ein neues Wort.

schlecken _____   Dreck _____   Blick _____   schützen _____

lecker _____ _____   Stück _____   spitz _____

Ein etwas verunglückter Ausflug

Während Mutter heute zu Hause blieb, um die Schuhe zu pu**tz**en, meine Ja**ck**e zu fli**ck**en und Oma ein Pä**ck**chen zu schi**ck**en, fuhren Vater und ich ins Gebirge. Dort führte unser Wanderweg über Pfü**tz**en, Sto**ck** und Stein. Nach etwa zwei Stunden kündigte sich plö**tz**lich ein Gewitter an. Schon donnerte und bli**tz**te es in der Ferne. Bis zur nächsten schü**tz**enden Hütte waren es noch zehn Minuten. Wir kamen dort gerade noch tro**ck**en an und ho**ck**ten uns an einen gemütlichen E**ck**pla**tz**. Vater aß einen Ha**ck**braten und schlu**ck**te dazu eine halbe Maß Bier. Ich wollte lieber ein Stü**ck** selbst geba**ck**enen Kuchen und einen Tee mit Zu**ck**er. Danach schle**ck**te ich noch ein le**ck**eres Eis. Zwar hatten wir heute den Gipfel und einen schönen Rundbli**ck** verpasst, aber wir freuten uns tro**tz**dem auf dem Rü**ck**weg darüber, dass wir tro**tz** Dre**ck** und Schmu**tz** das Gewitter tro**ck**en überstanden hatten. Das war einfach spi**tz**e.

(152)

V ⇨ ck/tz

(nach kurzem Vokal folgt ck/tz)

backen	**Rückweg**
Blick	**schicken**
blitzen	**schlecken**
Dreck	**schlucken**
Ecke	**Schmutz**
flicken	**schützen**
Hackbraten	**spitze sein**
hocken	**Stock**
Jacke	**Stück**
lecker	**trocken**
Päckchen	**trotz**
Pfütze	**trotzdem**
Platz	**verunglücken**
plötzlich	**Zucker**
putzen	

Reimwörter

Suche dir vier Verben aus, zu denen du jeweils mindestens vier Reimwörter findest.

flicken	backen	schlecken	blitzen
schicken	**hacken**	**lecken**	**sitzen**
nicken	**packen**	**schmecken**	**erhitzen**
sticken	**Backen**	**decken**	**flitzen**
klicken	**knacken**	**stecken**	**ritzen**
blicken	**Nacken**	**wecken**	**schlitzen**
kicken	**Macken**	**Becken**	**schnitzen**
picken	**versacken**	**bezwecken**	**schwitzen**
spicken	**Zacken**	**Schrecken**	**spitzen**
ticken		**Flecken**	**spritzen**
zwicken		**necken**	

Wort im Wort

trocken **Rock**   schlecken **lecken**   **Eck**   **leck**   **Ecken**

verunglücken **Glück**   **Unglück**   **glücken**   **Lücke**   **Lücken**

Buchstabenwechsel

Du musst nur einen Buchstaben auswechseln und schon entsteht ein neues Wort.

schlecken **schlucken**   Dreck **Druck**   Blick **Block**   schützen **schätzen**

lecker **locker**   **lecken**   Stück **Stock**   spitz **Spatz**

Sonderfälle der Verdopplung: Wörter mit ck (statt kk) und tz (statt zz)

Wenn ich nach einem **kurz** gesprochenen Vokal (V̮) nur ein **k** oder **z** höre, dann muss ich **ck** oder **tz** schreiben.

V̮ck oder V̮tz

1. Überlegung

Vokal kurz gesprochen? — nein → nach S, U oder DL nur **k** oder **z** möglich →

Hörwörter

k	z
Paket, Pauke	**Dezember, Geiz**

ja ↓

2. Überlegung

nur k oder z hörbar? — nein → noch weiterer Mitlaut (z. B. l, n, r) hörbar → nur **k** oder **z** →

Hörwörter

k	z
Wolke	**Salz**

ja ↓

dann **ck** oder **tz**

ck

tz

Wörter mit ck

ack/äck	eck	ick	ock/öck	uck/ück

Wörter mit tz

atz/ätz	etz	itz	otz/ötz	utz/ütz

Markiere dir in den Spalten jeweils mit einer Farbe die Reimwörter, z. B. bei „ck" nicken, flicken, sticken.

Sonderfälle der Verdopplung: Wörter mit ck (statt kk) und tz (statt zz)

Wenn ich nach einem **kurz** gesprochenen Vokal (Ṿ) nur ein **k** oder **z** höre, dann muss ich **ck** oder **tz** schreiben.

Ṿck oder Ṿtz

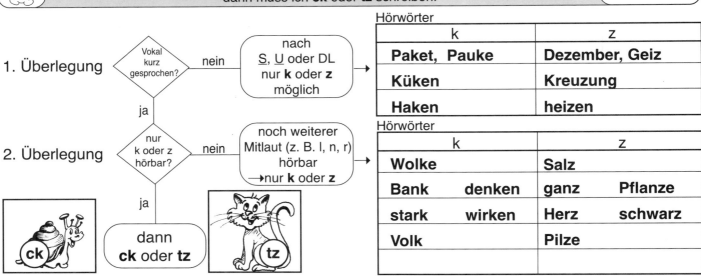

1. Überlegung

Vokal kurz gesprochen? — nein → nach S̲, U̲ oder DL nur **k** oder **z** möglich

ja

2. Überlegung

nur k oder z hörbar? — nein → noch weiterer Mitlaut (z. B. l, n, r) hörbar →nur **k** oder **z**

ja

dann **ck** oder **tz**

Hörwörter

k	z
Paket, Pauke	**Dezember, Geiz**
Küken	**Kreuzung**
Haken	**heizen**

Hörwörter

k		z	
Wolke		**Salz**	
Bank	**denken**	**ganz**	**Pflanze**
stark	**wirken**	**Herz**	**schwarz**
Volk		**Pilze**	

Wörter mit **ck**				
ack/äck	eck	ick	ock/öck	uck/ück
Acker	Decke	Blick, blicken	Block	Brücke
backen	Dreck, dreckig	dick	hocken	drucken
Fackel	Ecke, eckig	entwickeln	locker	drücken
hacken	Hecke	flicken	Rock	Glück
Jacke	lecker	Kick	Socken	gucken
Lack	meckern	nicken	Stock	Mücke
Nacken	schlecken	picken	trocken	pflücken
nackt	schmecken	schicken	trocknen	Rücken
Päckchen	Schnecke	sticken		schlucken
packen	Schreck, schre-	stricken		Stück
Sack	cken	wickeln		Zucker
verpacken	stecken			zurück
	Wecker			
	Zweck			

Wörter mit **tz**				
atz/ätz	etz	itz	otz/ötz	utz/ütz
Katze	Gesetz	Blitz	plötzlich	Mütze
kratzen	Hetze, hetzen	Hitze, erhitzen	trotz, trotzdem	nützen
Platz, Plätze	jetzt	Schlitz	Klotz	Pfütze
Satz, Sätze	letzte, letzter	schnitzen		putzen
Schatz, Schät-	Metzger	schützen		Schmutz
ze	setzen	schwitzen		Stütze, stützen
schmatzen	verletzen	sitzen, besitzen		verschmutzen
schwätzen	zuletzt	spitz, Spitze		Schutz
Spatz		Witz		schützen

Die schräg gedruckten Wörter gehören zum Kernwortschatz, zu dem die etwa 400 wichtigsten Wörter gehören.

| RS | Name: _____ | Datum: _____ |

Wörter mit „ie"

ie

Wie viele ie-Wörter findest du? Ein Wort bleibt übrig. Ändere an diesem Wort nur einen Buchstaben.

Du bist dann einfach

G	E	B	I	E	T	B	E	I	D	P
E	S	L	F	R	I	E	R	E	N	A
I	P	E	B	E	I	R	T	E	B	S
G	I	I	L	I	E	G	E	N	S	S
R	E	T	R	I	S	S	I	G	I	I
E	G	S	N	E	L	E	I	Z	E	E
N	E	N	I	E	M	A	N	D	G	R
E	L	K	O	P	I	E	R	E	N	E
V	I	E	L	L	E	I	C	H	T	N

Wörter gesucht

Teil einer Pflanze oder eines Baumes

Etwas verstehen, begreifen

Musikinstrument

Anvisieren

Fortbewegung in der Luft

Hochbegabter Mensch

Firma, Unternehmen

Gegenteil von Niederlage

Gegenteil von jemand

Wort im Wort

Betrieb _____

fliegen _____ _____

Wörterzauberer ⇄ 1 B. ⇨ neues Wort

zielen _____

fliegen _____

Stiel _____

Sieg _____

Lösungswort | | | | | | | | | |

Reimwörter | **b D H k**ap R **kr** r l S Sp St **s** T **v**er Z Z **z z**

f	l	i	e	g	e	n

S	t	i	e	l

S	p	i	e	g	e	l

f	r	i	e	r	e	n

B	e	t	r	i	e	b

Wörterbastler

ge	fr	ie
ko	g	ier
lo	n	ieren
tur	p	
	t	
	z	

-ie	-ier	-ieren

Zusammengesetzte Wörter

Lösungswort: [ ]

Betrieb •(r)• Quelle _____
(s)

Energie •(i)• glatt _____
(n)

Spiegel •(e)• Klima
(l)

Stiel •(g)• Zucht _____

spazieren •(a)(e)• Auge _____

Vieh •(r)(n)• Gang

Das lang gesprochene **i** wird meist mit **ie** geschrieben. i→ie

| RS | Name: _____ | Datum: _____ |

Wörter mit „ie"

ie

Wie viele ie-Wörter findest du? Ein Wort bleibt übrig. Ändere an diesem Wort nur einen Buchstaben.

Du bist dann einfach

| R | I | E | S | I | G |

Wortgitter:

G	E	B	I	E	T	B	E	I	D	P
E	S	L	F	R	I	E	R	E	N	A
I	P	E	B	E	T	R	I	E	B	S
G	I	I	L	I	E	G	E	N	S	S
R	E	T	R	I	S	S	I	G	I	I
E	G	S	N	E	L	E	I	Z	E	E
N	E	N	I	E	M	A	N	D	G	R
E	L	K	O	P	I	E	R	E	N	E
V	I	E	L	L	E	I	C	H	T	N

Betrieb	niemand
Dieb	passieren
Energie	Sieg
frieren	Spiegel
Gebiet	Stiel
kopieren	vielleicht
liegen	zielen

Wörter gesucht

Teil einer Pflanze oder eines Baumes	S T I E L
Etwas verstehen, begreifen	K A P I E R E N
Musikinstrument	K L A V I E R
Anvisieren	Z I E L E N
Fortbewegung in der Luft	F L I E G E N
Hochbegabter Mensch	G E N I E
Firma, Unternehmen	B E T R I E B
Gegenteil von Niederlage	S I E G
Gegenteil von jemand	N I E M A N D

Lösungswort: S P A Z I E R E N

Wort im Wort

| Betrieb | Trieb | | rieb |
| fliegen | Fliege | Liege | liegen |

Wörterzauberer ⇄ 1 B. ⇨ neues Wort

zielen	ziehen	zieren	
fliegen	Fliesen	fliehen	
Stiel	Spiel	Stier	still
Sieg	Sieb	Siel	Steg

Reimwörter

b D H kap R kr r l S Sp St s T ver Z Z z z

f	l	i	e	g	e	n
k	r	i	e	g	e	n
b	i	e	g	e	n
s	i	e	g	e	n
l	i	e	g	e	n

S	t	i	e	l
	v	i	e	l
	Z	i	e	l
S	p	i	e	l
K	i	e	l

S	p	i	e	g	e	l
R	i	e	g	e	l
Z	i	e	g	e	l
S	i	e	g	e	l
T	i	e	g	e	l

	f	r	i	e	r	e	n
		z	i	e	r	e	n
v	e	r	l	i	e	r	e	n
	k	a	p	i	e	r	e	n
s	c	h	m	i	e	r	e	n

B	e	t	r	i	e	b
		T	r	i	e	b
			D	i	e	b
			H	i	e	b
			S	i	e	b

Wörterbastler

ge	fr	ie
ko	g	
lo	n	ier
tur	p	
	t	ieren
	z	

-ie	-ier	-ieren	
Genie	Turnier	genieren	frieren
Kopie	Gier	kopieren	gefrieren
Logie	Tier	logieren	zieren
nie	Zier	Nieren	gieren

Zusammengesetzte Wörter

Betrieb	r	Quelle		Betriebsklima
Energie	s / i / n / e	glatt		Energiequelle
Spiegel	l	Klima		spiegelglatt

Lösungswort: Sieger

Stiel	g	zucht		Stielauge
spazieren	a / e	Auge		Spaziergang
Vieh	k / n	Gang		Viehzucht

Das lang gesprochene **i** wird meist mit **ie** geschrieben. i→ie

Wörter mit ie

Das liebe Vieh - vier Tiere auf dem Bauernhof

Die Tiere auf dem Bauernhof sind sauer. Bei diesem Betrieb läuft
alles schief.
„Viel zu viele Fliegen", muhte die Kuh,
„Dreck bis an die Knie", meckerte die Ziege,
„Keine bunte Wiese", summte die Biene,
„Wir ziehen hier weg", meinten alle drei ganz unzufrieden.
Sie fragten das Schwein, ob es auch mitkommt.
„Nie im Leben", quiekte das Schwein, „so einen Saustall
wie hier kriege ich niemals wieder".

Schreibe alle ie-Wörter zuerst in die folgenden Zeilen und ordne sie
dann rechts alphabetisch. Wie viele verschiedene sind es?

Reimwörter   Wähle vier ie-Wörter aus, zu denen du noch
mindestens ein Reimwort findest.

Test   Wörter mit ie   mehr als 40

❶ Tore schießen

Wie viele „ie"-Wörter findest du mit den Buchstaben (mehrfach verwendbar), die um das „ie" herumliegen?
Trage sie in die Tabelle ein. Auch die Hauptstadt von Österreich darf dabei sein. Schaffst du mindestens 20
Wörter oder vielleicht sogar über 25 Tore? Jedes gefundene Wort ist ein Tor und ein Punkt.

Kurzwörter	Nomen	Verben

❷ Reimwörter

Wähle dir von den Toren (= Wörtern), die du geschossen hast, sechs Wörter aus, zu denen du jeweils noch
drei Reimwörter findest.

wieder	Regie	hier	wiegen	regieren	Ziege	Sieger

Wörter mit ie

Das liebe Vieh - vier Tiere auf dem Bauernhof

Die Tiere auf dem Bauernhof sind sauer. Bei diesem Betrieb läuft alles schief.

„Viel zu viele Fliegen", muhte die Kuh,
„Dreck bis an die Knie", meckerte die Ziege,
„Keine bunte Wiese", summte die Biene,
„Wir ziehen hier weg", meinten alle drei ganz unzufrieden.
Sie fragten das Schwein, ob es auch mitkommt.
„Nie im Leben", quiekte das Schwein, „so einen Saustall wie hier kriege ich niemals wieder".

Schreibe alle ie-Wörter zuerst in die folgenden Zeilen und ordne sie dann rechts alphabetisch. Wie viele verschiedene sind es?

liebe, Vieh, vier, Tier, die, dieser, Betrieb, schief,

Ziege, Fliege, unzufrieden, Biene, sie, nie, quieken,

wie, hier, kriegen, niemals, wieder, Knie, Wiese,

ziehen, viel

Biene	schief
Betrieb	sie
die	Tier
dieser	unzufrieden
Fliege	Vieh
hier	viel
Knie	vier
kriegen	wie
lieb	wieder
nie	Wiese
niemals	Ziege
quieken	ziehen

Reimwörter   Wähle vier ie-Wörter aus, zu denen du noch mindestens ein Reimwort findest.

	v	i	e	r	f	l	i	e	g	e	n	
	h	i	e	r	k	r	i	e	g	e	n	
	T	i	e	r	b	i	e	g	e	n		
P	a	p	i	e	r	w	i	e	g	e	n	

Z	i	e	g	e
W	i	e	g	e
L	i	e	g	e
K	r	i	e	g	e

		l	i	e	b
		S	i	e	b
B	e	t	r	i	e	b
	T	r	i	e	b

---

❶ Tore schießen

Wie viele „ie"-Wörter findest du mit den Buchstaben (mehrfach verwendbar), die um das „ie" herumliegen? Trage sie in die Tabelle ein. Auch die Hauptstadt von Österreich darf dabei sein. Schaffst du mindestens 20 Wörter oder vielleicht sogar über 25 Tore? Jedes gefundene Wort ist ein Tor und ein Punkt.

Kurzwörter	Nomen			Verben	
sie	Sieg	Energie	Wiese	wiegen	gieren
nie	Sieger	Wien	Ziege	siegen	genieren
hier	Riege	Riese	Zier	niesen	ziehen
wie	Gier	Wiege	Genie	wiehern	erziehen
	Wien	Wiener	Regie	regieren	zieren

❷ Reimwörter

Wähle dir von den Toren (= Wörtern), die du geschossen hast, sechs Wörter aus, zu denen du jeweils noch drei Reimwörter findest.

wieder	Regie	hier	wiegen	regieren	Ziege	Sieger
nieder	**Genie**	**Bier**	**liegen**	**genieren**	**Liege**	**Flieder**
Flieder	**Energie**	**Gier**	**siegen**	**zieren**	**Wiege**	**Krieger**
bieder	**schrie**	**Tier**	**kriegen**	**frieren**	**Riege**	**Anlieger**
Gefieder	**die/nie**	**vier**	**fliegen**	**kopieren**	**Fliege**	**Besieger**

Olympische Spiele

Die ersten Olymp_schen Sp__le fanden im gr__chischen Ort Olympia im Jahr 776 v. Chr. statt. Alle v__r Jahre wurden s__ zu Ehren des Gottes Zeus h__r w__derholt. Während d__ser Zeit unterbl__ben im ganzen Land kr__gerische Auseinandersetzungen. An fünf Tagen wurden die Wettkämpfe ausgetragen. Die Athleten maßen sich im Wettlauf, D_skus-, R_ng- und Faustkampf, Wagenrennen und anderen Sportarten. Die S__ger erh__lten Kränze aus w_lden Ölbaumblättern. Im Jahre 394 n. Chr. wurden sie als heidn_sche Spiele verboten.

In der Neuzeit war es das Z__l des Franzosen Coubertin, diese _dee wieder aufzugreifen. Erstmals wurden 1896 in Athen die modernen Olympischen Spiele ausgetragen. Seitdem finden die Spiele alle vier Jahre und jedes Mal in einem anderen Land statt. Die Sieger der versch__denen D_sz_plinen werden mit olympischen Medaillen ausgezeichnet: Gold für den ersten, S_lber für den zweiten und Bronze für den dr_tten Platz. Die fünf Ringe des olympischen Symbols versinnb_ldlichen die fünf Kontinente. Der Sport soll die Völker miteinander verb_nden.

(152)

i ⇨ ie
(lang gesprochenes i meist mit ie)

_____   _____
_____   _____
_____   _____
_____   _____
_____   _____
_____   _____
_____

| | -isch |

(Wörter mit der Nachsilbe „-isch")

_____   _____
_____   _____

① Reimwörter

A	F	K	l	l	n	r
		S	i	e	g	e	r

B	**h**	T
v	i	e	r

S	t	**v**	Z
S	p	i	e	l

② Tore schießen

(Ball mit Buchstaben: e, w, r, k, s, ie, d, n, g)

_____ _____ _____ _____
_____ _____ _____ _____
_____ _____ _____ _____
_____ _____ _____ _____

③ Brückenwörter (BW)

Glück	_____	Platz
fern	_____	Linie
Blitz	_____	Schiff
Wahl	_____	Ehrung
Grund	_____	farbig

BW = Bestimmungswort

_____
_____
_____
_____

BW = Grundwort

_____
_____
_____
_____

Olympische Spiele

Die ersten Olympischen Spiele fanden im griechischen Ort Olympia im Jahr 776 v. Chr. statt. Alle vier Jahre wurden sie zu Ehren des Gottes Zeus hier wiederholt. Während dieser Zeit unterblieben im ganzen Land kriegerische Auseinandersetzungen. An fünf Tagen wurden die Wettkämpfe ausgetragen. Die Athleten maßen sich im Wettlauf, Diskus-, Ring- und Faustkampf, Wagenrennen und anderen Sportarten. Die Sieger erhielten Kränze aus wilden Ölbaumblättern. Im Jahre 394 n. Chr. wurden sie als heidnische Spiele verboten.

In der Neuzeit war es das Ziel des Franzosen Coubertin, diese Idee wieder aufzugreifen. Erstmals wurden 1896 in Athen die modernen Olympischen Spiele ausgetragen. Seitdem finden die Spiele alle vier Jahre und jedes Mal in einem anderen Land statt. Die Sieger der verschiedenen Disziplinen werden mit olympischen Medaillen ausgezeichnet: Gold für den ersten, Silber für den zweiten und Bronze für den dritten Platz. Die fünf Ringe des olympischen Symbols versinnbildlichen die fünf Kontinente. Der Sport soll die Völker miteinander verbinden.

(152)

i ⇨ ie
(lang gesprochenes i meist mit ie)

Spiel	griechisch
vier	sie
hier	wiederholen
dieser	unterblieben
kriegerisch	Sieger
erhielten	Ziel
wieder	verschieden

	-isch

(Wörter mit der Nachsilbe „-isch")

griechisch	heidnisch
kriegerisch	olympisch

① Reimwörter

A	F	K	I	l	n	r

		S	i	e	g	e	r
	K	r	i	e	g	e	r
	F	l	i	e	g	e	r
A	n	l	i	e	g	e	r

B	h	T

v	i	e	r
h	i	e	r
T	i	e	r
B	i	e	r

S	t	v	Z

S	p	i	e	l
	Z	i	e	l
S	t	i	e	l
	v	i	e	l

② Tore schießen

wie	dies	nieder	Sieger	regieren	Wiese
wieder	diese	Gier	Wien	Krieg	sieden
die	dieser	Ried	Kies	kriegen	
nie	wiegen	Sieg	Riege	Krieger	
sie	Wiege	siegen	Riese	niesen	

③ Brückenwörter (BW)

Glück	**Spiel**	Platz
fern	**Ziel**	Linie
Blitz	**Krieg**	Schiff
Wahl	**Sieger**	Ehrung
Grund	**verschieden**	farbig

BW = Bestimmungswort

Spielplatz
Ziellinie
Kriegsschiff
Siegerehrung
verschiedenfarbig

BW = Grundwort

Glücksspiel
Fernziel
Blitzkrieg
Wahlsieger
grundverschieden

Wörter mit ie (und Ausnahmen)

1. Überlegung

i lang gesprochen?

nein

Es folgen mindestens zwei Mitlaute

blind, Brille, impfen, Fichte, Blitz, Mitte, links, blicken, Pilz

Ausnahmen (Trage diese Wörter erst ein, wenn du sie gelernt hast)

Merkwörter: mit **i**, **ih** und **ieh**		
nur i	mit Dehnungs-h	doppelte Dehnung ieh

Von diesen Wörtern gibt es nur wenige.

ja

2. Überlegung

meist ie

anders

Das lang gesprochene i wird meist mit **ie** geschrieben.

i→ie

Wörter mit **ie**				
A - F	G - O	P - S	Sch/Sp/St - U	V - Z

Markiere dir in den Spalten jeweils mit einer Farbe die Reimwörter, z. B. bei „ie" kriegen, liegen, siegen.

Wörter mit ie (und Ausnahmen)

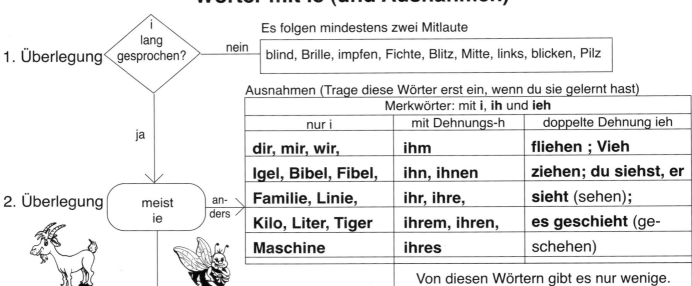

1. Überlegung — i lang gesprochen? — nein

Es folgen mindestens zwei Mitlaute

blind, Brille, impfen, Fichte, Blitz, Mitte, links, blicken, Pilz

ja

Ausnahmen (Trage diese Wörter erst ein, wenn du sie gelernt hast)

Merkwörter: mit **i**, **ih** und **ieh**		
nur i	mit Dehnungs-h	doppelte Dehnung ieh
dir, mir, wir,	**ihm**	**fliehen ; Vieh**
Igel, Bibel, Fibel,	**ihn, ihnen**	**ziehen; du siehst, er**
Familie, Linie,	**ihr, ihre,**	**sieht** (sehen);
Kilo, Liter, Tiger	**ihrem, ihren,**	**es geschieht** (ge-
Maschine	**ihres**	schehen)

Von diesen Wörtern gibt es nur wenige.

2. Überlegung — meist ie — anders

Das lang gesprochene i wird meist mit **ie** geschrieben.   i→ie

Wörter mit **ie**				
A - F	**G - O**	**P - S**	**Sch/Sp/St - U**	**V - Z**
Abschied	**Gebiet**	**Papier**	schieben	verbieten
Betrieb	**Glied**	**Priester**	schief	verschieden
Beispiel	**genießen**	riechen	schließen	verlieren
biegen	gießen	**Riese, riesig**	schmieren	**Vieh**
Biene	**Hieb**	**sie**	schließlich	viel
Bier	hier	sieben	schwierig	vielleicht
bieten, ver-	**Industrie**	sieden	spazieren	vier
bieten	**Kiefer**	siedeln	**Spiegel**	**Viertel**
Brief	kriechen	siegen, Sieg	Spiel, spielen	wie
die	**Krieg, kriegen**	sieht (sehen)	**Stiefel**	wieder
dies	**lieb, lieben**		Stiel	**wiederholen**
Dieb	**Lied**		tief	wiegen
dienen, Dienst	liefern		**Tier**	**Wiese**
Dienstag	liegen		**Unterschied**	ziehen
fliegen	**Miete**			**Ziel, zielen**
fleißen	neugierig			ziemlich
Friede(n)	nie			zieren, Zier
frieren	nieder, niedrig			**Zwiebel**
	niemals			
	niemand			

Die schräg gedruckten Wörter gehören zum Kernwortschatz, zu dem die etwa 400 wichtigsten Wörter gehören.

| RS | Name: _____ | Datum: _____ |

Wörter mit „– b", „– g", „– d" oder „– h" am Wortende

❶ Autorallye: Welche Wörter findest du auf dem vorgezeichneten Weg?

_____
_____
_____
_____
_____

n	a	l	n	d	e	a	n	d	i	e	r	e	n
r	h	e	f	r	m	d	L	r	f	g	h	d	W
e	l	b	e	o	e	l	i	e	K	r	B	ä	a
i	e	A	h	w	i	e	n	b	g	e	k	w	l
r	b	f	o	n	r	d	L	a	u	u	r	g	d

❷ Wörterdetektiv

Kannst du alle Wörter einsetzen?

Waagrecht
① _____
② _____
③ _____
√ _____
⑤ _____

Senkrecht
① _____
≠ _____
③ _____
④ _____
∞ _____

❸ Wörter gesucht

Gegenteil von zahm

Künstliches Vogelhaus

Waldtier

Getrocknete Getreidehalme

Körper (Bauch) eines Menschen

... (kein Mensch) ist da

Missgunst

Lösungswort:

❹ Die Nachsilbe -end (Partizip Präsens)

Sie steht jeweils beim Verb statt der Infinitivendung „-en". Schreibe unter folgende Verben jeweils das Partizip Präsens.

glühen   bedeuten   schimpfen   lachen   gehen   enttäuschen

_____   _____   _____   _____   _____   _____

❺ b, d, g oder h am Wortende?

Um mir bei solchen Fällen helfen zu können, muss ich nachdenken.
Dabei gibt es eine gute Hilfe: Ich **verlängere** das Wort und höre es sofort!

So kann ich ein Wort verlängern:
• Ich setze das Nomen in die Mehrzahl, z. B. Urlaube, Kriege, Lieder, Rehe.
• Ich verlängere das Adjektiv mit einem passenden Nomen, z. B. eine liebe Oma, ein wildes Tier.
• Ein weiterer Tipp: Ich trenne das verlängerte Wort und spreche deutlich silbenweise mit. Dadurch höre ich den Mitlaut noch besser, z. B. Krie–**g**e, Lie–**d**er, lie–**b**e, na–**h**e, be–**d**eu–ten–**d**er.

❻ Zusammengesetzte Wörter

Lieder	ⓝ	dessen
frei	ⓡ Ⓕ ⓛ	Hund
während		Buch
Wind	ⓖ ⓤ ⓢ	Tag

wild	ⓡ ⓩ	Angst
Tanne	ⓔ	Schwein
Krieg	ⓣ ⓤ	Essen
Abend	ⓖ	Wald

Lösungswort: [ ][ ][ ][ ][ ][ ] + [ ][ ][ ][ ] → [ ][ ][ ][ ][ ][ ][ ][ ]

b oder **p**, **g** oder **k**, **d** oder **t** am Wortende? Ich **verlängere** und **trenne** das Wort.
Beim **silbenweisen Mitsprechen** höre ich den Mitlaut noch besser.

Kurzform

RS	Name: _____	Datum: _____	

Wörter mit „– b", „– g", „– d" oder „– h" am Wortende

❶ Autorallye: Welche Wörter findest du auf dem vorgezeichneten Weg?

n	a	l	n	d	e	a	n	d	i	e	r	e	n
r	h	e	f	r	m	e	l	r	f	g	h	d	W
e	l	b	e	o	e	l	i	e	K	r	B	ä	a
i	e	A	h	w	i	e	n	b	g	e	k	w	
r	b	f	o	n	r	d	L	a	u	u	r	g	d

lieb
Abend
Berg
froh
Krieg
Laub
Lied
nah
niemand
während
Wald

n	a	l	n	d	e	a	n	d	i	e	r	e	n
r	h	e	f	r	m	d	L	r	f	g	h	d	W
e	l	b	e	o	e	l	i	e	K	r	B	ä	a
i	e	A	h	w	i	e	n	b	g	e	k	w	l
r	b	f	o	n	r	d	L	a	u	u	r	g	d

❷ Wörterdetektiv

Kannst du alle Wörter einsetzen?

Waagrecht

① **Laub**
② **lieb**
③ **Berg**
√ **niemand**
⑤ **während**
≈ **Wald**

Senkrecht

① **Abend**
≠ **Krieg**
③ **nah**
④ **Lied**
∞ **froh**

Kreuzworträtsel:
L A U B ... L
L I E B K≠ ... I E
B E R G ... N ... E
√ N I E M A N D
D E ... ∞ H
G ... F
⑤ W Ä H R E N D
≈ W A L D ... O
... H

❸ Wörter gesucht

Gegenteil von zahm — **W I L D**
Künstliches Vogelhaus — **K Ä F I G**
Waldtier — **R E H**
Getrocknete Getreidehalme — **S T R O H**
Körper (Bauch) eines Menschen — **L E I B**
... (kein Mensch) ist da — **N I E M A N D**
Missgunst — **N E I D**

Lösungswort: **W Ä H R E N D**

❹ Die Nachsilbe -end (Partizip Präsens)

Sie steht jeweils beim Verb statt der Infinitivendung „-en". Schreibe unter folgende Verben jeweils das Partizip Präsens.

glühen	bedeuten	schimpfen	lachen	gehen	enttäuschen
glühend	**bedeutend**	**schimpfend**	**lachend**	**gehend**	**enttäuschend**

❺ b, d, g oder h am Wortende?

Um mir bei solchen Fällen helfen zu können, muss ich nachdenken.
Dabei gibt es eine gute Hilfe: Ich **verlängere** das Wort und höre es sofort! ☐→

So kann ich ein Wort verlängern:
• Ich setze das Nomen in die Mehrzahl, z. B. Urlaube, Kriege, Lieder, Rehe.
• Ich verlängere das Adjektiv mit einem passenden Nomen, z. B. eine liebe Oma, ein wildes Tier.
• Ein weiterer Tipp: Ich trenne das verlängerte Wort und spreche deutlich silbenweise mit. Dadurch höre ich den Mitlaut noch besser, z. B. Krie–ge, Lie–der, lie–be, na–he, be–deu–ten–der.

❻ Zusammengesetzte Wörter

Lieder	ⓝ dessen	**Liederbuch**
frei	Hund	**Freitag**
während	Buch	**währenddessen**
Wind	Tag	**Windhund**

wild	Angst	**Wildschwein**
Tanne	Schwein	**Tannenwald**
Krieg	Essen	**Kriegsangst**
Abend	Wald	**Abendessen**

Lösungswort: **F l u g** + **Z e u g** → **F l u g z e u g**

b oder **p**, **g** oder **k**, **d** oder **t** am Wortende? Ich **verlängere** und **trenne** das Wort.
Beim **silbenweisen Mitsprechen** höre ich den Mitlaut noch besser.

Kurzform

Beim gebeugten Verb die Grundform suchen

Lies die folgenden Wortgruppen durch und beachte, wie gut du beim Mitsprechen jeweils das „**b**", „**d**", „**g**" oder „**h**" hören kannst. Gibt es bei einer Verbform einen deutlichen Unterschied?

liebst - geliebt - lieben - liebte
legt - legen - belegt - legtest
nähst - genäht - nähen - nähte

drehte - dreht - gedreht - drehen
leben - lebtest - lebst - gelebt
zeigen - zeigte - zeigst - gezeigt

Beim gebeugten Verb, das nicht in der Grundform steht, muss ich diese erst suchen.

Denn: In der _____ kann ich die Mitlaute ____, ____, ____, ____ besser hören.

Wenn diesen vier Mitlauten ein „____" folgt, werden sie durch diesen Selbstlaut besser hörbar.

Durch nachfolgendes **e** wird $\begin{matrix} b \\ d \\ g \\ h \end{matrix}$ zu $\begin{matrix} b\mathbf{e} \\ d\mathbf{e} \\ g\mathbf{e} \\ h\mathbf{e} \end{matrix}$ und dadurch beim silbenweisen Sprechen besser hörbar.

Setze jeweils den fehlenden Mitlaut ein und schreibe die Grundform silbenweise daneben.

ich lo___te   lo-ben   er ist gefol___t _____   du sa___test _____

er ge___t _____   du pfle___st _____   es hat geglü___t _____

du flie___st _____   er dro___te _____   sie he___t _____

sie ste___t _____   er hat gesie___t _____   du gi___st _____

er lie___t _____   er hat gekle___t _____   sie sie___t _____

Verlängerung bei abgeleiteten und zusammengesetzten Wörtern

Bei solchen Wörtern musst du gedanklich zuerst die Nachsilbe abtrennen oder die Wörter trennen, um ver-längern zu können, z. B. folg|sam → folgen; Hand|tuch → Hände.

Trenne die folgenden Wörter an der Stelle, wo sie verlängert werden können.
Schreibe sie nochmals auf und dahinter das verlängerte Wort.

bildsam, Berghütte, rundlich, Kriegsgegner, drehbar, Flugzeug, Abendrot, Gehweg, tagsüber, frohlocken, friedfertig, Gastfreundschaft, Feindschaft, Fahrradklingel

Grund|gesetz - Gründe   _____   _____

_____   _____   _____

_____   _____   _____

_____   _____   _____

Kannst du die Tabelle ausfüllen?

Grundform	Gegenwart	1. Vergangenheit	2. Vergangenheit	Nomen
blühen	es _____	es _____	es _____	
glühen	es _____	es _____	es _____	

Hier hilft kein Nachdenken mehr! „Blüte" und „Glut" **ohne** „h", das muss man sich **merken**.

Einmal „h" - immer „h". Leider gibt es auch hier ganz wenige Ausnahmen.

Beim gebeugten Verb die Grundform suchen

Lies die folgenden Wortgruppen durch und beachte, wie gut du beim Mitsprechen jeweils das „b", „d", „g" oder „h" hören kannst. Gibt es bei einer Verbform einen deutlichen Unterschied?

liebst - geliebt - lieben - liebte	drehte - dreht - gedreht - drehen
legt - legen - belegt - legtest	leben - lebtest - lebst - gelebt
nähst - genäht - nähen - nähte	zeigen - zeigte - zeigst - gezeigt

Beim gebeugten Verb, das nicht in der Grundform steht, muss ich diese erst suchen.

Denn: In der ____**Grundform**____ kann ich die Mitlaute _**b**_ , _**d**_ , _**g**_ , _**h**_ besser hören.

Wenn diesen vier Mitlauten ein „_**e**_" folgt, werden sie durch diesen Selbstlaut besser hörbar.

Durch nachfolgendes **e** wird $\begin{matrix} b \\ d \\ g \\ h \end{matrix}$ zu $\begin{matrix} \text{be} \\ \text{de} \\ \text{ge} \\ \text{he} \end{matrix}$ und dadurch beim silbenweisen Sprechen besser hörbar.

Setze jeweils den fehlenden Mitlaut ein und schreibe die Grundform silbenweise daneben.

ich lo_**b**_te ____lo-ben____	er ist gefol_**g**_t **fol-gen**	du sa_**g**_test **sa-gen**
er ge_**h**_t **ge-hen**	du pfle_**g**_st **pfle-gen**	es hat geglü_**h**_t **glü-hen**
du flie_**g**_st **flie-gen**	er dro_**h**_te **dro-hen**	sie he_**b**_t **he-ben**
sie ste_**h**_t **ste-hen**	er hat gesie_**g**_t **sie-gen**	du gi_**b**_st **ge-ben**
er lie_**g**_t **lie-gen**	er hat gekle_**b**_t **kle-ben**	sie sie_**h**_t **se-hen**

Verlängerung bei abgeleiteten und zusammengesetzten Wörtern

Bei solchen Wörtern musst du gedanklich zuerst die Nachsilbe abtrennen oder die Wörter trennen, um ver-längern zu können, z. B. folg|sam → folgen; Hand|tuch → Hände.

Trenne die folgenden Wörter an der Stelle, wo sie verlängert werden können.
Schreibe sie nochmals auf und dahinter das verlängerte Wort.

> bildsam, Berghütte, rundlich, Kriegsgegner, drehbar, Flugzeug, Abendrot, Gehweg, tagsüber, frohlocken, friedfertig, Gastfreundschaft, Feindschaft, Fahrradklingel

Grund|gesetz - Gründe	**rund|lich - rund**	**Berg|hütte - Berge**
bild|sam - bilden	**Kriegs|gegner - Krieg**	**dreh|bar - drehen**
Flug|zeug - Flüge	**Abend|rot - Abende**	**Geh|weg - gehen**
tags|über - Tage	**froh|locken - frohes**	**fried|fertig - Frieden**
Gastfreund|schaft - Freunde	**Feind|schaft - Feinde**	**Fahrrad|klingel - Räder**

Kannst du die Tabelle ausfüllen?

Grundform	Gegenwart	1. Vergangenheit	2. Vergangenheit	Nomen
blühen	es **blüht**	es **blühte**	es **hat geblüht**	**die Blüte**
glühen	es **glüht**	es **glühte**	es **hat geglüht**	**die Glut**

Hier hilft kein Nachdenken mehr! „Blüte" und „Glut" **ohne** „h", das muss man sich **merken**.

> **Einmal „h" - immer „h".** Leider gibt es auch hier ganz wenige Ausnahmen.

So kann ich das b, d, g und h besser hörbar machen

Die Mitlaute **b**, **d**, **g** und **h** werden mit dem nachfolgenden Selbstlaut „e" besser gehört. Suche zu den Wörtern im Kästchen ein verlängertes oder verwandtes Wort mit **be**, **de**, **ge** und **he** und trage es entsprechend ein.

Pferd - sagt - lieb - kindlich - Zweig - genug - steigst - wild - Dieb - friedlich - Berg - lebt - mühsam - Zeugnis - kräftig - geht - Bub - fliegt - Freundschaft - Reh - klug - lädst - gesund - nah - bildsam - lustig - wagt - nähst - Tag - mild - Raub - früh - Land - lobst - Feigling

M Ich setze das Nomen in die Mehrzahl	Gf Ich setze das Verb in die Grundform	Ich steigere oder verlängere das Adjektiv mit einem Nomen	Ich suche ein verwandtes Wort

Wenn ich das verlängerte Wort jeweils trenne und deutlich silbenweise mitspreche, höre ich die weichen Mitlaute **b**, **d**, **g** und das **h** noch besser.

Test – Mitlaute am Wortende und silbentrennendes „h" – 20 Punkte

Mitlaute am Wortende

Markiere jeweils den Lösungsbuchstaben. Welche neuen Wörter ergeben sich von oben nach unten gelesen? (Richtiges Lösungswort = 5 Punkte)

g oder **k**	g	k
Ban___	J	F
Käfi___	L	S
Zeu___	U	T
star___	N	G
Flu___	Z	I
We___	E	C
kran___	H	U
Krie___	G	T

d oder **t**	d	t
Stran___	P	D
Wal___	A	O
Zukunf___	R	K
Pake___	T	E
Jugen___	T	N
Gebur___	E	P
jeman___	O	B
Mun___	S	L
feuch___	R	T

Lösungswörter:

_ _ _ _ _ _ _ _   _ _ _ _ _ _ _ _ _

Silbentrennendes „h"

Welche 1. Silbe im Kästchen kannst du verwenden? (je Wort 1/2 Punkt)

a - be - de - dro - fli - ge - glü - gra - ho - je - krie - le - me - na - nä - ne - ra - re - ru - sä - se - sta - ste - wa - ~~ze~~ + hen oder he

Verben	Nomen
	Zehe
	Adjektive

Wort im Wort

(je Wort 1/2 Punkt)

- tausend ______ ______
- loben ______ ______ ______
- kriegen ______ ______ ______
- schimpfen ______ ______

So kann ich das b, d, g und h besser hörbar machen

Die Mitlaute **b**, **d**, **g** und **h** werden mit dem nachfolgenden Selbstlaut „e" besser gehört. Suche zu den Wörtern im Kästchen ein verlängertes oder verwandtes Wort mit **be**, **de**, **ge** und **he** und trage es entsprechend ein.

Pferd - sagt - lieb - kindlich - Zweig - genug - steigst - wild - Dieb - friedlich - Berg - lebt - mühsam - Zeugnis - kräftig - geht - Bub - fliegt - Freundschaft - Reh - klug - lädst - gesund - nah - bildsam - lustig - wagt - nähst - Tag - mild - Raub - früh - Land - lobst - Feigling

(M) Ich setze das Nomen in die Mehrzahl	(Gf) Ich setze das Verb in die Grundform	Ich steigere oder verlängere das Adjektiv mit einem Nomen	Ich suche ein verwandtes Wort
Pferde	sagen	lieber	Kinder
Zweige	steigen	wilder	genügend
Schuhe	leben	kräftiger	Mühe
Berge	gehen	gesünder	Frieden
Diebe	fliegen	näher	zeugen
Buben	laden	klüger	Freunde
Rehe	wagen	lustiger	Bilder
Tage	nähen	milder	rauben
Länder	loben	früher	feige

Wenn ich das verlängerte Wort jeweils trenne und deutlich silbenweise mitspreche, höre ich die weichen Mitlaute **b**, **d**, **g** und das **h** noch besser.

Test: Mitlaute am Wortende und silbentrennendes „h" — 20 Punkte

Mitlaute am Wortende

Markiere jeweils den Lösungsbuchstaben. Welche neuen Wörter ergeben sich von oben nach unten gelesen? (Richtiges Lösungswort = 5 Punkte)

g oder k	g	k	d oder t	d	t
Ban_**k**_	J	**F**	Stran_**d**_	**P**	D
Käfi_**g**_	**L**	S	Wal_**d**_	**A**	O
Zeu_**g**_	**U**	T	Zukunf_**t**_	R	**K**
star_**k**_	N	**G**	Pake_**t**_	T	**E**
Flu_**g**_	**Z**	I	Jugen_**d**_	**T**	N
We_**g**_	**E**	C	Gebur_**t**_	E	**P**
kran_**k**_	H	**U**	jeman_**d**_	**O**	B
Krie_**g**_	**G**	T	Mun_**d**_	**S**	L
			feuch_**t**_	R	**T**

Lösungswörter:
FLUGZEUG **PAKETPOST**

Silbentrennendes „h"

Welche 1. Silbe im Kästchen kannst du verwenden? (je Wort 1/2 Punkt)

a - be - de - dro - fli - ge - glü - gra - ho - je - krie - le - me - na - nä - ne - ra - re - ru - sä - se - sta - ste - wa - ze

+ hen oder he

Verben	Nomen
drohen	Zehe
gehen	Rehe
glühen	Ruhe
nähen	Adjektive
sehen	hohe
stehen	nahe

Wort im Wort (je Wort 1/2 Punkt)
- tausend **Tau aus**
- loben **Lob oben ob**
- kriegen **Krieg Kriege Riege**
- schimpfen **impfen Schimpf**

Hamburg - das Tor zur Welt

Der Hamburger Hafen mit seinem direkten Zugang zur Nor_see und zum Atlan_ischen Ozean bestimmt mit run_ 100 000 hier arbeitenden Menschen das Bil_ der Stadt. Um die unen_liche Vielfal_ des größten Seehafens Deutschlan_s zu durchschauen, ist eine Hafenrun_fahr_ an Bor_ eines der grünweißen Fährschiffe empfehlenswer_. Beeindrucken_ ist das hefti_ pulsierende Leben. Ständi_ kreuzen tä_lich die Schlepper oder Motorboote durch die schmutzigen Hafenbecken und versuchen zwischen den großen Dampfern und Frachtern vorbeizukommen. Zahlreiche Schiffe aus unterschie_-lichsten Ländern haben an den Kaimauern angele_t. Fahrbare Drehkräne greifen in die Laderäume der Containerschiffe und schwenken die schweren Lasten vor die weiträumigen Lagerhallen. Dahinter warten lange Reihen von Güterwägen und Sattelschleppern, um den Weitertranspor_ zu übernehmen. An einer weiteren Anlegebrücke lie_t ein mächtiges Urlau_sschiff. Nur unter großen Schwieri_keiten kann die Fahrrinne der Elbe tief genu_ gehalten werden, um den großen Ozeanriesen die Einfahrt in den bele_ten Hafen zu ermö_lichen. Dadurch leidet Hambur_ heute unter der Konkurrenz anderer Häfen. (153)

⬛→ (bei b, d, g und h am Wortende ⇨ Verlängerung)

_____
_____
_____
_____
_____
_____
_____
_____
_____

Wörter mit „-end" am Wortende

_____
_____
_____

⬛ig (Wörter mit der Nachsilbe -ig)

_____
_____
_____
_____
_____
_____
_____

❶ Welche gebeugten Verben musst du in die Grundform setzen, um die Mitlaute **b**, **d**, **g** und **h** besser hören zu können. Beispiel: lobt → loben, gesagt → sagen

_____

❷ Bei welchen abgeleiteten Wörtern musst du zuerst die Nachsilbe (NS) abtrennen, um verlängern zu können? Schreibe entsprechend dem Beispiel unten.

tragbar → trag|bar → tragen → tragen oder kürzer: trag|bar → tragen

_____

_____

Welche zusammengesetzten Wörter musst du zuerst in Einzelwörter zerlegen, um verlängern zu können. Schreibe entsprechend dem Beispiel unten.
Handtuch → Hand|tuch → Hände → Hän de oder kürzer: Hand|tuch → Hände

_____

_____

❸ Welche Wörter im Text sind bereits verlängert und dadurch das **g** und **d** besser hörbar?

_____

_____

Hamburg - das Tor zur Welt

Der Hamburger Hafen mit seinem direkten Zugang zur Nordsee und zum Atlantischen Ozean bestimmt mit rund 100 000 hier arbeitenden Menschen das Bild der Stadt. Um die unendliche Vielfalt des größten Seehafens Deutschlands zu durchschauen, ist eine Hafenrundfahrt an Bord eines der grünweißen Fährschiffe empfehlenswert. Beeindruckend ist das heftig pulsierende Leben. Ständig kreuzen täglich die Schlepper oder Motorboote durch die schmutzigen Hafenbecken und versuchen zwischen den großen Dampfern und Frachtern vorbeizukommen. Zahlreiche Schiffe aus unterschiedlichsten Ländern haben an den Kaimauern angelegt. Fahrbare Drehkräne greifen in die Laderäume der Containerschiffe und schwenken die schweren Lasten vor die weiträumigen Lagerhallen. Dahinter warten lange Reihen von Güterwägen und Sattelschleppern, um den Weitertransport zu übernehmen. An einer weiteren Anlegebrücke liegt ein mächtiges Urlaubsschiff. Nur unter großen Schwierigkeiten kann die Fahrrinne der Elbe tief genug gehalten werden, um den großen Ozeanriesen die Einfahrt in den belebten Hafen zu ermöglichen. Dadurch leidet Hamburg heute unter der Konkurrenz anderer Häfen. (153)

☐→

(bei b, d, g und h am Wortende ⇨ Verlängerung)

angelegt - legen

genug - genügen

belebten - leben

Bild - Bilder

Bord - Borde

Deutschland - Länder

Hamburg - Hamburger

Land - Länder

liegt - liegen

Nordsee - Norden

rund - rundes

Wörter mit „-end" am Wortende

arbeitend - arbeitende

pulsierend - pulsierender

beindruckend - beeindruckender

☐ ig

(Wörter mit der Nachsilbe -ig)

heftig - heftiger

mächtig - mächtiger

schmutzig - schmutziger

schwierig - schwieriger

ständig - ständiger

wenig - wenige

❶ Welche gebeugten Verben musst du in die Grundform setzen, um die Mitlaute **b**, **d**, **g** und **h** besser hören zu können. Beispiel: lobt → loben, gesagt → sagen

angelegt → anlegen, liegt → liegen, belebt → beleben

❷ Bei welchen abgeleiteten Wörtern musst du zuerst die Nachsilbe (NS) abtrennen, um verlängern zu können? Schreibe entsprechend dem Beispiel unten.

tragbar → trag|bar → tragen → tragen oder kürzer: trag|bar → tragen

unend|lich → enden, täg|lich → Tage, Schwierig|keit → schwie ri ger,

unterschied|lich → unterscheiden, ermög|lichen → mögen

Welche zusammengesetzten Wörter musst du zuerst in Einzelwörter zerlegen, um verlängern zu können. Schreibe entsprechend dem Beispiel unten.

Handtuch → Hand|tuch → Hände → Hän de oder kürzer: Hand|tuch → Hände

Nord|see → Norden, Deutsch|land → Länder, Hafenrund|fahrt → rundes

Dreh|kräne → drehen, Urlaubs|schiff → Urlaube

❸ Welche Wörter im Text sind bereits verlängert und dadurch das **g** und **d** besser hörbar?

Hamburger, arbeitenden, pulsierende, schmutzigen, weiträumigen, mächtiges

Die weichen Mitlaute b, d, g und das h am Wortende

b oder **p**, **d** oder **t**, **g** oder **k** oder **h** am Wortende? Die weichen Mitlaute **b, d** und **g** lassen sich am Wortende kaum von den harten Mitlauten **p, t** und **k** unterscheiden. Wenn ich jeweils das Wort **verlängere** und **silbenweise** mitspreche, kann ich das **b, d** oder **g** besser hören. Durch eine Verlängerung wird auch das **h** am Wortende deutlicher hörbar.

1. Überlegung

b, d, g, h am Wortende? — **nein** → Feststellung ob weicher Mitlaut (b, d, g) oder harter Mitlaut (p, t, k) oder h am Wortende nicht nötig.

ja

2. Überlegung

Kann ich das Wort verlängern? — **nein** → Feststellung, ob b, d, g, h durch Verlängerung nicht möglich → Merkwörter

Merkwörter

ab, bald, ob, sind

ja

Ich spreche auch deutlich silbenweise mit und höre nun das b, d, g oder h besser.

b	d	g	h

Die weichen Mitlaute b, d, g und das h am Wortende

b	d		g	h

Bei gebeugten Verben kann man in der Grundform das **b, g** und **h** deutlicher hören (Gf) + ‿

gibt → geben		folgt → folgen		gehst → gehen

Bei Wörtern mit Nachsilben muss man die Nachsilbe abtrennen, um verlängern zu können

Frühling → früher			

Markiere dir in den Spalten jeweils mit einer Farbe die Reimwörter, z. B. Hand, Sand, Wand.

Die weichen Mitlaute b, d, g und das h am Wortende

b oder **p**, **d** oder **t**, **g** oder **k** oder **h** am Wortende? Die weichen Mitlaute **b**, **d** und **g** lassen sich am Wortende kaum von den harten Mitlauten **p**, **t** und **k** unterscheiden. Wenn ich jeweils das Wort **verlängere** und **silbenweise** mitspreche, kann ich das **b**, **d** oder **g** besser hören. Durch eine Verlängerung wird auch das **h** am Wortende deutlicher hörbar.

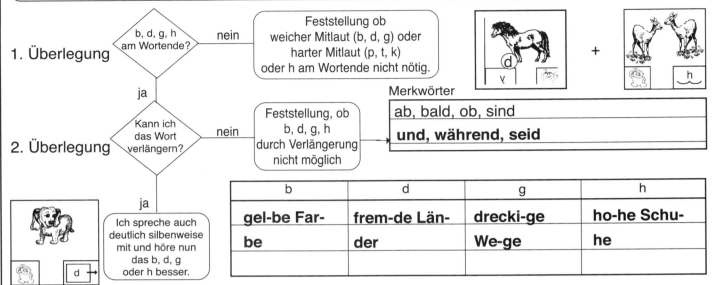

1. Überlegung — b, d, g, h am Wortende? — nein → Feststellung ob weicher Mitlaut (b, d, g) oder harter Mitlaut (p, t, k) oder h am Wortende nicht nötig.

ja

2. Überlegung — Kann ich das Wort verlängern? — nein → Feststellung, ob b, d, g, h durch Verlängerung nicht möglich

Merkwörter

| ab, bald, ob, sind |
| **und, während, seid** |

ja

Ich spreche auch deutlich silbenweise mit und höre nun das b, d, g oder h besser.

b	d	g	h
gel-be Far-be	frem-de Län-der	drecki-ge We-ge	ho-he Schu-he

Die weichen Mitlaute b, d, g und das h am Wortende

b	d			g	h
ab	Abend	*Hand*	*Pferd*	Berg	froh
Betrieb	Bad	Hemd	Rad	Burg	*früh*
Dieb	*Bild*	*Hund*	rund	Flug	Kuh
gelb	blind	jemand	Sand	*genug*	nah
halb	blond	Jugend	Strand	Käfig	Reh
Korb	Brand	*Kind*	tausend	König	*Schuh*
Laub	Feind	*Kleid*	Tod	*Krieg*	
lieb	Feld	*Land*	während	*Tag*	
ob	fremd	mild	*Wald*	*Weg*	
Stab	*Freund*	Mond	Wand	Zeug	
Staub	Gegend	Mund	wild	Zug	
trüb	*Geld*	niemand	Wind	Zweig	
Urlaub	*gesund*	Pfad		Zwerg	

Bei gebeugten Verben kann man in der Grundform das **b, g** und **h** deutlicher hören (Gf) + ⌣

gibt → geben	*schreibt →*	folgt → folgen	**siegt → siegen**	gehst → gehen
habt → haben	*schreiben*	*fliegt → fliegen*	wiegt → wiegen	*dreht → drehen*
hebst → heben	beliebt → *lieben*	*kriegst → kriegen*	*legst → legen*	näht → nähen
lebt → leben		lügst → lügen		glüht → glühen
lobst → loben		zeigt → zeigen		*sieht → sehen*

Bei Wörtern mit Nachsilben muss man die Nachsilbe abtrennen, um verlängern zu können ⌐→

Frühling → früher	freundlich → Freunde	bildsam → Bilder	mühsam → Mühe
Gesundheit → gesunde	gründlich → Gründe	genügsam → genü-gen	fröhlich → frohe
Blindheit → Blinde	ländlich → Länder		drehbar → drehen
	lieblich → lieber	lieblos → lieben	

Die schräggedruckten Wörter gehören zum Kernwortschatz, zu dem die etwa 400 wichtigsten Wörter gehören.

| RS | Name: _____ | Datum: _____ |

Wörter mit ä und äu

❶ Auf dem richtigen Weg durch das Labyrinth ergeben sich Wörter.
Wie viele findest du? Schreibe die Wörter zuerst auf deinen Block.

| l w d r n e d l l u m e n |
| ä u a e b k v m r ä u z i ä |
| e t g d x s l e o n r P n |
| n v f n n m ä w n e ä u e ß |
| G e ä d s r n g c i o |
| G e b d w d r g ä k ö p t |
| z ä u e d v k n h h c f e s |
| g m k l q d e z j e h ü z r |
| d v s d v g e n h n ä u g i ä |
| m i t e h k w f s t r m e n |

ä   äu

_____   _____

_____   _____

_____   _____

_____   _____

_____   _____

Warum schreibe ich **ä** oder **äu** und nicht das gleich klingende **e** oder **eu** ?
ä oder **äu**-Wörter haben immer ein verwandtes Wort mit **a** oder **au**.
Denke so: kr**ä**ftig kommt von Kr**a**ft, deshalb **ä** und l**äu**ten kommt von l**au**t, deshalb **äu**.

ändern   kommt von _____ → [   ]   **häufig**   kommt von _____ → [   ]

ängstlich kommt von _____ → [   ]   **Läufer**   kommt von _____ → [   ]

❷ Wortfamilie: Finde zu jedem **ä**- oder **äu**- Wort noch zwei Wörter **a** mit **au**.

Verwandte Wörter mit **a**	Verwandte Wörter mit **au**
Rätsel _____ _____	Gebäude _____ _____
lächerlich _____ _____	Gläubiger _____ _____
Gespräch _____ _____	äußerlich _____ _____
Päckchen _____ _____	enttäuschen _____ _____

❸ Silbenrätsel

In jeder Zeile steckt jeweils ein dreisilbiges ä- und äu-Wort. Schreibe es auf und setze dahinter ein verwandtes a- oder au-Wort.

Silben	Wort mit **ä** und **a**	Wort mit **äu** und **au**
äu - di - gen - schä - ßern - ver	_____ _____	_____ _____
är - fe - ger - läu - lich - nisch	_____ _____	_____ _____
än - dern - er - lich - säu - ver	_____ _____	_____ _____
be - dick - häu - ken - stär - ter	_____ _____	_____ _____

❹ Blütenwörter. Beginne jeweils im Blatt mit Punkt.

l   t   r n   u r   g   f

_____ _____ _____   _____ _____ _____

ä a   **ä/äu** bei verwandtem Wort mit **a/au**.   äu au
Denke nach und sei schlau, schreibe nur ä und äu, wenn a und au.

RS Name: _____ Datum: _____

Wörter mit ä und äu

❶ Auf dem richtigen Weg durch das Labyrinth ergeben sich Wörter.
Wie viele findest du? Schreibe die Wörter zuerst auf deinen Block.

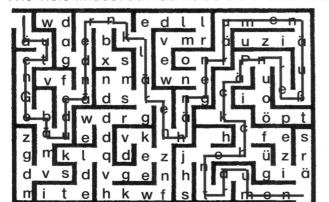

ä	äu
ändern	äußern
Bäcker	Gebäude
hängen	läuten
klären	träumen
Päckchen	

Warum schreibe ich ä oder äu und nicht das gleich klingende e oder eu ?
ä oder äu-Wörter haben immer ein verwandtes Wort mit **a** oder **au**.
Denke so: kräftig kommt von Kraft, deshalb ä und läuten kommt von laut, deshalb äu.

ändern	kommt von	anders	→	ä	häufig	kommt von	Haufen	→	äu
ängstlich	kommt von	Angst	→	ä	Läufer	kommt von	laufen	→	äu

❷ Wortfamilie: Finde zu jedem ä- oder äu- Wort noch zwei Wörter **a** mit **au**.

Verwandte Wörter mit **a**			Verwandte Wörter mit **au**		
Rätsel	raten	Beratung	Gebäude	bauen	gebaut
lächerlich	lachen	lachhaft	Gläubiger	glauben	Glaube
Gespräch	Sprache	Aussprache	äußerlich	außer	außerhalb
Päckchen	packen	verpacken	enttäuschen	Tausch	tauschen

❸ Silbenrätsel

In jeder Zeile steckt jeweils ein dreisilbiges ä- und äu-Wort. Schreibe es auf und setze dahinter ein verwandtes a- oder au-Wort.

Silben	Wort mit **ä** und **a**		Wort mit **äu** und **au**	
äu - di - gen - schä - ßern - ver	schädigen	Schaden	veräußern	außer
är - fe - ger - läu - lich - nisch	ärgerlich	arg	läuferisch	laufen
än - dern - er - lich - säu - ver	verändern	anders	säuerlich	sauer
be - dick - häu - ken - stär - ter	bestärken	stark	Dickhäuter	Haut

❹ Blütenwörter. Beginne jeweils im Blatt mit Punkt.

klären	läuten	ändern	äußern	hängen	häufig

(ä)(a) **ä/äu** bei verwandtem Wort mit **a/au**.
Denke nach und sei schlau, schreibe nur ä und äu, wenn a und au. (äu)(au)

Wörter mit ä, äu oder eu

Du weißt bereits: st**ä**rker kommt von st**a**rk (deshalb mit **ä**) → st**ä**rker
h**äu**fig kommt von H**au**fen (deshalb mit **äu**) → h**äu**fig

Löse die folgenden Beispiele ebenso.

B?cker   kommt von ———————→——————— l?ndlich   kommt von ———————→———————

Br?ne   kommt von ———————→——————— h?slich   kommt von ———————→———————

Findest du zu den a- und au-Wörtern ein oder zwei verwandte ä- oder äu-Wörter?

Wahl   →   ——————————   laufen   →   —————————— ——————————

Hang   →   ——————————   nah   →   ——————————

tauschen   →   ——————————   Bauer   →   ——————————

Wörterversteck   Findest du die Wörter mit „äu und eu"?

Lösung

E	R	E	U	E	F	R
E	U	R	O	P	A	Ä
F	F	N	G	Z	R	U
N	E	E	I	E	G	ß
E	U	M	F	U	E	E
T	C	U	U	G	B	R
U	H	Ä	Ä	N	Ä	N
Ä	T	R	H	I	U	E
L	U	T	L	S	D	I
C	H	E	U	T	E	H

Wörter mit „äu"	Verwandtes Wort	Wörter mit „eu"	Verwandtes Wort
———	———	———	———
———	———	———	———
———	———	———	———
———	———	———	———
———	———	———	———

„_____" - Wörter haben ein _____ Wort mit „____".
„_____" - Wörter haben _____ verwandtes Wort mit „_____".

Test   „ä" oder „e", „äu" oder „au"   32 Punkte

Setze jeweils in die Lücke ein, was fehlt und suche ein verwandtes Wort dazu.   jeweils 1 Punkt → 18

Sch___rfe   ——————   ___ßern   ——————   qu___len   ——————

Ges___tz   ——————   H___nde   ——————   l___ft   ——————

Fr___de   ——————   r___chnen   ——————   B___gung   ——————

h___slich   ——————   schl___ft   ——————   w___rmer   ——————

B___cker   ——————   kr___zen   ——————   w___chseln   ——————

s___bern   ——————   B___me   ——————   gl___big   ——————

Entscheide und kreuze an.

jeweils 2 Punkte → 14

Verwandtes Wort mit „a" oder „au"?	Wenn ja, welches?	Ja	Nein	Deshalb	Zwei verwandte Wörter dazu
s___hen	———	O	O	———	———
f___hrst	———	O	O	———	———
h___fig	———	O	O	———	———
Z___gnis	———	O	O	———	———
St___rke	———	O	O	———	———
St___er	———	O	O	———	———
Br___ne	———	O	O	———	———

Wörter mit ä, äu oder eu

Du weißt bereits: st**ä**rker kommt von st**a**rk (deshalb mit **ä**) → st**ä**rker
h**äu**fig kommt von H**au**fen (deshalb mit **äu**) → h**äu**fig

Löse die folgenden Beispiele ebenso.

B?cker   kommt von   **backen → Bäcker**   l?ndlich   kommt von   **Land → ländlich**

Br?ne   kommt von   **braun → Bräune**   h?slich   kommt von   **Haus → häuslich**

Findest du zu den a- und au-Wörtern ein oder zwei verwandte ä- oder äu-Wörter?

Wahl   →   **wählen**   laufen →   **läuft**   **Läufer**

Hang   →   **hängen**   nah   →   **die Nähe**   **(sich) nähern**

tauschen →   **täuschen**   Bauer →   **Bäuerin**   **bäuerlich**

Wörterversteck   Findest du die Wörter mit „äu und eu"?

Lösung: **ERFREULICH**

E	R	E	U	E	F	R
E	U	R	O	P	A	Ä
F	F	N	G	Z	R	U
N	E	E	I	E	R	ß
E	U	M	F	U	Ä	E
T	C	U	U	G	U	R
U	H	Ä	Ä	N	M	N
Ä	T	R	H	I	E	E
L	U	T	L	S	N	I
C	K	R	E	U	Z	H

Wörter mit „äu"	Verwandtes Wort	Wörter mit „eu"	Verwandtes Wort
äußern	außen	Europa	Euro
häufig	Haufen	feucht	Feuchtigkeit
läuten	laut	Feuer	feuern
räumen	Raum	Kreuz	Kreuzung
träumen	Traum	Zeugnis	zeugen

„ **äu** " - Wörter haben ein **verwandtes** Wort mit „ **au** ".
„ **eu** " - Wörter haben **kein** verwandtes Wort mit „ **au** ".

Test   „ä" oder „e", „äu" oder „au"   (32 Punkte)

Setze jeweils in die Lücke ein, was fehlt und suche ein verwandtes Wort dazu. (jeweils 1 Punkt → 18)

Sch **ä** rfe	**scharf**	**äu** ßern	**außen**	qu **ä** len	**Qual**
Ges **e** tz	**setzen**	H **ä** nde	**Hand**	l **äu** ft	**laufen**
Fr **eu** de	**sich freuen**	r **e** chnen	**Rechnung**	B **eu** gung	**beugen**
h **äu** slich	**Haus**	schl **ä** ft	**Schlaf**	w **ä** rmer	**warm**
B **ä** cker	**backen**	kr **eu** zen	**Kreuz**	w **e** chseln	**Wechsel**
s **äu** bern	**sauber**	B **äu** me	**Baum**	gl **äu** big	**glauben**

Entscheide und kreuze an.

jeweils 2 Punkte → 14

Verwandtes Wort mit „a" oder „au"?	Wenn ja, welches?	Ja	Nein	Deshalb	Zwei verwandte Wörter dazu
s **e** hen	-	O	⊗	**sehen**	**aussehen, (das) Ansehen**
f **ä** hrst	**fahren**	⊗	O	**fährst**	**gefährlich, erfahren**
h **äu** fig	**Haufen**	⊗	O	**häufig**	**Haufen, anhäufen**
Z **eu** gnis	-	O	⊗	**Zeugnis**	**zeugen, (der) Zeuge**
St **ä** rke	**stark**	⊗	O	**Stärke**	**stärken, verstärken**
St **eu** er	-	O	⊗	**Steuer**	**steuern, Lohnsteuer**
Br **äu** ne	**braun**	⊗	O	**Bräune**	**bräunen, hellbraun**

Zu viel Lärm macht krank

L_rm sch_digt nicht nur die Ohren, die Menschen werden davon auch n_rvös, bekommen st_rkeres Herzklopfen, Kopf- und Magenschm_rzen. In schlimmeren F_llen führt Lärm zu Schwerhörigkeit. In D__tschland ist etwa jeder fünfzehnte Einwohner schwerhörig, wobei _ltere Menschen h__figer betroffen sind als junge. Aber auch unter den Jüngeren n_hmen Hörbehinderungen statistisch nachweisbar zu, wobei S_lbstverschulden eine wichtige Rolle spielt. Durch richtiges Verhalten kann das Erkrankungsrisiko gemindert werden. Die Gefahr einer dauerhaften Hörsch_digung besteht bereits, wenn Ger__sche ab einer Lautst_rke von 90 Phon l_ngere Zeit und regelm_ßig auf das Ohr einwirken. Die durchschnittliche Lautstärke eines Walkman betr_gt 95 Phon. Hier ist es sinnvoll, die Lautstärke d__tlich abzusenken, um das Gehör zu schonen. Schwerer zu st__ern ist die L_rmgef_hrdung in Diskoth_kr__men, in einem Bierz_lt oder bei einer Massensportveranstaltung. Hier bel__ft sich die Lautstärke oft über 100 Phon. __ßerst laut sind Flugz__ge im Tiefflug.

(142)

ä a + äu au

(Wörter mit **ä** oder **äu** bei verwandtem Wort **a** oder **au**)

Schreibe zu jedem **ä-/äu**-Wort auch das verwandte **a-/au**-Wort.

älter / alt _____

_____

_____

_____

_____

_____

_____

_____

_____

_____

_____

_____

_____

_____

_____

_____

❶ Finde jeweils noch ein verwandtes Wort mit **a** und **ä** oder **au** und **äu**.

Lärm / Alarm	alarmieren	lärmen
älter / alt	_____	_____
länger / lang	_____	_____
mäßig / Maß	_____	_____
Fälle / Fall	_____	_____
Räume / Raum	_____	_____

äußerst / außen	_____	_____
häufig / Haufen	_____	_____
Geräusch / rauschen	_____	_____
beläuft sich / sich belaufen	_____	_____

❷ **Wortbaumeister**

be	schad schäd	e
		en
		er
ge		ig
	stark stärk	lich
ver		t
		ung

schad / schäd
_____ _____
_____ _____
_____ _____
_____ _____
_____ _____

stark / stärk
_____ _____
_____ _____
_____ _____
_____ _____
_____ _____

❸ **Zusammengesetzte Wörter mit Lärm**

Macher   Verkehr   Bau
Straße   **Lärm**   Schutz
Disko   Pegel
Schutz   empfindlich   Hölle

_____
_____
_____
_____

Zu viel Lärm macht krank

Lärm schädigt nicht nur die Ohren, die Menschen werden davon auch nervös, bekommen stärkeres Herzklopfen, Kopf- und Magenschmerzen. In schlimmeren Fällen führt Lärm zu Schwerhörigkeit. In Deutschland ist etwa jeder fünfzehnte Einwohner schwerhörig, wobei ältere Menschen häufiger betroffen sind als junge. Aber auch unter den Jüngeren nehmen Hörbehinderungen statistisch nachweisbar zu, wobei Selbstverschulden eine wichtige Rolle spielt. Durch richtiges Verhalten kann das Erkrankungsrisiko gemindert werden. Die Gefahr einer dauerhaften Hörschädigung besteht bereits, wenn Geräusche ab einer Lautstärke von 90 Phon längere Zeit und regelmäßig auf das Ohr einwirken. Die durchschnittliche Lautstärke eines Walkman beträgt 95 Phon. Hier ist es sinnvoll, die Lautstärke deutlich abzusenken, um das Gehör zu schonen. Schwerer zu steuern ist die Lärmgefährdung in Diskothekräumen, in einem Bierzelt oder bei einer Massensportveranstaltung. Hier beläuft sich die Lautstärke oft über 100 Phon. Äußerst laut sind Flugzeuge im Tiefflug.

(142)

ä) a + äu) au

(Wörter mit **ä** oder **äu** bei verwandtem Wort **a** oder **au**)

Schreibe zu jedem **ä-/äu**-Wort auch das verwandte **a-/au**-Wort.

älter / alt

äußerst / außen

beläuft sich / sich belaufen

beträgt / betragen

Fälle / Fall

Gefährdung / Gefahr

Geräusch / rauschen

häufig / Haufen

länger / lang

Lärm / Alarm

Räume / Raum

regelmäßig / Maß

schädigen / Schaden

Stärke / stark

stärker / stark

❶ Finde jeweils noch ein verwandtes Wort mit **a** und **ä** oder **au** und **äu**.

Lärm / Alarm	**alarmieren**	**lärmen**	äußerst / außen	**draußen**	**äußern**
älter / alt	**altern**	**der Ältere**	häufig / Haufen	**haufenweise**	**häufen**
länger / lang	**langsam**	**Länge**	Geräusch /		
mäßig / Maß	**Bandmaß**	**mäßigen**	rauschen	**berauschen**	**geräuschlos**
Fälle / Fall	**fallen**	**Gefälle**	beläuft sich /		
Räume / Raum	**Raumflug**	**räumen**	sich belaufen	**laufen**	**Läufer**

❷ Wortbaumeister

schad / schäd   stark / stärk

be	schad schäd	e	**Schaden**	**Schädiger**	**stark**	**Bestärkung**
		en	**schaden**	**Schädigung**	**Stärke**	**Verstärkung**
ge		er	**schädigen**	**schädlich**	**stärker**	**Verstärker**
	stark stärk	ig	**beschädigen**	**Beschädigung**	**stärken**	**gestärkt**
		lich	**beschädigt**	**schade**	**Stärkung**	**verstärkt**
ver		t	**geschädigt**		**bestärken**	**bestärkt**
		ung				

❸ Zusammengesetzte Wörter mit Lärm

Macher   Verkehr   Bau
Straße   **Lärm**   Schutz
Disko   Pegel
Schutz   empfindlich   Hölle

Lärmpegel, Baulärm, lärmempfindlich, Lärmmacher, Diskolärm, Höllenlärm, Stra-ßenlärm, Lärmschutz, Verkehrslärm

Gleich und ähnlich klingende Vokale und Doppellaute

(a)(ä) **ä** oder **äu** bei verwandtem Wort mit **a** oder **au**. (äu)(au)

Wörter mit **ä** und **äu** Überlegung

Gibt es ein verwandtes Wort mit a oder au? — nein →

ja ↓ Ich schreibe dann ä oder äu

Merkwörter mit **ä** und **äu**. Kein verwandtes Wort mit **a** oder **au**

ä			äu
Bär	März		Säule

Setze jeweils ein verwandtes a-Wort in Klammer | Setze jeweils ein verwandtes au-Wort in Klammer

(ä)(a) Wörter mit ä		Wörter mit äu	(äu)(au)
ärgern (arg)	Ärzte (Arzt)	äußern (außen)	Bäume (Baum)

So findest du oft am schnellsten ein verwandtes Wort mit a oder au:

Nomen: Setze das Pluralwort (Mehrzahlwort) in die Einzahl, z. B. Äpfel → Apfel, Häuser → Haus
Verben: Setze das gebeugte Verb in die Grundform, z. B. fährst → fahren, läufst → laufen
Adjektiv: Setze das gesteigerte Adjektiv in die Grundform, z. B. kränker → krank, stärker → stark
Für alle Wortarten: Suche das Stammwort, z. B. zählen → Zahl, Gebäude → Bau, bauen

Gleich und ähnlich klingende Vokale und Doppellaute

a **ä**   **ä** oder **äu** bei verwandtem Wort mit **a** oder **au**.   **äu** **au**

Wörter mit **ä** und **äu** Überlegung

Gibt es ein verwandtes Wort mit a oder au? → **nein**

ja

Ich schreibe dann ä oder äu

Merkwörter mit **ä** und **äu**. Kein verwandtes Wort mit **a** oder **au**

ä			äu
Bär	März		Säule
Käfer	**Mädchen**	**spät**	
Käfig	**schräg**	**Träne**	

Setze jeweils ein verwandtes a-Wort in Klammer   Setze jeweils ein verwandtes au-Wort in Klammer

ä **a**	Wörter mit ä	Wörter mit äu	**äu** **au**
ärgern (arg)	Ärzte (Arzt)	äußern (außen)	Bäume (Baum)
ändern (anders)	**Äste (Ast)**	**Bäuerin (Bauer)**	**Bräuche (Brauch)**
Gespräch (Sprache)	*Bälle (Ball)*	**Bräune (braun)**	**Häupter (Haupt)**
hält (halten)	**Gärten (Garten)**	**Bäumchen (Baum)**	*Häuser (Haus)*
härter (hart)	**Gläser (Glas)**	**enttäuschen (Tausch)**	**Häute (Haut)**
Kätzchen (Katze)	**Gräser (Gras)**	**gläubig (glauben)**	**Mäuse (Maus)**
kräftig (Kraft)	**Hälse (Hals)**	**häuslich (Haus)**	**Räume (Raum)**
kränker (krank)	*Hände (Hand)*	*häufig (Haufen)*	**Sträucher (Strauch)**
lächerlich (lachen)	**Hänge (Hang)**	*läuft (laufen)*	**Sträuße (Strauß)**
länger (lang)	**Kämme (Kamm)**	**säubern (sauber)**	**Träume (Traum)**
lässt (lassen)	*Länder (Land)*	**Säure (sauer)**	**Zäune (Zaun)**
Näschen (Nase)	*Männer (Mann)*	**träumen (Traum)**	
Nässe (nass)	*Nächte (Nacht)*	**verkäuflich (kaufen)**	
quälen (Qual)	**Pässe (Pass)**		
Rätsel (raten)	**Späße (Spaß)**		
schläft (schlafen)	**Städte (Stadt)**		
Stängel (Stange)	**Stämme (Stamm)**		
stärken (stark)	**Strände (Strand)**		
Tänzer (tanzen)	**Täler (Tal)**		
wärmer (warm)	*Väter (Vater)*		
	Wände (Wand)		
	Wälder (Wald)		

So findest du oft am schnellsten ein verwandtes Wort mit a oder au:

Nomen: Setze das Pluralwort (Mehrzahlwort) in die Einzahl, z. B. Äpfel → Apfel, Häuser → Haus
Verben: Setze das gebeugte Verb in die Grundform, z. B. fährst → fahren, läufst → laufen
Adjektiv: Setze das gesteigerte Adjektiv in die Grundform, z. B. kränker → krank, stärker → stark
Für alle Wortarten: Suche das Stammwort, z. B. zählen → Zahl, Gebäude → Bau, bauen

Zeichen und Kürzel für meine Überlegungen mit (Nach) Denkwörtern

Arbeite mit deiner Liste „Zeichen und Kürzel für Überlegungen zum richtigen Schreiben".
Welche Überlegungen muss man zu den Wörtern in der 1. Spalte anstellen? Fülle entsprechend den gegebenen Beispielen die Tabelle aus.

Besonderer Rechtschreibfall	Problem Wie?	Zeichen für Überlegungen	Deshalb schreibe ich das Wort so	1-2 weitere Beispiele
du le?st	g oder k ?	(GF) legen → g	du legst	sagt → sagen, lügst → lügen
die Nu?er	m oder mm ?	VdM → umm		die Stimme
wil?	d oder t ?	→ wil–de		rund → run-de,
das Glü?				
die ?orsicht	f oder v ?	vor VS vor- → V		
die St?rke	e oder ä ?	⦾ stark → ä		Kälte → kalt
der Fr?den				
der Blitz		Vtz →		
?erbrauchen		ver		
l?ten		⦾ laut →		häufig → Haufen
auf dem We?				
in der Mi?e				
du schrei?st				

Doppel- und Mehrfachstrategien

Bei manchen Wörtern sind zwei oder mehrere Überlegungen notwendig, um sie richtig schreiben zu können.

P _ _ _ chen	e oder ä?	⦾ packen → ä	Pä _ _ chen	
	k oder ck?	Vck → ck	Päckchen	Säcke, Bäcker
Kr _ _ _	i oder ie?	i → ie	Krie _	Sieg, Lied
	g oder k?	→ Krie-ge	Krieg	
l _ _ _ st				
		(GF) + ‿ →lie-ben / →lie-gen	liebst / liegst	
k _ _ _ en	e oder ä?	⦾ Kamm → ä	kä _ _ en	Blätter
_ ormi _ _ a _				_____
				_____
				_____

Zeichen und Kürzel für meine Überlegungen mit (Nach) Denkwörtern

Arbeite mit deiner Liste „Zeichen und Kürzel für Überlegungen zum richtigen Schreiben".
Welche Überlegungen muss man zu den Wörtern in der 1. Spalte anstellen? Fülle entsprechend den gegebenen Beispielen die Tabelle aus.

Besonderer Rechtschreibfall	Problem Wie?	Zeichen für Überlegungen	Deshalb schreibe ich das Wort so	1-2 weitere Beispiele
du le?st	g oder k ?	(GF) legen → g	du legst	sagt → sagen, lügst → lügen
die Nu?er	m oder mm ?	VdM → umm	die Nummer	die Stimme, kommen, die Summe
wil?	d oder t ?	⊔→ → wil–de	wild	rund → run-de, fremd → frem-der
das Glü?	k oder ck ?	Vck → ück	das Glück	das Stück, der Block
die ?orsicht	f oder v ?	vor VS vor- → V	die Vorsicht	die Vorfahrt, das Vorbild
die St?rke	e oder ä ?	⊙⊙ stark → ä	die Stärke	Kälte → kalt, Wärme → warm
der Fr?den	i oder ie ?	i → ie	der Frieden	die Miete, das Spiel
der Blitz	z oder tz ?	Vtz → itz	der Blitz	der Witz, nützen
?erbrauchen	f oder v ?	ver VS ver- → V	verbrauchen	vergessen, verfolgen
l?ten	äu oder eu ?	⊙⊙ laut → äu	läuten	häufig → Haufen, Läufer → laufen
auf dem We?	g oder k ?	⊔→ → We-ge	der Weg	der Tag, der Krieg
in der Mi?e	t oder tt ?	VdM → itt	die Mitte	die Bitte, das Gewitter
du schrei?st	b oder p ?	(GF) →	du schreibst	liebst → lieben, lebst → leben

Doppel- und Mehrfachstrategien

Bei manchen Wörtern sind zwei oder mehrere Überlegungen notwendig, um sie richtig schreiben zu können.

P _ _ _ chen	e oder ä?	⊙⊙ packen → ä	Pä _ _ chen	
	k oder ck?	Vck → ck	Päckchen	Säcke, Bäcker
Kr _ _ _	i oder ie?	i → ie	Krie _	Sieg, Lied
	g oder k?	⊔→ → Krie-ge	Krieg	
l _ _ _ st	i oder ie?	i → ie	lie _ st	er fliegt, du wiegst, du schiebst
	b oder p? g oder k?	(GF) + →lie-ben →lie-gen	liebst liegst	
k _ _ _ en	e oder ä?	⊙⊙ Kamm → ä	kä _ _ en	Blätter
	m oder mm?	VdM → ämm	kämmen	Zimmer, sammeln
_ ormi _ _ a _	f oder v?	Vor VS ver- → V	Vormi _ _ a _	————
	t oder tt?	VdM → itt	Vormitta _	
	g oder k?	⊔→ → Ta-ge	Vormittag	

RS	Name: _____	Datum: _____	

Kurze und lange Vokale und die nachfolgenden Mitlaute

Zunächst unterscheiden wir Vokale, die **kurz** oder **lang** gesprochen werden:
a, e, i, o, u oder a, e, i, o, u.

Bei den kurz klingenden Vokalen steht immer nur der eine Vokal. Beim **lang gesprochenen Vokal** gibt es **vier Möglichkeiten der Schreibweise**:

- nur Vokal a/ä, e, i, o/ö, u/ü → Hörwörter
- Vokal mit Dehnungs-h: ah/äh, eh, ih, oh/öh, uh/üh → Merkwörter
- doppelter Vokal: aa, ee, oo (uu gibt es nicht) → Merkwörter
- ie (statt ii) → Nachdenkwörter

Die Schreibweise bei den lang gesprochenen Vokalen ist also schwieriger, weil man immer nur den Vokal hören kann, aber nicht das Dehnungs-h oder den zweiten doppelten Vokal.
Wörter mit Dehnungs-h und doppeltem Vokal sind deshalb **Merkwörter**.

Dafür wird es bei den nachfolgenden Mitlauten einfacher:
Nach einem lang gesprochenen Vokal folgt meist nur ein deutlich hörbarer Mitlaut:

- ein Mitlaut nach a, e, o und u (z. B. Paket, Meter, Boden, Schule)
- ein Mitlaut nach ah, eh, oh und uh (z. B. fahren, Fehler, Sohn, Stuhl)
- ein Mitlaut nach aa, ee, oo (z. B. Staat, Meer, Boot)

Bei einigen Wörtern folgt nach dem lang gesprochenen Vokal ein Selbstlaut (z. B. säen, schauen) oder kein Laut mehr (z. B. rau, See, Zoo).

Nach einem kurz gesprochenen Mitlaut dagegen folgen mindestens zwei Mitlaute oder genauer:

- zwei oder mehr verschiedene Mitlaute (z. B. bunt, Antwort, Herbst)
- zwei gleiche Mitlaute (z. B. kennen, nett, wollen)
- ck → steht für kk (z. B. blicken, Rock) oder tz → steht für zz (z. B. Spitze, Katze)

VOKAL

kurz gesprochen

a/ä	e	i	o/ö	u/ü
hart	fest	finden	Post	Sturm
März	ernst	links	zwölf	fünf
fallen	kennen	Bitte	öffnen	Mutter
Satz	Decke	Blitz	trocknen	nützen

lang gesprochen

a/ä a/ä, ah/äh, aa	e e, eh, ee	i i, ih, ie	o/ö o/ö, oh/öh, oo	u/ü u/ü, uh/üh
raten, Käse	Meter	wir, Igel	Not, schön	klug, üben
Jahr, zählen	Lehrer	ihr	Sohn, Höhle	Uhr, kühl
Haar	Meer	lieb	Boot	

danach können folgen

zwei oder mehr verschiedene Mitlaute	zwei gleiche Mitlaute	ck oder tz
Ente, Dorf, folgen helfen, finden Durst, schimpfen ernst, selbst	wann, denn Stoff, Ball Stimme, wenn Bitte, Puppe	Glück, Stock Decke, Blick Satz, Blitz trotz, nützen

danach folgt

meist nur ein Mitlaut
a Bad, Käfer, fahren, wählen, Staat e legen, Lehrer, Meer i Tiger, ihn, Brief o Hose, böse, Lohn, fröhlich, Moos u tun, lügen, Stuhl, führen

Trage die folgenden Wörter oben in die Tabelle ein.

Fehler, Quelle, Mantel, Möbel, kratzen, leer, Name, trocken, holen, wen,
Zähne, Hobby, Markt, Spitze, Rechnung, retten, fühlen, lesen

RS	Name: _____	Datum: _____	

Kurze und lange Vokale und die nachfolgenden Mitlaute

Zunächst unterscheiden wir Vokale, die **kurz** oder **lang** gesprochen werden:
a̦, e̦, i̦, o̦, u̦ oder a̲, e̲, i̲, o̲, u̲.

Bei den kurz klingenden Vokalen steht immer nur der eine Vokal. Beim **lang gesprochenen Vokal** gibt es **vier Möglichkeiten der Schreibweise**:

- nur Vokal a̲/ä̲, e̲, i̲, o̲/ö̲, u̲/ü̲ → Hörwörter
- Vokal mit Dehnungs-h: ah/äh, eh, ih, oh/öh, uh/üh → Merkwörter
- doppelter Vokal: aa, ee, oo (uu gibt es nicht) → Merkwörter
- ie (statt ii) → Nachdenkwörter

Die Schreibweise bei den lang gesprochenen Vokalen ist also schwieriger, weil man immer nur den Vokal hören kann, aber nicht das Dehnungs-h oder den zweiten doppelten Vokal.
Wörter mit Dehnungs-h und doppeltem Vokal sind deshalb **Merkwörter**.

Dafür wird es bei den nachfolgenden Mitlauten einfacher:
Nach einem lang gesprochenen Vokal folgt meist nur ein deutlich hörbarer Mitlaut:

- ein Mitlaut nach a, e, o und u (z. B. Paket, Meter, Boden, Schule)
- ein Mitlaut nach ah, eh, oh und uh (z. B. fahren, Fehler, Sohn, Stuhl)
- ein Mitlaut nach aa, ee, oo (z. B. Staat, Meer, Boot)

Bei einigen Wörtern folgt nach dem lang gesprochenen Vokal ein Selbstlaut (z. B. säen, schauen) oder kein Laut mehr (z. B. rau, See, Zoo).

Nach einem kurz gesprochenen Mitlaut dagegen folgen mindestens zwei Mitlaute oder genauer:

- zwei oder mehr verschiedene Mitlaute (z. B. bunt, Antwort, Herbst)
- zwei gleiche Mitlaute (z. B. kennen, nett, wollen)
- ck → steht für kk (z. B. blicken, Rock) oder tz → steht für zz (z. B. Spitze, Katze)

VOKAL

kurz gesprochen

a̲/ä̲	e̲	i̲	o̲/ö̲	u̲/ü̲
hart	fest	finden	Post	Sturm
März	ernst	links	zwölf	fünf
fallen	kennen	Bitte	öffnen	Mutter
Satz	Decke	Blitz	trocknen	nützen

danach können folgen ↓

zwei oder mehr verschiedene Mitlaute	zwei gleiche Mitlaute	ck oder tz
Ente, Dorf, folgen helfen, finden Durst, schimpfen ernst, selbst	wann, denn Stoff, Ball Stimme, wenn Bitte, Puppe	Glück, Stock Decke, Blick Satz, Blitz trotz, nützen
Mantel	**Quelle**	**kratzen**
Markt	**Hobby**	**trocknen**
Rechnung	**retten**	**Spitze**

lang gesprochen

a̲/ä̲ a/ä, ah/äh, aa	e̲ e, eh, ee	i̲ i, ih, ie	o̲/ö̲ o/ö, oh/öh, oo	u̲/ü̲ u/ü, uh/üh
raten, Käse	Meter	wir, Igel	Not, schön	klug, üben
Jahr, zählen	Lehrer	ihr	Sohn, Höhle	Uhr, kühl
Haar	Meer	lieb	Boot	

danach folgt ↓

meist nur ein Mitlaut
a̲ Bad, Käfer, fahren, wählen, Staat e̲ legen, Lehrer, Meer i̲ Tiger, ihn, Brief o̲ Hose, böse, Lohn, fröhlich, Moos u̲ tun, lügen, Stuhl, führen
Fehler, Möbel, leer,
holen, Zähne, wen,
Name, fühlen, lesen

Trage die folgenden Wörter oben in die Tabelle ein.

> Fehler, Quelle, Mantel, Möbel, kratzen, leer, Name, trocken, holen, wen,
> Zähne, Hobby, Markt, Spitze, Rechnung, retten, fühlen, lesen

RS **Name:** _____ **Datum:** _____

(ah) (eh)
(oh) (uh)

Erkennst du die Wörter?

bohren Lohn fröhlich Höhle fahren

Stuhl führen Fehler ähnlich Lehrer

Wörter gesucht

Ein Gegenstand zum Draufsetzen

Der Sohn sieht seinem Vater ...

Nach Öl ... oder ein Loch in die Wand ...

Mit dem Auto ...

Ein Arbeiter erhält für seine Arbeit einen ...

Nicht ernst oder traurig, sondern lustig, heiter oder ...

Er unterrichtet in der Schule

Wer etwas falsch macht, macht einen ...

Einen Betrieb leiten oder einen Betrieb ...

Lösungswort

Wortfenster Kannst du die drei Streifen mit Wortbausteinen so nach oben und unten schieben, dass im Wortfenster immer waagrecht ein Wort lesbar ist? Es kann auch aus nur zwei Bausteinen bestehen.

	Fahr	
Be	fahr	
be	lehr	
	Lehr	en

Ver	fehl	er
ver	Fehl	bar
	führ	ung
	Führ	

Wortstamm			
Fahr/fahr	Fehl/fehl	Lehr/lehr	Führ/führ

Wörterzauberer (↺ 1 Buchstabe)

führen _____ _____ _____

bohren _____ _____ _____

fehlen _____ _____ _____

Was haben diese Wörter gemeinsam?

bohren, Rohr, Bohrer,
Ohrwurm, Mohr, gebohrt

Brückenwörter (BW)

| Gift | **Müll** | Tonne |

	BW = Grundwort	BW = Bestimmungswort
Stachel [ ] Zaun	_____	_____
Fahrer [ ] Zahl	_____	_____
Arbeit [ ] Steuer	_____	_____
Sport [ ] Zimmer	_____	_____

V h Spricht man **gedehnt** a, e, o, u, kommt manchmal noch ein **h** dazu.
Dieses Dehnungs -**h** steht meist vor einem **l** (Stuhl), **m** (zahm), **n** (Lohn) oder **r** (führen).
Wenn du nicht genau weißt, ob ein Wort mit h geschrieben wird, denke an die Wortfamilie.
Gibt es ein verwandtes Wort dazu? Z. B. zu „er fährt" → fahren, Fahrer, Fahrrad, gefährlich.

RS | Name: _____ | Datum: _____

(ah) (eh) (oh) (uh)

Erkennst du die Wörter?

bohren Lohn fröhlich Höhle fahren

Stuhl führen Fehler ähnlich Lehrer

| ähnlich |
| bohren |
| fahren |
| Fehler |
| fröhlich |
| führen |
| Höhle |
| Lehrer |
| Lohn |
| Stuhl |

Wörter gesucht

Ein Gegenstand zum Draufsetzen

Der Sohn sieht seinem Vater ...

Nach Öl ... oder ein Loch in die Wand ...

Mit dem Auto ...

Ein Arbeiter erhält für seine Arbeit einen ...

Nicht ernst oder traurig, sondern lustig, heiter oder ...

Er unterrichtet in der Schule

Wer etwas falsch macht, macht einen ...

Einen Betrieb leiten oder einen Betrieb ...

Kreuzworträtsel:
S T U H L
Ä H N L I C H
B O H R E N
F A H R E N
L O H N
F R Ö H L I C H
L E H R E R
F E H L E R
F Ü H R E N

Lösungswort: T I E R H Ö H L E

Wortfenster Kannst du die drei Streifen mit Wortbausteinen so nach oben und unten schieben, dass im Wortfenster immer waagrecht ein Wort lesbar ist? Es kann auch aus nur zwei Bausteinen bestehen.

Be / be | Fahr / fahr / lehr / Lehr | en

Ver / ver | fehl / Fehl / führ / Führ | er / bar / ung

| Wortstamm | | | |
Fahr/fahr	Fehl/fehl	Lehr/lehr	Führ/führ
Fahrer	fehlen	Lehrer	Führer
fahren	Fehler	lehren	führen
befahren	Befehl	Lehren (Mz)	Führung
verfahren	befehlen	belehren	verführen
Verfahren	verfehlen	Belehrung	Verführung
fahrbar	Verfehlung	belehrbar	
befahrbar	fehlbar		

Wörterzauberer (↻ 1 Buchstabe)

führen	**fühlen**	fahren	**Führer**
bohren	**Bohnen**	**Bohrer**	**Bohlen**
fehlen	**fühlen**	**Fehler**	**Fohlen**

Was haben diese Wörter gemeinsam?

bohren, Rohr, Bohrer, Ohrwurm, Mohr, gebohrt | **Ohr**

Brückenwörter (BW)

Gift | **Müll** | Tonne

			BW = Grundwort	BW = Bestimmungswort
Stachel	**Draht**	Zaun	Stacheldraht	Drahtzaun
Fahrer	**Fehler**	Zahl	Fahrerfehler	Fehlerzahl
Arbeit	**Lohn**	Steuer	Arbeitslohn	Lohnsteuer
Sport	**Lehrer**	Zimmer	Sportlehrer	Lehrerzimmer

√h Spricht man **gedehnt** a, e, o, u, kommt manchmal noch ein **h** dazu.
Dieses Dehnungs -**h** steht meist vor einem **l** (Stuhl), **m** (zahm), **n** (Lohn) oder **r** (führen).
Wenn du nicht genau weißt, ob ein Wort mit h geschrieben wird, denke an die Wortfamilie.
Gibt es ein verwandtes Wort dazu? Z. B. zu „er fährt" → fahren, Fahrer, Fahrrad, gefährlich.

Gefahr für die Tiere

Z__llose Tierarten sind schon frü_er im Laufe der langen Erdgeschichte auf natürliche Weise, z. B. aus Mangel an N__rung ausgestorben. Viele andere Arten wurden von je_er von den Menschen gejagt, ohne dass sie dadurch ernstlich in Bedro_ung gerieten. Doch in den letzten drei J__rhunderten ist die Anz__l der j__rlich aussterbenden Tiere erschreckend hö_er geworden. Ein wichtiger Grund für diese F__lentwicklung war die Erfindung und Vervollkommnung der Feuerwaffen. Die größte Gef__r für die Tierwelt ist jedoch das schnelle Anwachsen der Weltbevölkerung und damit die m__r und m__r fortschreitende Zerstörung der natürlichen Lebensräume.

Um den Bestand gef__rdeter Tierarten zu sichern, werden heute solche bedro_ten Tiere in freier Wildb__n gefangen und in besonderen Ge_egen gehalten, wo sie sich verm__ren sollen. Ihre Jungen werden später wieder in geeigneten Lebensräumen ausgesetzt.

(129)

<u>V</u> h (= Wörter mit Dehnungs-h)

_____
_____
_____
_____
_____

Silbentrennendes h

_____
_____
_____

❶ Wörterbastler

B b	ah
F f	äh
K k	eh
L l	oh
M m	öh
S s	uh
Z z	üh

l m n r e

ah / äh	eh	oh / öh	uh / üh
_____	_____	_____	_____
_____	_____	_____	_____
_____	_____	_____	_____
_____	_____	_____	_____
_____	_____	_____	_____
_____	_____	_____	_____

❷ Brückenwörter (BW)

früh	_____	hundert
wild	_____	Fahrt
Unfall	_____	Quelle
viel	_____	Zahl
Stück	_____	reich

BW = Bestimmungswort

_____
_____
_____
_____

BW = Grundwort

_____
_____
_____
_____

❸ Reimwörter

k M St W	H K W Z	b k l z
Zahl	Bahn	vermehren
_____	_____	ver_____
_____	_____	ver_____
_____	_____	ent_____
_____	_____	be_____

❹ Wörterzauberer: ⇄ 1 Buchst.

Zahl _____
Hahn _____
Wahn _____ _____
Kahn _____ _____
Zahn _____
_____

Gefahr für die Tiere

Zahllose Tierarten sind schon früher im Laufe der langen Erdgeschichte auf natürliche Weise, z. B. aus Mangel an Nahrung ausgestorben. Viele andere Arten wurden von jeher von den Menschen gejagt, ohne dass sie dadurch ernstlich in Bedrohung gerieten. Doch in den letzten drei Jahrhunderten ist die Anzahl der jährlich aussterbenden Tiere erschreckend höher geworden. Ein wichtiger Grund für diese Fehlentwicklung war die Erfindung und Vervollkommnung der Feuerwaffen. Die größte Gefahr für die Tierwelt ist jedoch das schnelle Anwachsen der Weltbevölkerung und damit die mehr und mehr fortschreitende Zerstörung der natürlichen Lebensräume.

Um den Bestand gefährdeter Tierarten zu sichern, werden heute solche bedrohten Tiere in freier Wildbahn gefangen und in besonderen Gehegen gehalten, wo sie sich vermehren sollen. Ihre Jungen werden später wieder in geeigneten Lebensräumen ausgesetzt.

(129)

V h (= Wörter mit Dehnungs-h)

Gefahr, zahllos, Nahrung, ohne, Jahrhundert, Anzahl, jährlich, Fehlentwicklung, mehr, gefährdet, Wildbahn, vermehren

Silbentrennendes h

früher, jeher, höher, Bedrohung, bedroht - bedrohen, Gehege

❶ Wörterbastler

B b	ah			ah/äh		eh		oh/öh		uh/üh
F f	äh	l		Bahn	Mahl	Ehre	Ehe	Ohr	Mohr	Uhr
K k	eh	m	e	Fahne	Sahne	Kehre	Lehne	Bohne	Mohn	Bühne
L l	oh	n		Fähre	Zahn	Lehm	Mehl	Föhn	Sohn	Fuhre
M m	öh	r		Kahn	Zahl	Lehre	Sehne	Kohle	Söhne	Kuh
S s	uh			Kähne		mehr	Zehe	Kohl		Kühe
Z z	üh			kahl		sehr		Lohn		
				lahm		zehn		Löhne		

❷ Brückenwörter (BW)

früh	Jahr	hundert
wild	Bahn	Fahrt
Unfall	Gefahr	Quelle
viel	mehr	Zahl
Stück	Zahl	reich

BW = Bestimmungswort	BW = Grundwort
Jahrhundert	Frühjahr
Bahnfahrt	Wildbahn
Gefahrenquelle	Unfallgefahr
Mehrzahl	vielmehr
zahlreich	Stückzahl

❸ Reimwörter

k M St W	H K W Z	b k l z
Zahl	Bahn	vermehren
Wahl	Zahn	verkehren
kahl	Wahn	verzehren
Stahl	Hahn	entbehren
Mahl	Kahn	belehren

❹ Wörterzauberer: ⇄ 1 Buchst.

Zahl	Zahn	
Hahn	Huhn	
Wahn	Wahl	wann
Kahn	kahl	kühn
Zahn	zehn	Zahl
	zahm	Zaun

Wörter mit Dehnungs-h

Finde jeweils noch zwei verwandte Wörter dazu.

❶ Wörter gesucht

Gegenteil von geben

Wer die Wahrheit sagt, ist ...

Nicht ganz gleich

Mit dem Auto oder Rad ...

Die erste zweistellige Zahl

Anderer Begriff für Essbares

Eine Partei oder Telefonnummer...

Etwas nicht richtig Gemachtes

Lösungswort:

_____

_____

_____

_____

_____

_____

_____

Einmal „h" - immer „h"

❷ Tabelle

Das Dehnungs-h steht meist vor **l**, **m**, **n** und **r**. Trage die Wörter von oben in die Tabelle ein. Ergänze die Tabelle auch noch mit Wörtern aus deiner Wörterliste. Das **h** vor **m** ist seltener.

hl	hm	hn	hr

Wörter mit doppeltem Selbstlaut aa, ee oder oo

aa

ee

oo

Vier Minirätsel

① Großer Raum

② Gerät zum Wiegen

③ große Gemeinschaft mit einer Regierung

④ Wachsen auf dem Kopf

① Heißes Getränk

② Im Winter fällt...

③ Schwarzer Straßenbelag

④ Großer Teich

① Kleines Wasserfahrzeug

② Tierpark

③ Pflanzenpolster

④ Sumpfgebiet

① Warmes Getränk

② Großes Gewässer

③ Waldfrucht

④ Gegenteil von voll

Trage die Wörter der Minirätsel ein.

Wörter mit doppeltem Selbstlaut (dS)		
aa	ee	oo

Zusammengesetzte Wörter

_____ _____ _____ _____ _____

Wörter mit Dehnungs-h

Finde jeweils noch zwei verwandte Wörter dazu.

❶ Wörter gesucht

Hinweis	
Gegenteil von geben	
Wer die Wahrheit sagt, ist ...	
Nicht ganz gleich	
Mit dem Auto oder Rad ...	
Die erste zweistellige Zahl	
Anderer Begriff für Essbares	
Eine Partei oder Telefonnummer...	
Etwas nicht richtig Gemachtes	

Kreuzworträtsel:
```
N E H M E N
      E H R L I C H
    Ä H N L I C H
F A H R E N
      Z E H N
    N A H R U N G
  W Ä H L E N
F E H L E R
```

Lösungswort: **M e h r z a h l**

Verwandte Wörter:
- einnehmen, Ausnahme
- ehren, Ehrlichkeit
- ähneln, Ähnlichkeit
- Fahrer, abfahren
- Zehner, zehnfach
- nähren, Nahrungsmittel
- Wahl, Wähler
- fehlen, fehlerhaft

> Einmal „h" - immer „h"

❷ Tabelle

Das Dehnungs-h steht meist vor **l**, **m**, **n** und **r**. Trage die Wörter von oben in die Tabelle ein. Ergänze die Tabelle auch noch mit Wörtern aus deiner Wörterliste. Das **h** vor **m** ist seltener.

hl	hm	hn	hr
Mehl	nehmen	ähnlich	ehrlich
Fehler	lahm	zehn	fahren
wählen	zahm	Zahn	Nahrung
Zahl	nahm	Bahn	Mehrzahl
mahlen	Rahm	Hahn	Ehre
hohl		Kahn	Lehrer

Wörter mit doppeltem Selbstlaut aa, ee oder oo

aa
ee
oo

Vier Minirätsel

① Großer Raum
② Gerät zum Wiegen
③ große Gemeinschaft mit einer Regierung
④ Wachsen auf dem Kopf

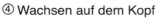
```
      S
    S T H
  S A A L
  W A A G E
    A T R
    T   E
```

① Heißes Getränk
② Im Winter fällt...
③ Schwarzer Straßenbelag
④ Großer Teich

```
      T S
  K A F F E E
  S C H N E E
      E R
```

① Kleines Wasserfahrzeug
② Tierpark
③ Pflanzenpolster
④ Sumpfgebiet

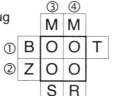
```
    M M
  B O O T
  Z O O
    S R
```

① Warmes Getränk
② Großes Gewässer
③ Waldfrucht
④ Gegenteil von voll

```
      B L
  T E E
  M E E R
      R R
      E
```

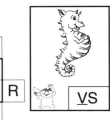
VS

Trage die Wörter der Minirätsel ein.

Wörter mit doppeltem Selbstlaut (dS)			
aa	ee		oo
Haare	Beere	Schnee	Boot
Saal	Kaffee	See	Moor
Staat	leer	Tee	Moos
Waage	Meer	Teer	Zoo

Zusammengesetzte Wörter

Kleeblatt   **Segelboot**   **Teetasse**   **Schneemann**   **Kaffeekanne**

Wörter mit und ohne Dehnung im Vergleich

Schaubild zu Wörtern ohne und mit Dehnung (Dehnungs-h oder Doppelvokal)

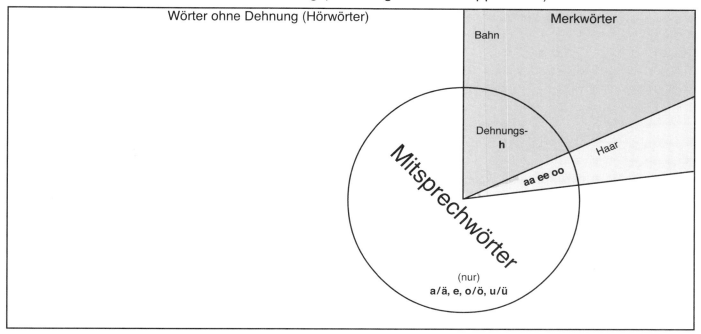

Das Schaubild zeigt, dass bei lang gesprochenen Vokalen meist nur der Vokal selbst geschrieben wird und danach meist ein Mitlaut folgt. Es gibt also viel mehr Wörter ohne Dehnung (Hörwörter) als Merkwörter mit Dehnung (Dehnungs-h oder Doppelvokal).
Arbeite mit deiner Wörterliste und trage die Wörter entsprechend ein.

Test Mit oder ohne Dehnung (h, aa, ee, oo)? 20 Punkte

Setze ein h oder einen zweiten Selbstlaut ein oder streiche den dafür vorgesehenen Strich

	mit h oder aa/ee/oo	ohne Dehnung
Hö___le	1 - 2	2- 3
Blu_/_me	3 - 4	4 - 6
Blü___te	6 - 8	6 - 7
nä___mlich	8 - 9	7 - 9
B___t	9 - 11	9 - 10
Lo___n	11 - 13	10 - 12
Bro___t	12 - 14	13 - 15
fü___ren	15 - 16	14 - 17
S___l	16 - 18	17 - 19
Gefa___r	18 - 20	19 - 20
B____re	20 - 22	20 - 21
beza___len	22 - 23	21 - 24
wä__rend	23 - 25	24 - 26
Qua___l	26 - 28	25 - 27
Stu___l	27 - 29	28 - 30
W___ge	29 - 31	30 - 33
bo___ren	31 - 32	33 - 35
spa___ren	35 - 36	32 - 34
le___gen	36 - 38	34 - 36
fü___len	36 - 37	38 - 25
Schn___	37 - 25	37 - 20

Wörter mit und ohne Dehnung im Vergleich

Schaubild zu Wörtern ohne und mit Dehnung (Dehnungs-h oder Doppelvokal)

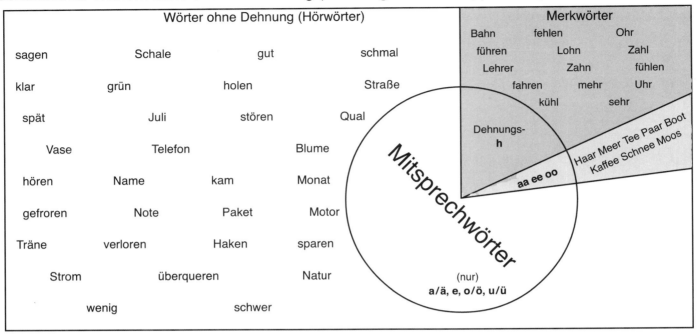

Das Schaubild zeigt, dass bei lang gesprochenen Vokalen meist nur der Vokal selbst geschrieben wird und danach meist ein Mitlaut folgt. Es gibt also viel mehr Wörter ohne Dehnung (Hörwörter) als Merkwörter mit Dehnung (Dehnungs-h oder Doppelvokal).

Arbeite mit deiner Wörterliste und trage die Wörter entsprechend ein.

Test) Mit oder ohne Dehnung (h, aa, ee, oo)?) 20 Punkte

Setze ein h oder einen zweiten Selbstlaut ein oder streiche den dafür vorgesehenen Strich

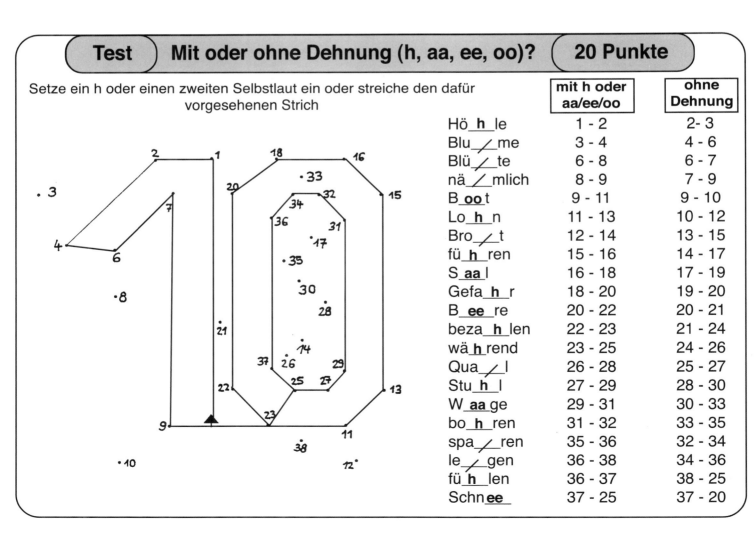

	mit h oder aa/ee/oo	ohne Dehnung
Hö_h_le	1 - 2	2- 3
Blu_/_me	3 - 4	4 - 6
Blü_/_te	6 - 8	6 - 7
nä_/_mlich	8 - 9	7 - 9
B_oo_t	9 - 11	9 - 10
Lo_h_n	11 - 13	10 - 12
Bro_/_t	12 - 14	13 - 15
fü_h_ren	15 - 16	14 - 17
S_aa_l	16 - 18	17 - 19
Gefa_h_r	18 - 20	19 - 20
B_ee_re	20 - 22	20 - 21
beza_h_len	22 - 23	21 - 24
wä_h_rend	23 - 25	24 - 26
Qua_/_l	26 - 28	25 - 27
Stu_h_l	27 - 29	28 - 30
W_aa_ge	29 - 31	30 - 33
bo_h_ren	31 - 32	33 - 35
spa_/_ren	35 - 36	32 - 34
le_/_gen	36 - 38	34 - 36
fü_h_len	36 - 37	38 - 25
Schn_ee_	37 - 25	37 - 20

Ebbe und Flut

Werner freut sich riesig auf den diesj__rigen Sommer-
urlaub in einer Ferienw__nung direkt an der Nords__.
Dort angekommen saust er gleich zum Schwimmen an
den Strand. Ganz enttäuscht k__rt er zurück: „Papa,
da gibt es ja gar kein M__r und keine B__te!" Sein Va-
ter bel__rt ihn: „Dass das Meerwasser verschwindet und
wiederkommt, hängt mit der Anz__ungskraft des Mon-
des zusammen. Der Mond zie_t die Wassermassen an,
w__rend er sich um die Erde dre_t. Die Anziehungs-
kraft lässt nach, wenn er wieder weiter weg von der
Küste ist. Dann kommt das Wasser zurück. Wenn dann
der Meeresspiegel steigt, herrscht Flut, entfernt sich das
Wasser und sinkt der Meeresspiegel, herrscht Ebbe.
Ebbe und Flut nennt man zusammen die Gezeiten, die
in regelmäßigen Abständen von etwa sechseinhalb
Stunden wechseln."

(129)

<u>V</u> h (= Wörter mit Dehnungs-h)

_____

_____

_____

Silbentrennendes h

_____

_____

_____

<u>V</u>S (= Wörter mit ee und oo)

_____

_____

_____

❶ Wörterbastler

	aa	ee	oo
B			
H	aa		
S	ee		
M	oo		

l r s t

❷ Reimwörter

F	H	Kl	l	T	T

Meer   See

_____ _____

_____ _____

_____ _____

❸ Mit welchen Wörtern im Kästchen kannst du ein ☐☐ oder ☐☐☐ mit „Meer" bilden?

☐☐ = Zusammensetzung mit zwei Wörtern

Spiegel	Strömung	Jungfrau
Keller	Grund	Wasser
Schildkröte		Ball
eng		Säugetier
Altvater	**Meer**	Stoff
Strand		tief
Getränk	Hund	Mittel
Flusspferd	läuten	Schifffahrt

_____ _____

_____ _____

_____ _____

☐☐☐ = Zusammensetzung mit drei Wörtern

_____ _____

_____ _____

❹ Diese beiden **gleich klingenden Wörter** im Text darf ich nicht miteinander verwechseln:

⚠️ [_____] ≠ [_____]

Wer _____ arbeitet, verdient auch _____ Geld. Es macht Spaß, im _____ zu baden.

Es ist nicht _____ weit bis zum _____.

Dieses Jahr fahren wir in die Berge und nicht _____ ans _____.

Ebbe und Flut

Werner freut sich riesig auf den diesj**äh**rigen Sommer-
urlaub in einer Ferienw**oh**nung direkt an der Nords**ee**.
Dort angekommen saust er gleich zum Schwimmen an
den Strand. Ganz enttäuscht k**eh**rt er zurück: „Papa,
da gibt es ja gar kein M**ee**r und keine B**oo**te!" Sein Va-
ter bel**eh**rt ihn: „Dass das Meerwasser verschwindet
und wiederkommt, hängt mit der Anz**ieh**ungskraft des
Mondes zusammen. Der Mond zie**h**t die Wassermas-
sen an, w**äh**rend er sich um die Erde dre**h**t. Die Anzie-
hungskraft lässt nach, wenn er wieder weiter weg von
der Küste ist. Dann kommt das Wasser zurück. Wenn
dann der Meeresspiegel steigt, herrscht Flut, entfernt
sich das Wasser und sinkt der Meeresspiegel, herrscht
Ebbe. Ebbe und Flut nennt man zusammen die Gezei-
ten, die in regelmäßigen Abständen von etwa sechs-
einhalb Stunden wechseln."

(129)

<u>V</u> h (= Wörter mit Dehnungs-h)

diesjährig, Ferienwohnung, kehrt,

belehrt, während

Silbentrennendes h
Anziehungskraft

zieht - ziehen

dreht - drehen

<u>V</u>S (= Wörter mit ee und oo)
Nordsee, Meer, Boot, Meerwasser,

Meeresspiegel, Meeresboden

① **Wörterbastler**

			aa	ee	oo
B		l	Haar	Meer	Boot
	aa		Saal	Beet	Moor
H		r	Saat	Beere	Moos
	ee		Saar	See	Soor
S		s	Maat	Seele	
	oo		Maar	Heer	
M		t			

② **Reimwörter**

F H Kl l T T

Meer	See
leer	Tee
Teer	Fee
Heer	Klee

③ Mit welchen Wörtern im Kästchen kannst du ein ☐☐ oder ☐☐☐ mit „Meer" bilden?

☐☐ = Zusammensetzung mit zwei Wörtern

Spiegel Strömung Jungfrau
Keller Grund Wasser
Schildkröte Ball
eng Säugetier
Altvater **Meer** Stoff
Strand tief
Getränk Hund Mittel
Flusspferd läuten Schifffahrt

Meeresspiegel	**Meeresgrund**
Meeresströmung	**Meeresstrand**
Meerwasser	**Meerestiefe**
Meerenge	**Mittelmeer**

☐☐☐ = Zusammensetzung mit drei Wörtern

Meerjungfrau	**Meeressäugetier**
Meeresschildkröte	**Meerschifffahrt**

④ Diese beiden **gleich klingenden Wörter** im Text darf ich nicht miteinander verwechseln:

⚠ | **mehr** | ≠ | **Meer** |

Wer **mehr** arbeitet, verdient auch **mehr** Geld.   Es macht Spaß, im **Meer** zu baden.

Es ist nicht **mehr** weit bis zum **Meer** .

Dieses Jahr fahren wir in die Berge und nicht **mehr** ans **Meer** .

Wörter mit Dehnungs -h oder doppeltem Vokal (aa, ee, oo)

Nach einem **lang** gesprochenen Vokal (<u>S</u> oder <u>U</u>) folgt manchmal noch ein Dehnungs-h.
Spricht man gedehnt a, e, o, u, kommt manchmal noch ein h dazu.
Nur bei wenigen Wörtern wird der lang gesprochene Vokal verdoppelt (aa, ee, oo).

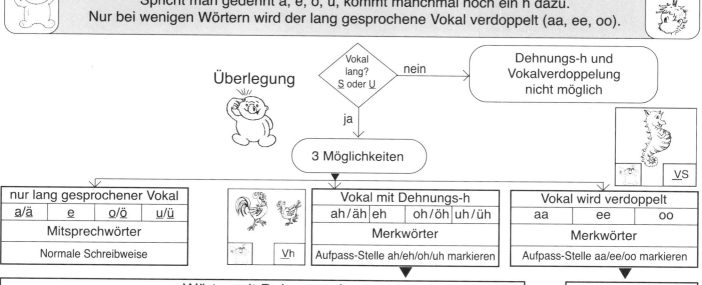

Wörter mit Dehnungs-**h**				doppelter Vokal
a̲h/ä̲h	**e̲h/e̲ih**	**o̲h/ö̲h**	**u̲h/ü̲h**	**aa**
				ee
				oo

8 von 10 Wörtern mit lang gesprochenem Vokal werden nur mit dem hörbaren Vokal geschrieben (also ohne zusätzliches Dehnungs-h oder doppelten Vokal). Es lohnt sich deshalb, die Ausnahmen gut zu lernen und die übrigen normal zu schreiben.

Markiere dir in den Spalten jeweils mit einer Farbe die Reimwörter, z. B. bei „ah" Kahn, Hahn, Zahn.

Wörter mit Dehnungs -h oder doppeltem Vokal (aa, ee, oo)

Nach einem **lang** gesprochenen Vokal (<u>S</u> oder <u>U</u>) folgt manchmal noch ein Dehnungs-h.
Spricht man gedehnt a, e, o, u, kommt manchmal noch ein h dazu.
Nur bei wenigen Wörtern wird der lang gesprochene Vokal verdoppelt (aa, ee, oo).

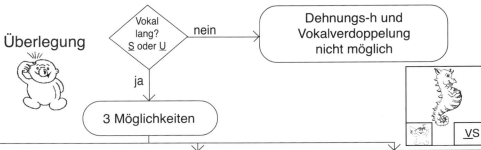

Überlegung

Vokal lang? <u>S</u> oder <u>U</u> — nein → Dehnungs-h und Vokalverdoppelung nicht möglich

ja

3 Möglichkeiten

<u>VS</u>

nur lang gesprochener Vokal				Vh	Vokal mit Dehnungs-h				Vokal wird verdoppelt		
a/ä	e	o/ö	u/ü		ah/äh	eh	oh/öh	uh/üh	aa	ee	oo
Mitsprechwörter					Merkwörter				Merkwörter		
Normale Schreibweise					Aufpass-Stelle ah/eh/oh/uh markieren				Aufpass-Stelle aa/ee/oo markieren		

Wörter mit Dehnungs-**h**				doppelter Vokal
<u>ah/äh</u>	<u>e</u>h/<u>ei</u>h	<u>o</u>h/<u>ö</u>h	<u>u</u>h/<u>ü</u>h	**aa**
ahnen	dehnen	Bohne	Bühne	Haare
ähnlich	Ehre, ehrlich	bohren	Frühling	Paar, paar
Bahn	*Fehler, fehlen*	fröhlich	*fühlen*	Saal
bezahlen	Lehrer, lehren	gewöhnen	*führen*	Saat
Draht	*mehr*	hohl	Huhn	Staat
erzählen	*nehmen*	Höhle	kühl	Waage
Fahne	*sehr*	Hohn	kühn	**ee**
fahren, Gefahr	stehlen	Kohle	Mühle	Beere
Hahn	umkehren	Lohn	Ruhm	Beet
Jahr	Verkehr	*ohne*	rühren	*Kaffee*
Kahn	(sich) wehren	Ohr	Stuhl	Fee
lahm	*zehn*	Rohr	*Uhr*	Heer
mahnen		Sohn	wühlen	Klee
Nahrung		stöhnen		leer
Rahmen		*wohl*		Meer
ungefähr		*wohnen*		Schnee
Wahl				*See*
wählen				Seele
wahr				Tee
während				Teer
Währung				**oo**
Zahl, zahlen				Boot
zählen				Moor
zahm, zähmen				Moos
Zahn				Zoo

8 von 10 Wörtern mit lang gesprochenem Vokal werden nur mit dem hörbaren Vokal geschrieben (also ohne zusätzliches Dehnungs-h oder doppelten Vokal). Es lohnt sich deshalb, die Ausnahmen gut zu lernen und die übrigen normal zu schreiben.

Die schräg gedruckten Wörter gehören zum Kernwortschatz, zu dem die etwa 400 wichtigsten Wörter gehören.

RS	Name: _____	Datum: _____	

Wörter mit ß

(aß) (auß)
(eiß) (ieß)
(oß) (üß)

❶ Wörterversteck

In jeder Zeile stecken drei Wörter und eines bleibt übrig.

M f l e i ß i g a S p a ß ß G r ö ß e
g i b l o ß e ß b e i ß e n e b ü ß e n n
S t d r a u ß e n r a s ü ß u M u ß e ß

_____ _____
_____ _____
_____ _____
_____ _____
_____ _____

❷ Wörter gesucht

Ein... Blumen oder der Vogel ...

Was lustig ist, macht ...

Gegenteil von drinnen

Bäche und Flüsse ...

1. Vergangenheit von vergessen; ich ...

Gegenteil von klein

Blumen ... oder Kaffee in die Tasse ...

In einen Apfel ...

Gegenteil von faul

❸ Geheimschrift

| | | | | _____
| | | | | _____
| | | | | | _____
| | | _____
| | | | | | _____
| | | | _____

❹ Reimwörter

Bl	fl	gen	gr	gr	h	Kl	r	s	s	Sp	St

b	e	i	ß	e	n

M	a	ß

b	l	o	ß

	g	i	e	ß	e	n

G	r	ö	ß	e

b	ü	ß	e	n

❺ Wortfamilie

Finde zu den Wörtern im Kästchen Wortverwandte, die jeweils die Nachsilbe -ung haben.

Maß	Stoß	heißen
groß	grüßen	bloß

_____ _____ _____
_____ _____ _____
_____

❻ Brückenwörter (BW)

			BW = Bestimmungswort	BW = Grundwort
Blumen	_____	Ei		
links	_____	Seite		
Band	_____	Krug		
Riese	_____	schreiben		
Stange	_____	Kugel		
Arbeit	_____	Biene		

❼ Wortbaumeister

Wortstamm

| ab |
| an |
| auf |
| ver |
| zer |

| schließ |
| reiß |

en

schließ	reiß

Ordne die Buchstaben und du erhältst drei zusammengesetzte Wörter.

(r e u ß a)

— halb
— ordentlich
— irdisch

V ß Vor einem ß-Laut steht immer ein **lang** gesprochener **Vokal** oder **Doppellaut** (au, äu, ei, eu, ie).

RS Name: _____ Datum: _____

Wörter mit ß

(aß) (auß)
(eiß) (ieß)
(oß) (üß)

beißen	Größe
bloß	Maß
büßen	Muße
draußen	Spaß
fleißig	Strauß
gießen	süß

❶ Wörterversteck

In jeder Zeile stecken drei Wörter und eines bleibt übrig.

M f l e i ß i g a S p a ß ß G r ö ß e
g i b l o ß e ß b e i ß e n e b ü ß e n n
S t d r a u ß e n r a s ü ß u M u ß e ß

❷ Wörter gesucht

Ein... Blumen oder der Vogel ...

Was lustig ist, macht ...

Gegenteil von drinnen

Bäche und Flüsse ...

1. Vergangenheit von vergessen; ich ...

Gegenteil von klein

Blumen ... oder Kaffee in die Tasse ...

In einen Apfel ...

Gegenteil von faul

Kreuzworträtsel:
- S t r a u ß
- S p a ß
- d r a u ß e n
- f l i e ß e n
- v e r g a ß
- g r o ß
- g i e ß e n
- b e i ß e n
- f l e i ß i g

❸ Geheimschrift

					beißen
				Strauß
					fließen
			bloß
						fleißig
				Größe

❹ Reimwörter

| Bl | fl | gen | gr | gr | h | Kl | r | s | s | Sp | St |

b	e	i	ß	e	n
h	e	i	ß	e	n
r	e	i	ß	e	n

M	a	ß
S	p	a	ß
	s	a	ß

b	l	o	ß
g	r	o	ß
S	t	o	ß

	g	i	e	ß	e	n
	f	l	i	e	ß	e	n
g	e	n	i	e	ß	e	n

G	r	ö	ß	e
B	l	ö	ß	e
K	l	ö	ß	e

b	ü	ß	e	n
g	r	ü	ß	e	n
s	ü	ß	e	n

❺ Wortfamilie

Finde zu den Wörtern im Kästchen Wortverwandte, die jeweils die Nachsilbe -ung haben.

Maß, Stoß, heißen, groß, grüßen, bloß

Vergrößerung _____	Abstoßung _____	Bloßstellung _____
Mäßigung _____	Ausstoßung _____	Entblößung _____
Ermäßigung _____	Verheißung _____	Begrüßung _____

❻ Brückenwörter (BW)

				BW = Bestimmungswort	BW = Grundwort
Blumen	**Strauß**	Ei		**Straußenei**	**Blumenstrauß**
links	**außen**	Seite		**Außenseiter**	**Linksaußen**
Band	**Maß**	Krug		**Maßkrug**	**Bandmaß**
Riese	**groß**	schreiben		**großschreiben**	**riesengroß**
Stange	**Stoß**	Kugel		**Stoßstange**	**Kugelstoß**
Arbeit	**Fleiß**	Biene		**Fleißarbeit**	**Bienenfleiß**

❼ Wortbaumeister

Wortstamm

Ordne die Buchstaben und du erhältst drei zusammengesetzte Wörter.

| ab |
| an |
| auf | schließ |
| ver | reiß | en |
| zer |

schließ	reiß
abschließen	**abreißen**
anschließen	**anreißen**
aufschließen	**aufreißen**
verschließen	**zerreißen**

a	u	ß	e	r	— halb

— ordentlich

— irdisch

(r e u ß a)

außerhalb   **außerirdisch**

außerordentlich

V ß Vor einem **ß**-Laut steht immer ein **lang** gesprochener **Vokal** oder **Doppellaut** (au, äu, ei, eu, ie).

„ss" oder „ß"?

Höre, ob bei den folgenden Wörtern der dem s vorausgehende Selbstlaut (S) kurz oder lang klingt. Markiere Ṣ oder S̲ und setze dann „ss" oder „ß" ein. Beachte: Doppellaute klingen lang (Dl).

be __ er	flie __ en	pa __ en	Intere __ e	la __ en	rei __ en	bei __ en
Spa _	drei __ ig	hei __ en	Ta __ e	schlie __ en	fa __ en	Bi __
au __ en	fre __ en	bi __ chen	Strau __	Kla __ e	Flei __	Schlu __
wi __ en	Schlo __	gie __ en	verge __ en	hei __	me __ en	drau __ en

Trichterwörter

Nimm aus jedem Trichterteil immer nur einen Buchstaben und setze diese zu Wörtern zusammen. Du darfst einzelne Buchstaben mehrmals verwenden und Kleinbuchstaben auch als Großbuchstaben gebrauchen und umgekehrt. Die Wörter können aus drei bis fünf Buchstaben bestehen.

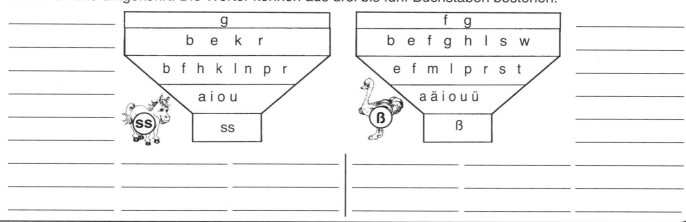

Test — **Wörter mit s, ss oder ß** — **mehr als 40 Punkte**

Kreuze an, was zutrifft und setze die jeweiligen Buchstaben nacheinander in die Lösungskästchen unten.
Wie heißt der Lösungssatz? (25 Punkte sind erzielbar.)

Mit gro **ß** em Intere **ss** e etwas le__en

Mit zwei Schlö__ern die Hau__tür gut abschlie__en

Vergi__ blo__ nicht die Blumen zu gie__en!

Kannst du da__ noch ein bi__chen be__er machen?

Au__er Spe__en nichts gewe__en.

Diese Klö__e aus Grie__ sind ein Genu__.

Ohne Flei__ und Schwei__ kein Prei__.

Wa__ ich nicht wei__, macht mich nicht hei__.

Ein sü__er Gru__ zum Weihnachtsfe__t.

Schlüssel								
1. Wort			2. Wort			3. Wort		
s	ss	ß	s	ss	ß	s	ss	ß
S	K	x D	o	x a	e	x s	g	t
e	i	o	s	h	t	t	a	t
l	j	e	s	v	a	w	o	w
i	l	r	n	r	b	m	k	w
i	t	l	i	l	n	c	d	l
c	o	h	n	k	g	a	r	t
g	n	o	u	h	ß	e	n	t
K	t	s	o	e	l	n	g	a
i	l	s	c	e	s	e	n	h

Lösung: | D | a | | | | | | | | | | | | | | | | | | | | | | | |

Wörterbastler

Fl			
Gr	a		
R	ie	**s**	e
Schl	o	**ss**	en
W	u	**ß**	er

Wörter mit s	ss	ß

(Für jedes gefundene Wort gibt es einen Punkt mehr.)

„ss" oder „ß"?

Höre, ob bei den folgenden Wörtern der dem s vorausgehende Selbstlaut (S) kurz oder lang klingt.
Markiere Ṣ oder S̱ und setze dann „ss" oder „ß" ein. Beachte: Doppellaute klingen lang (Dl).

be **ss** er	flie **ß** en	pa **ss** en	Intere **ss** e	la **ss** en	rei **ß** en	bei **ß** en
Spa **ß**	drei **ß** ig	hei **ß** en	Ta **ss** e	schlie **ß** en	fa **ss** en	Bi **ss**
au **ß** en	fre **ss** en	bi **ss** chen	Strau **ß**	Kla **ss** e	Flei **ß**	Schlu **ss**
wi **ss** en	Schlo **ss**	gie **ß** en	verge **ss** en	hei **ß**	me **ss** en	drau **ß** en

Trichterwörter

Nimm aus jedem Trichterteil immer nur einen Buchstaben und setze diese zu Wörtern zusammen. Du
darfst einzelne Buchstaben mehrmals verwenden und Kleinbuchstaben auch als Großbuchstaben ge-
brauchen und umgekehrt. Die Wörter können aus drei bis sechs Buchstaben bestehen.

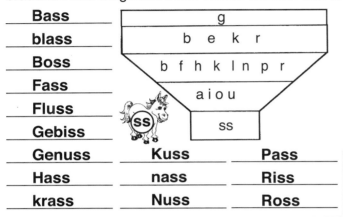

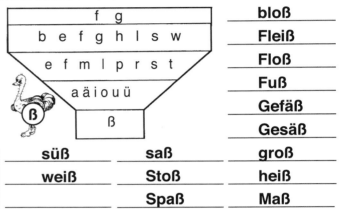

Bass		bloß
blass		Fleiß
Boss		Floß
Fass		Fuß
Fluss		Gefäß
Gebiss		Gesäß

Genuss	Kuss	Pass	süß	saß	groß
Hass	nass	Riss	weiß	Stoß	heiß
krass	Nuss	Ross		Spaß	Maß

Test · Wörter mit s, ss oder ß · mehr als 40 Punkte

Kreuze an, was zutrifft und setze die jeweiligen Buchstaben
nacheinander in die Lösungskästchen unten.
Wie heißt der Lösungssatz? (25 Punkte sind erzielbar.)

Mit gro **ß** em Intere **ss** e etwas le **s** en

Mit zwei Schlö **ss** ern die Hau **s** tür gut abschlie **ß** en

Vergi **ss** blo **ß** nicht die Blumen zu gie **ß** en!

Kannst du da **s** noch ein bi **ss** chen be **ss** er machen?

Au **ß** er Spe **s** en nichts gewe **s** en.

Diese Klö **ß** e aus Grie **ß** sind ein Genu **ss**.

Ohne Flei **ß** und Schwei **ß** kein Prei **s**.

Wa **s** ich nicht wei **ß**, macht mich nicht hei **ß**.

Ein sü **ß** er Gru **ß** zum Weihnachtsfe **s** t.

Schlüssel								
1. Wort			2. Wort			3. Wort		
s	ss	ß	s	ss	ß	s	ss	ß
S	K	x D	o	x a	e	x s	g	t
e	x i	o	x s	h	t	t	a	x t
l	x j	e	s	v	x a	w	o	x w
x i	l	r	n	x r	b	m	x k	e
i	t	l	x i	l	n	x c	d	l
c	o	x h	n	k	x g	a	x r	t
g	n	x o	u	h	x ß	x e	n	t
x K	t	s	o	e	x l	n	g	x a
i	l	s	c	e	x s	x e	n	h

Lösung: | **D** | **a** | **s** | | **i** | **s** | **t** | | **j** | **a** | | **w** | **i** | **r** | **k** | **l** | **i** | **c** | **h** | | **g** | **r** | **o** | **ß** | **e** | | **K** | **l** | **a** | **s** | **s** | **e** |

Wörterbastler

Fl			
Gr	a	s	e
R	ie	ss	en
Schl	o	ß	er
W	u		

Wörter mit s		ss		ß	
Fliese(n)	Riese	Fluss	Schlosser	fließen	Grieß
Gras	was	Flossen	Schluss	Floß	Ruß
Rasen	Wiese	Ross	Wasser	Gruß	schließen
Rose		Schloss		groß	

(Für jedes gefundene Wort gibt es einen Punkt mehr.)

Wasser sparen

Das Sparen von Wa__er wird angesichts grö__erer Gebührenerhöhungen zu einer Notwendigkeit. Fürs Wasser mu__ man nämlich zweimal bezahlen: Zum ersten Mal, wenn es als Trinkwasser über die Leitung ins Hau__ flie__t, und zum zweiten Mal, wenn es über den Kanal als Abwasser das Haus wieder verlä__t.

Was das Wasserwerk betrifft, sind wir äu__erst verwöhnt, denn 99 Prozent der Bevölkerung sind an die öffentliche Wasserversorgung angeschlo__en und benutzen Wasser zum Duschen, zum Putzen, zum Gie__en des Gartens und natürlich auch für die Toilettenspülung. Nur zu oft aber wird das ko__tbare Na__ ma__-los verschwendet. Von insgesamt 120 Litern Wasser, die jeder Einwohner Deutschlands laut Stati__tik im Schnitt pro Tag verbraucht, entfallen tatsächlich blo__ drei Prozent, also etwa 3,5 Liter aufs Trinken und Kochen. Um dieses ma__ive Mi__verhältni__ zu beseitigen, rückt die Forderung „Wasser sparen" in den Vordergrund. Im Zentrum der Sparma__nahmen steht die Sparta__te für die Toilettenspülung. Damit könnte eine Familie mit zwei Kindern mehr als 17 000 Liter im Jahr weniger verbrauchen. (162)

V̲ ⇨ ss
(nach kurzem Vokal folgt ss)

_____

_____

_____

_____

V̲ ß
(nach langem Vokal folgt ß)

_____

_____

_____

_____

❶ **Wörterzauberer:** ⊟ 1 Buchstabe

schließen _____

fließen _____

Spaß _____

Maß _____

❷ **Reimwörter**

b	F	g	h	K	l	l	l	p	r	S	S	s	t

g	r	o	ß		M	a	ß		f	l	i	e	ß	e	n

❸ **Wortbaumeister**

er	maß	en
ge	mäß	ig
		los
		t
		voll
		ung

_____ _____

_____ _____

_____ _____

_____ _____

ver	außer	e
	äußer	n
		dem
		lich
		halb
		st
		ung

_____ _____

_____ _____

_____ _____

_____ _____

❹ **Zusammengesetzte Wörter**

groß		Kanne
Band	g r	Minister
gießen	o	Stadt
außen	ß r	Maß
bloß	a	Stab
fließen	w e	außen
Maß	m b	Band
links	t r	stellen
	i g f	
	n	

_____

_____

_____

_____

_____

_____

sparen	Plan	Motor
außer	Bord	nehmen
außen	Maß	mäßig

_____

_____

Lösungswort:

_ _ _ _ _ _ _ _ _ _ _ _ _ _

Wasser sparen

Das Sparen von Wasser wird angesichts größerer Gebührenerhöhungen zu einer Notwendigkeit. Fürs Wasser muss man nämlich zweimal bezahlen: Zum ersten Mal, wenn es als Trinkwasser über die Leitung ins Haus fließt, und zum zweiten Mal, wenn es über den Kanal als Abwasser das Haus wieder verlässt.

Was das Wasserwerk betrifft, sind wir äußerst verwöhnt, denn 99 Prozent der Bevölkerung sind an die öffentliche Wasserversorgung angeschlossen und benutzen Wasser zum Duschen, zum Putzen, zum Gießen des Gartens und natürlich auch für die Toilettenspülung. Nur zu oft aber wird das kostbare Nass maßlos verschwendet. Von insgesamt 120 Litern Wasser, die jeder Einwohner Deutschlands laut Statistik im Schnitt pro Tag verbraucht, entfallen tatsächlich bloß drei Prozent, also etwa 3,5 Liter aufs Trinken und Kochen. Um dieses massive Missverhältnis zu beseitigen, rückt die Forderung „Wasser sparen" in den Vordergrund. Im Zentrum der Sparmaßnahmen steht die Spartaste für die Toilettenspülung. Damit könnte eine Familie mit zwei Kindern mehr als 17 000 Liter im Jahr weniger verbrauchen. (162)

V̯ ⇨ ss
(nach kurzem Vokal folgt ss)

Wasser, muss,

Abwasser, verlassen,

angeschlossen, massiv,

Missverhältnis

V̲ ß
(nach langem Vokal folgt ß)

größerer (groß),

fließt (fließen),

äußerst, maßlos, gießen, bloß,

Sparmaßnahmen

❶ Wörterzauberer: ⊟ 1 Buchstabe

schließen	**schießen**
fließen	**ließen**
Spaß	**saß**
Maß	**aß**

❷ Reimwörter

b	F	g	h	K	l	l	l	p	r	S	S	s	t

g	r	o	ß			M	a	ß		f	l	i	e	ß	e	n
b	l	o	ß			S	p	a	ß			g	i	e	ß	e	n
S	t	o	ß				s	a	ß				l	i	e	ß	e	n
K	l	o	ß			F	r	a	ß			h	i	e	ß	e	n

❸ Wortbaumeister

er	maß	en / ig / los / t / voll / ung
ge	mäß	

Maß	ermäßigt
mäßig	gemäßigt
mäßigen	maßlos
ermäßigen	maßvoll
Mäßigung	Ermäßigung

ver	außer / äußer	e / n / dem / lich / halb / st / ung

außer	äußerst
äußern	Äußerung
das Äußere	veräußern
äußerlich	Veräußerung
außerhalb	außerdem

❹ Zusammengesetzte Wörter

groß	Kanne
Band	Minister
gießen	Stadt
außen	Maß
bloß	Stab
fließen	außen
Maß	Band
links	stellen

Großstadt

Bandmaß

Gießkanne

Außenminister

bloßstellen

Fließheck

Maßstab

Linksaußen

sparen	Plan	Motor
außer	Bord	nehmen
außen	Maß	mäßig

Sparmaßnahmen

außerplanmäßig

Außenbordmotor

Lösungswort:

g	r	o	ß	a	r	t	i	g

Wörter mit s, ss oder ß

1. Überlegung

Vokal kurz gespr.? Ṣ oder Ụ

nein →

Wörter mit **s**		oder	**ß**
Hörwörter			Merkwörter
das, des, was			Straße

ja ↓

2. Überlegung

nur ein S hörbar

nein →

s mit einem oder mehreren Mitlauten			
st		andere Mitlaute	
ist	zuerst	als	links

ja ↓

3. Überlegung

SS
s wird verdoppelt

Wörter mit **ss** (Denkwörter)

VdM

Folgt nach einem kurz gesprochenen Vokal (Ṿ) nur ein s, dann wird dieses verdoppelt.
Oder: Vor einem ss steht immer ein kurz gesprochener Selbstlaut (Ṣ) oder Umlaut (Ụ).

V̇ss

ạss/ạ̈ss	ẹss	ịss	ọss/ọ̈ss	ụss/ụ̈ss

Wörter mit **ß** (Merkwörter)

Nach einem lang gesprochenen Vokal (S̲ oder U̲) oder einem
Doppellaut (au, ei, ...) steht manchmal ein **ß**.

V̲ß

a̲ß/ä̲ß	ie̲ß	o̲ß/ö̲ß	u̲ß/ü̲ß	au̲ß/äu̲ß/eu̲ß	ei̲ß

Markiere dir in den Spalten jeweils mit einer Farbe die Reimwörter, z. B. bei „ess" essen, messen, pressen.

Wörter mit s, ss oder ß

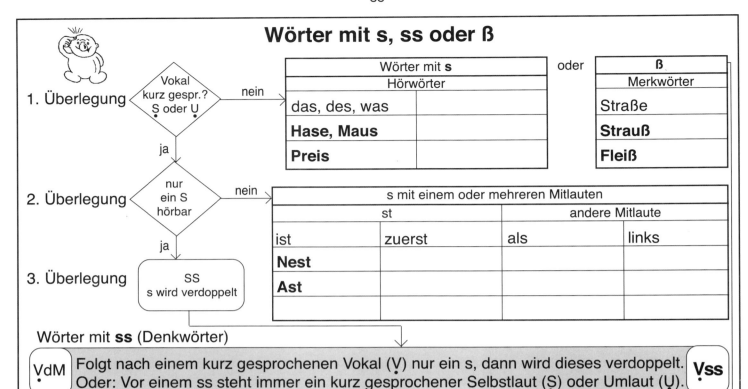

1. Überlegung — Vokal kurz gespr.? Ṣ oder Ụ — nein →

Wörter mit **s**		oder	**ß**
Hörwörter			Merkwörter
das, des, was			Straße
Hase, Maus			**Strauß**
Preis			**Fleiß**

2. Überlegung — nur ein S hörbar — nein →

s mit einem oder mehreren Mitlauten			
st		andere Mitlaute	
ist	zuerst	als	links
Nest			
Ast			

ja ↓

3. Überlegung — SS s wird verdoppelt

Wörter mit **ss** (Denkwörter)

VdM — Folgt nach einem kurz gesprochenen Vokal (Ṿ) nur ein s, dann wird dieses verdoppelt. Oder: Vor einem ss steht immer ein kurz gesprochener Selbstlaut (Ṣ) oder Umlaut (Ụ). — **Vss**

aͅss/äͅss	eͅss	iͅss	oͅss/öͅss	uͅss/üͅss
fassen	*besser*	Biss	Schloss	bewusst
Gasse	dessen	*bisschen*	Schlösser	Fluss
Hass, hassen	*essen*	*gewiss*	Flosse	flüssig
Kasse	Fessel	Gewissen	Genosse	Kuss, küssen
Klasse	*fressen*	Kissen		*müssen*
Kompass	*Interesse*	Riss		Nuss
lassen	Kessel	vermissen		Rüssel
Masse	messen	*wissen*		*Schluss*
nass	Messer			Schlüssel
Pass	pressen			Schüssel
passen	*vergessen*			Schuss
Tasse	wessen			
Wasser				

Wörter mit **ß** (Merkwörter)

 Nach einem lang gesprochenen Vokal (Ṣ oder Ụ) oder einem Doppellaut (au, ei, ...) steht manchmal ein **ß**. — **Vß**

aß/äß	ieß	oß/öß	uß/üß	auß/äuß/euß	eiß
Gefäß	fließen	bloß	Buße, büßen	außen	beißen
Maß, mäßig	genießen	Floß	Fuß	außer	dreißig
Spaß	gießen	*groß, Größe*	Gruß, grüßen	äußern	Fleiß, fleißig
Straße	Grieß	Kloß	Muße, müßig	draußen	heiß
	schießen	Schoß	Ruß	Strauß	heißen
	schließen	stoßen, Stoß	süß	scheußlich	reißen
	schließlich	Soße			Schweiß
					weiß

Die schräg gedruckten Wörter gehören zum Kernwortschatz, zu dem die etwa 400 wichtigsten Wörter gehören.

RS Name: _____ | Datum: _____

Wörter mit V

❶ Wörterversteck

N	I	M	A	T	I	V	V
V	A	G	E	Ö	V	L	V
L	V	O	R	N	I	E	I
E	S	A	V	L	E	G	T
O	E	D	I	V	H	O	A
I	V	E	N	E	G	V	L
V	E	I	L	C	H	E	N

_____ _____

_____ _____

_____ _____

_____ _____

_____ _____

_____ _____

Lösungswort: ☐☐☐☐☐

❷ Wörter gesucht

① Gegenteil von behalten
② Im Verkehr: Wer von rechts kommt, hat ...
③ Gegenteil von finden   Lösungswort: ☐☐☐☐
④ Sich bei einem Sturz ...

❸ f oder v?

Ob f oder v geschrieben wird, kann man nicht hören.

Du kannst aber taktisch vorgehen: Es gibt sehr viele Wörter mit den Vorsilben **ver-** und **vor-**.

Schaue in deiner Wörterliste oder in deinem Wörterbuch bei V nach und schätze:

◯ so viele Wörter mit **Ver-/ver-**.

◯ so viele Wörter mit **Vor-/vor-**.

◯ so viele Wörter mit **V/v**.

Trage wichtige V- Wörter noch in die Tabelle ein.

Wörter mit **Ver/ver**		Wörter mit **Vor/vor**	Übrige Wörter mit **V/v**

Es gibt nur wenige Wörter, die mit **Fer/fer** und **For/for** geschrieben werden.

Wörter mit Fer/fer _____

Wörter mit For/for _____

❹ Wörterking

Wie viele Wörter mit v findest du? Verwende die einzelnen Buchstaben mehrmals.

i	o	n
e	v	l
r	t	a

_____ _____ _____ _____

_____ _____ _____ _____

_____ _____ _____ _____

❺ v klingt wie w

Das v wird bei einigen Fremdwörtern wie w gesprochen. Welche der oben angeführten Wörter gehören dazu? Finde mit Hilfe deines Wörterbuches noch weitere drei bis fünf Wörter.

_____

_____

❻ Bitte gut merken:

Setze ein: Er hat _____ Geld.

Ich wünsche dir _____ Glück.

Er stolperte und _____ auf den Boden.

Ihm _____ nichts mehr ein.

viel = Eigenschaftswort | viel | ≠ | fiel | **fiel** = Verb (1. Vergangenheit von fallen)

Bei **v**-Wörtern höre ich **f** oder **w**, muss aber **v** schreiben. V-Wörter sind deshalb Merkwörter. Fast immer wenn **Fer/fer** oder **For/for** zu hören ist, wird **Ver/ver** oder **Vor/vor** geschrieben.

| RS | Name: _____ | Datum: _____ |

Wörter mit V

❶ Wörterversteck

N	I	M	A	T	I	V	V
V	A	G	E	Ö	V	L	V
L	V	O	R	N	I	E	I
E	S	A	V	L	E	G	T
O	E	D	I	V	H	O	A
I	V	E	N	E	G	V	L
V	E	I	L	C	H	E	N

vage _____ Vieh _____

Vase _____ vital _____

Veilchen _____ Vitamin _____

Vene _____ Vogel _____

Video _____ vorn _____

Lösungswort: | v | ö | l | l | i | g |

❷ Wörter gesucht

① | v | e | r | g | e | s | s | e | n |
② | V | o | r | f | a | h | r | t |
③ | v | e | r | l | i | e | r | e | n |
④ | v | e | r | l | e | t | z | e | n |

① Gegenteil von behalten

② Im Verkehr: Wer von rechts kommt, hat ...

③ Gegenteil von finden

④ Sich bei einem Sturz ...

Lösungswort: | v | o | l | l |

❸ f oder v?

Ob f oder v geschrieben wird, kann man nicht hören.

Du kannst aber taktisch vorgehen: Es gibt sehr viele Wörter mit den Vorsilben **ver-** und **vor-**.

Schaue in deiner Wörterliste oder in deinem Wörterbuch bei V nach und schätze:

◯ so viele Wörter mit **Ver-/ver-**.

◯ so viele Wörter mit **Vor-/vor-**.

◯ so viele Wörter mit **V/v**.

Trage wichtige V- Wörter noch in die Tabelle ein.

Wörter mit **Ver/ver**		Wörter mit **Vor/vor**	Übrige Wörter mit **V/v**	
verbieten	Verkehr	vor	Vase	Vogel
verbrauchen	verletzen	Vorfahrt	Vater	Volk
verbrennen	verlieren	Vorsicht	viel	voll
Verein	verpacken	Vorteil	vielleicht	vom
vergessen	verschmutzen		vier	von

Es gibt nur wenige Wörter, die mit **Fer/fer** und **For/for** geschrieben werden.

Wörter mit Fer/fer **Ferien, fern, Fernseher, Ferse, fertig** _____

Wörter mit For/for **fordern, Form, forschen, fort, Fortsetzung** _____

❹ Wörterking

Wie viele Wörter mit v findest du? Verwende die einzelnen Buchstaben mehrmals.

i	o	n
e	v	l
r	t	a

von _____ vier _____ vorn _____ Villa _____ vital _____

vor _____ voll _____ Ventil _____ Violine _____ Vitrine _____

viel _____ voran _____ Vene _____ Nerv _____

❺ v klingt wie w

Das v wird bei einigen Fremdwörtern wie w gesprochen. Welche der oben angeführten Wörter gehören dazu? Finde mit Hilfe deines Wörterbuches noch weitere drei bis fünf Wörter.

vage, Vase, Vene, Video, vital, Vitamin, Ventil, Villa, Violine, Viola, Vitrine

_____

❻ Bitte gut merken:

Setze ein: Er hat _____**viel**_____ Geld.

Ich wünsche dir _____**viel**_____ Glück.

Er stolperte und _____**fiel**_____ auf den Boden.

Ihm _____**fiel**_____ nichts mehr ein.

viel = Eigenschaftswort

| viel | ≠ | fiel |

fiel = Verb (1. Vergangenheit von fallen)

Bei **v-**Wörtern höre ich **f** oder **w**, muss aber **v** schreiben. **V**-Wörter sind deshalb Merkwörter.
Fast immer wenn **Fer/fer** oder **For/for** zu hören ist, wird **Ver/ver** oder **Vor/vor** geschrieben.

Das _olk der Vögel

_ögel gibt es in _ielen _erschiedenen _ormen, _arben und Größen. Ihnen allen sind jedoch die _edern, die _lügel und der Schnabel gemeinsam. Die meisten Vögel können gut _liegen. Die _orderen Brustmuskel zum Schlagen der Flügel sind groß und krä_tig. Vogelknochen sind meist hohl und dadurch außerordentlich leicht. Aus diesem Grund haben Vögel ein geringes Gewicht, was sich _orteilhaft auf das Fliegen auswirkt. Viele Vögel legen auf ihrem jährlichen Zug Tausende von Kilometern zurück. Andere - wie etwa der Strauß und die Pinguine - sind _lugunfähig. Der Strauß ist mit seinen nahezu 150 Kilogramm Gewicht der größte Vogel. Der kleinste, ein Kolibri, wiegt gerade nur zwei Gramm.

Vögel legen Eier und brüten diese mit ihrer Körperwärme aus. Wenn die Jungen ausschlüpfen, sind sie noch _öllig hilflos. Die Eltern _erbringen die meiste Zeit damit, die Kleinen mit _utter zu _ersorgen. Wenn die Jungvögel groß genug sind und fliegen können, _erlassen sie das Nest.

(158)

Vv
(Wörter mit Vv)

_____

_____

_____

| ver- | ☐ | **+** | vor- | ☐ |

(Wörter mit der Vorsilbe „ver-" und „vor-")

_____

_____

_____

❶ Was trifft zu? Setze Ff oder Vv ein.

__arbe - __ase - __lügel - __liegen

__antastisch - __ast - __olk - __öllig

__utter - __angen - __ierzig - __eder

__ielleicht - __okal - __erb - __itamin

❷ Setze jeweils richtig ein. Schreibe die Wörter zuerst auf deinen Block und ordne sie dann alphabetisch.

| for | ≠ | vor | | fer | ≠ | ver |

__orderung - __ordergrund - __orne	__erien - __erirren - __erkehr - __erkel
__orm - __ormel - __ormerken - __orschen	__ersehen - __ernsehen - __ertig
__orschrift - __ortfahren - __orfahren	__ertilgen - an__ertigen - an__ertrauen

_____   _____

_____   _____

_____   _____

_____   _____

❸ **Brückenwörter (BW)**

			BW = Bestimmungsw.	BW = Grundwort
fern	_____	Unfall	_____	_____
Natur	_____	Vertretung	_____	_____
Verhängnis	_____	Versammlung	_____	_____
Spaß	_____	Perspektive	_____	_____

Das Volk der Vögel

Vögel gibt es in **v**ielen **v**erschiedenen **F**ormen, **F**arben und Größen. Ihnen allen sind jedoch die **F**edern, die **F**lügel und der Schnabel gemeinsam. Die meisten Vögel können gut **f**liegen. Die **v**orderen Brustmuskel zum Schlagen der Flügel sind groß und krä**f**tig. Vogelknochen sind meist hohl und dadurch außerordentlich leicht. Aus diesem Grund haben Vögel ein geringes Gewicht, was sich **v**orteilhaft auf das Fliegen auswirkt. Viele Vögel legen auf ihrem jährlichen Zug Tausende von Kilometern zurück. Andere - wie etwa der Strauß und die Pinguine - sind **f**lugunfähig. Der Strauß ist mit seinen nahezu 150 Kilogramm Gewicht der größte Vogel. Der kleinste, ein Kolibri, wiegt gerade nur zwei Gramm.

Vögel legen Eier und brüten diese mit ihrer Körperwärme aus. Wenn die Jungen ausschlüpfen, sind sie noch **v**öllig hilflos. Die Eltern **v**erbringen die meiste Zeit damit, die Kleinen mit **F**utter zu **v**ersorgen. Wenn die Jungvögel groß genug sind und fliegen können, **v**erlassen sie das Nest.

(158)

Vv
(Wörter mit Vv)

Volk, Vögel (Vogel), viel, vordere, **völlig**

| ver- | + | vor- |

(Wörter mit der Vorsilbe „ver-" und „vor-")

verschieden, verbringen, versorgen, **verlassen, vorteilhaft**

❶ Was trifft zu? Setze Ff oder Vv ein.

F_arbe - **V**_ase - **F**_lügel - **f**_liegen

f_antastisch - **f**_ast - **V**_olk - **v**_öllig

F_utter - **f**_angen - **v**_ierzig - **F**_eder

v_ielleicht - **V**_okal - **V**_erb - **V**_itamin

❷ Setze jeweils richtig ein. Schreibe die Wörter zuerst auf deinen Block und ordne sie dann alphabetisch.

| for | ≠ | vor | | fer | ≠ | ver |

F_orderung - **V**_ordergrund - **v**_orne	**F**_erien - **v**_erirren - **V**_erkehr - **F**_erkel
F_orm - **F**_ormel - **v**_ormerken - **f**_orschen	**V**_ersehen - **f**_ernsehen - **f**_ertig
V_orschrift - **f**_ortfahren - **v**_orfahren	**v**_ertilgen - an **f**_ertigen - an **v**_ertrauen

Forderung	**Vordergrund**	**anfertigen**	**anvertrauen**
Form	**vorfahren**	**Ferien**	**verirren**
Formel	**vormerken**	**Ferkel**	**Verkehr**
forschen	**vorne**	**fernsehen**	**Versehen**
fortfahren	**Vorschrift**	**fertig**	**vertilgen**

❸ **Brückenwörter (BW)**

			BW = Bestimmungsw.	BW = Grundwort
fern	**Verkehr**	Unfall	**Verkehrsunfall**	**Fernverkehr**
Natur	**Volk**	Vertretung	**Vogelperspektive**	**Spaßvogel**
Verhängnis	**voll**	Versammlung	**Volksvertretung**	**Naturvolk**
Spaß	**Vogel**	Perspektive	**Vollversammlung**	**verhängnisvoll**

RS | Name: _____ | Datum: _____

Wörter mit x und chs

❶ Wörter gesucht

Man kann Geld ... und das Hemd ...

Mietauto

Einstellige Zahl

Märchengestalt, böses altes Weib

Waldtier, ein schlauer ...

Schriftstück, Folge von Sätzen

Mit Fäusten kämpfen

Lösungswort:

Wörter mit x

_____
_____
_____
_____

Wörter mit chs

_____
_____
_____
_____

❷ Wörterdetektiv

Beachte die gepunkteten Kästchen erst, wenn du die anderen bereits ausgefüllt hast. Findest du nun jeweils auch noch drei neue Wörter mit Hilfe der gepunkteten Kästchen?

Wörter mit x

Wörter mit chs

❸ Verhexte Wörter

|||| _____ ||||| _____

||| _____ |||||| _____

|||| _____ |||||| _____

❹ Wort im Wort

wechseln _____ _____

wachsen _____ _____ _____

❺ Silbenbaukasten

Suche möglichst viele Wörter und trage sie in die Tabelle ein. Kannst du alle Silben verwenden? Wie viele Wörter findest du? Streiche die Silben immer durch.

auf	bo	Er	He	Mi	ne
se	Sech	seln	seln	sen	sen
ser	Ta	ver	wach	wach	wach
Wech	wech	xe	xen	xer	xi

Nomen	Verben

❻ Zusammengesetzte Wörter

Taxi ·Ⓢ· Geld

Ⓛ

werben Ⓡ Taxe

Ⓔ

Wechsel Ⓧ Ⓘ Fahrer

Ⓤ

Ⓚ

Wachs ·Ⓞ· Text

Ⓗ

Ⓝ

Kur ·Ⓢ· Figur

_____
_____
_____
_____

Findest du auch diese beiden zusammengesetzten Wörter?

| Hand | boxen | Schuhe |

_____

| Getränk | mixen | Milch |

Lösungswort:

| RS | Name: _____ | Datum: _____ |

Wörter mit x und chs

❶ Wörter gesucht

Man kann Geld ... und das Hemd ...

Mietauto

Einstellige Zahl

Märchengestalt, böses altes Weib

Waldtier, ein schlauer ...

Schriftstück, Folge von Sätzen

Mit Fäusten kämpfen

		W	E	C	H	S	E	L	N
	T	A	X	I				
S	E	C	H	S				
	H	E	X	E				
F	U	C	H	S				
	T	E	X	T				
B	O	X	E	N				

Lösungswort:

W	A	C	H	S	E	N

Wörter mit x	Wörter mit chs
boxen	Fuchs
Hexe	sechs
Taxi	wachsen
Text	wechseln

❷ Wörterdetektiv

Beachte die gepunkteten Kästchen erst, wenn du die anderen bereits ausgefüllt hast. Findest du nun jeweils auch noch drei neue Wörter mit Hilfe der gepunkteten Kästchen?

	H		
H	E	B	
E	X	O	T
T	E	X	T
T	A	X	E
M	I	X	E	N
	I		

Wörter mit x

Wörter mit chs

	F				
L	U	C	H	S	
W	A	C	H	S	E	N
W	E	C	H	S	E	L	N
H	S	A	C	H	S	E
S			H		
			S		

❸ Verhexte Wörter

‖‖	Hexe/Taxi	‖‖‖ sechs
‖‖	Text	‖‖‖‖ wachsen
‖‖	Fuchs	‖‖‖‖‖ wechseln

❹ Wort im Wort

wechseln	Wechsel	Echse	
wachsen	Wachs	Achse	wach

❺ Silbenbaukasten

Suche möglichst viele Wörter und trage sie in die Tabelle ein. Kannst du alle Silben verwenden? Wie viele Wörter findest du? Streiche die Silben immer durch.

auf	bo	Er	He	Mi	ne
se	Sech	seln	seln	sen	sen
ser	Ta	ver	wach	wach	wach
Wech	wech	xe	xen	xer	xi

Nomen	Verben
Hexe	boxen
Mixer	wachsen
Taxi	wechseln
Sechser	aufwachsen
Erwachsene	verwechseln

❻ Zusammengesetzte Wörter

Taxi	Ⓢ	Geld
werben	Ⓛ Ⓡ	Taxe
Wechsel	Ⓔ Ⓧ	Fahrer
Wachs	Ⓤ Ⓚ Ⓞ Ⓗ	Text
Kur	Ⓝ Ⓢ	Figur

Taxifahrer

Werbetext

Wechselgeld

Wachsfigur

Kurtaxe

Findest du auch diese beiden zusammengesetzten Wörter?

| Hand | boxen | Schuhe |

Boxhandschuhe

| Getränk | mixen | Milch |

Milchmixgetränk

Lösungswort:

L	E	X	I	K	O	N

Ein Texaner in München

Ein Ta_ifahrer zeigte einem angeberischen Te_aner die Sehenswürdigkeiten Münchens. „Was ist denn das lin__ für ein Gebäude?", fragte unterwe__ der Texaner. „Das ist das Hilton Hotel", erklärte der Taxifahrer. „Solche oder noch viel höhere Gebäude wa___en bei uns in nur zwei Wochen in den Himmel", prahlte der Texaner. „Ihr braucht dazu wohl Jahre."

Nach ungefähr zehn Minuten die nä___te Frage: „Und was ist das für ein Gebäude?" „Das ist das BMW-Hochhaus", sagte der Taxifahrer und knabberte an seinem Ke__. „Ach ja, zum Verwe___eln ähnlich, so etwas ist für uns ein Kla___, das bauen wir in hö___tens einem Monat."

Ein paar Minuten später fuhren sie nachmitta__ am Olympiagelände vorbei. „Was ist das für ein hoher Turm?" „Oh, tut mir Leid, das weiß ich wirklich nicht", antwortete der Taxifahrer. „Verfli_t, das ist ja wie verhe_t, der Turm war heute Morgen noch nicht da."

(144)

x, chs, cks, ks, gs
(Wörter mit x-Laut/ks-Laut)

x _____

_____

chs _____

_____

cks _____

ks _____

gs _____

√ h
(Wörter mit Dehnungs-h)

_____

_____

_____

_____

_____

❶ **Wörter gesucht!** Wenn du alle Wörter gefunden hast, dann bist du ein [＿＿＿＿＿] .

Zwei verwandte Wörter dazu:
Wörterlexikon, _____

Nachschlagebuch

Prunksucht, Verschwendung

„Arbeitszimmer" des Arztes

Größer werden

Gerät zum Mischen

Zusätzlich, eigens, ...für dich

Tausch, Austausch

_____

_____

_____

_____

❷ **Fülle die Tabelle aus!**

Grundform	1. Steigerung	Höchststufe	Nomen	Verb	Adverb mit chs
hoch	_____	_____	_____	_____	_____
nah(e)	_____	_____	_____	_____	_____

❸ **Wortbaumeister**

wachs   wechsel

| ab |
| an |
| auf |
| aus |
| ein |
| ge |
| ver |

| wachs |
| wechsel |

| en |
| n |
| t |
| tum |
| ung |
| haft |

_____ _____

_____ _____

_____ _____

_____ _____

_____ _____

_____ _____

Ein Texaner in München

Ein Taxifahrer zeigte einem angeberischen Texaner die Sehenswürdigkeiten Münchens. „Was ist denn das links für ein Gebäude?", fragte unterwegs der Texaner. „Das ist das Hilton Hotel", erklärte der Taxifahrer. „Solche oder noch viel höhere Gebäude wachsen bei uns in nur zwei Wochen in den Himmel", prahlte der Texaner. „Ihr braucht dazu wohl Jahre."

Nach ungefähr zehn Minuten die nächste Frage: „Und was ist das für ein Gebäude?" „Das ist das BMW-Hochhaus", sagte der Taxifahrer und knabberte an seinem Keks. „Ach ja, zum Verwechseln ähnlich, so etwas ist für uns ein Klacks, das bauen wir in höchstens einem Monat."

Ein paar Minuten später fuhren sie nachmittags am Olympiagelände vorbei. „Was ist das für ein hoher Turm?" „Oh, tut mir Leid, das weiß ich wirklich nicht", antwortete der Taxifahrer. „Verflixt, das ist ja wie verhext, der Turm war heute Morgen noch nicht da."

(144)

x, chs, cks, ks, gs
(Wörter mit x-Laut / ks-Laut)

x	**Texaner, Taxifahrer, verflixt, verhext**
chs	**wachsen, nächste, verwechseln, höchstens, höchste**
cks	**Klacks**
ks	**links, Keks**
gs	**unterwegs, nachmittags**

V̱ h
(Wörter mit Dehnungs-h)

Taxifahrer, prahlen, ähnlich, fuhren (fahren), ihr, wohl, Jahre, ungefähr, zehn

❶ **Wörter gesucht!** Wenn du alle Wörter gefunden hast, dann bist du ein [**EXPERTE**].

Hinweis	Lösung	Zwei verwandte Wörter dazu:
Nachschlagebuch	L E X I K O N	Wörterlexikon, **Tierlexikon**
Prunksucht, Verschwendung	L U X U S	**Luxuswagen, Luxuswohnung**
„Arbeitszimmer" des Arztes	P R A X I S	**Arztpraxis, praxisnah**
Größer werden	W A C H S E N	**Wachstum, Erwachsene**
Gerät zum Mischen	M I X E R	**mixen, Mixgetränke**
Zusätzlich, eigens, ...für dich	E X T R A	**Extrawurst, Extrablatt**
Tausch, Austausch	W E C H S E L	**wechseln, wechselhaft**

❷ **Fülle die Tabelle aus!**

Grundform	1. Steigerung	Höchststufe	Nomen	Verb	Adverb mit chs
hoch	**höher**	**am höchsten**	**Höhe**	**erhöhen**	**höchstens**
nah(e)	**näher**	**am nächsten**	**Nähe**	**nahen/nähern**	**zunächst**

❸ **Wortbaumeister**

ab			wachs
an		en	
auf	wachs	n	
aus		t	
ein	wechsel	tum	
ge		ung	
ver		haft	

wachs

Wachs	**gewachsen**
wachsen	**Wachstum**
anwachsen	**verwachsen**
aufwachsen	**Verwachsung**
einwachsen	**aufgewachsen**
eingewachst	

wechsel

Wechsel	**Verwechs(e)lung**
wechseln	**Abwechslung**
abwechseln	**Einwechs(e)lung**
einwechseln	**wechselhaft**
verwechseln	**verwechselt**
gewechselt	

Das verflixte „x"

Gesprochen wird es wie „ks", geschrieben werden kann es aber mit „x", „chs", „ks", „cks" und „gs".
Dazu gleich fünf Beispiele: boxen (x), wachsen (chs), links (ks), Tricks (cks), Angst (gs).

❶ Minirätsel

Mietauto

Märchengestalt

Furcht

❸ Zusammengesetzte Wörter

Krieg	tags	_____
Werk	Musik	_____
Volk	Beil	_____

❹ Tabelle

„x"
_____
_____
_____
_____
_____
_____

❷ Bilderrätsel

Lösungswort:

6

Trage alle Wörter der Rätsel in die Tabelle ein.

„chs"	„ks"	„cks"	„gs"

Wörter mit „ä"

Es gibt zwei Arten von „ä" - Wörtern:

❶ Ein „ä" - Wort kann von einem **a** - Wort **abgeleitet** werden, z. B. Ableitung „Hände" von „Hand",
„länger" von „lang", „stämmig" von „Stamm". Das „ä" - Wort ist also mit dem „a" - Wort verwandt.

❷ Ein „ä" - Wort kann **nicht** von einem „a" - Wort abgeleitet werden, z. B. „Bär". Zu diesen
Wörtern gibt es kein verwandtes „a" - Wort. (Oder meinst du, dass Bär von Bar kommt?)

ä ohne a

Trage die Wörter vom Kästchen entsprechend in die Tabelle ein.

kräftig
Länder
spät
Päckchen
März
Käfer
Träne
Stängel
Käfig
gefährlich

„ä" - Wort	kommt von	„a" - Wort	Ableitung nicht möglich
_____	kommt von	_____	_____
_____	kommt von	_____	_____
_____	kommt von	_____	_____
_____	kommt von	_____	_____
_____	kommt von	_____	_____

Es gibt einige „ä" - Wörter, von denen das „a" - Wort schwierig zu finden ist. Findest du jeweils im Kästchen das zugehörige Stammwort? Bei einem Wort musst du besonders aufpassen. Warum?

anders	arg
Alarm	schaffen

ärgern ⇨ _____   ändern ⇨ _____

Lärm ⇨ _____   Geschäft ⇨ _____

⚠ Beachte: „Geschäft" schreibt man nur mit `f`, „schaffen" jedoch mit `ff`.

Das verflixte „x"

Gesprochen wird es wie „ks", geschrieben werden kann es aber mit „x", „chs", „ks", „cks" und „gs".
Dazu gleich fünf Beispiele: boxen (x), wachsen (chs), links (ks), Tricks (cks), Angst (gs).

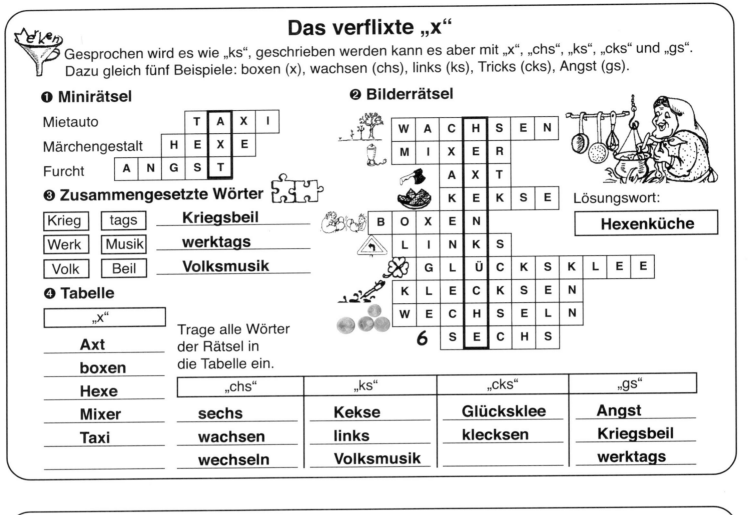

❶ **Minirätsel**

Mietauto — T A X I
Märchengestalt — H E X E
Furcht — A N G S T

❸ **Zusammengesetzte Wörter**

Krieg | tags — **Kriegsbeil**
Werk | Musik — **werktags**
Volk | Beil — **Volksmusik**

❹ **Tabelle**

Trage alle Wörter der Rätsel in die Tabelle ein.

„x"	„chs"	„ks"	„cks"	„gs"
Axt	sechs	Kekse	Glücksklee	Angst
boxen	wachsen	links	klecksen	Kriegsbeil
Hexe	wechseln	Volksmusik		werktags
Mixer				
Taxi				

❷ **Bilderrätsel**

W A C H S E N
M I X E R
A X T
K E K S E
B O X E N
L I N K S
G L Ü C K S K L E E
K L E C K S E N
W E C H S E L N
6 S E C H S

Lösungswort: **Hexenküche**

Wörter mit „ä"

Es gibt zwei Arten von „ä" - Wörtern:

❶ Ein „ä" - Wort kann von einem „a" - Wort **abgeleitet** werden, z. B. Ableitung „Hände" von „Hand", „länger" von „lang", „stämmig" von „Stamm". Das „ä" - Wort ist also mit dem „a" - Wort verwandt.

❷ Ein „ä" - Wort kann **nicht** von einem „a" - Wort abgeleitet werden, z. B. „Bär". Zu diesen Wörtern gibt es kein verwandtes „a" - Wort. (Oder meinst du, dass Bär von Bar kommt?)

kräftig, Länder, spät, Päckchen, März, Käfer, Träne, Stängel, Käfig, gefährlich

Trage die Wörter vom Kästchen entsprechend in die Tabelle ein.

„ä" - Wort	kommt von	„a" - Wort	Ableitung nicht möglich
kräftig	kommt von	Kraft	spät
Länder	kommt von	Land	März
Päckchen	kommt von	packen	Träne
Stängel	kommt von	Stange	Käfer
gefährlich	kommt von	Gefahr	Käfig

ä ohne a

Es gibt einige „ä" - Wörter, von denen das „a" - Wort schwierig zu finden ist. Findest du jeweils im Kästchen das zugehörige Stammwort? Bei einem Wort musst du besonders aufpassen. Warum?

anders, arg, Alarm, schaffen

ärgern ⇨ **arg** — ändern ⇨ **anders**
Lärm ⇨ **Alarm** — Geschäft ⇨ **schaffen**

⚠ Beachte: „Geschäft" schreibt man nur mit f, „schaffen" jedoch mit ff.

Wörter mit „ai" und „ay"

Wörterversteck

R	E	S	I	A	K
B	A	Y	E	R	N
E	T	I	A	S	I
M	A	I	S	I	A
				A	M
				H	

_____
_____
_____
_____
_____

Wörter gesucht

Monatsname

Großer Raubfisch

Teil einer Gitarre oder Violine

Oberster Herrscher

Minirätsel zu Deutschland

Hauptstadt (von Rheinland Pfalz), die am Rhein liegt

Südliches Bundesland mit der Hauptstadt München

Fluss, der bei Mainz in den Rhein mündet

Insel im Bodensee

Kannst du mit acht Wörtern zwei ai-Treppenrätsel ausfüllen?

Zusammengesetzte Wörter

Kaiser ·	· Käfer	_____
Mai ·	· Kolben	
Gitarre ·	· Krone	
Mais ·	· Saite	

Mai ·	· Fisch ·	· Scheibe	_____
Hai ·	· Baum ·	· Flosse	
Mais ·	· rund ·	· Kranz	
Bayern ·	· Brot ·	· Fahrt	

Kannst du einsetzen?

Adjektiv zu Bayern _____

Adjektiv zu Kaiser _____

Beckenbauer vom Fußballclub _____

München wird auch der _____ genannt.

Test — Wörter mit „v" „x", „chs" oder „ai" — über 30 Punkte

Wörter gesucht

Gefäß für Blumen

Getreidepflanze mit Kolben

Annahme, Vermutung

Geld oder das Hemd...

Kampfsportler

Wort in Wort

Kaiser _____ boxen _____

wachsen _____ _____

wechseln _____ _____

Vorurteil _____ _____ _____

vervielfachen _____ _____ _____

Silbenrätsel. Findest du zu allen Silben die Wörter?

bo	hang	He	kal	kehr	lust
Mi	nächst	Sech	seln	sen	ser
Ta	Ver	Ver	Vo	Vor	wach
wech	xe	xen	xer	xi	zu

Wörter mit „x"	Wörter mit „chs"	Wörter mit „v"
_____	_____	_____
_____	_____	_____
_____	_____	_____

Verwende alle Buchstaben im Kästchen und finde mit ihnen ein Wort, das ein „x", „chs" oder „ai" hat. Streiche die bereits gebrauchten Buchstaben durch.

A a b
e e e e
i (x) m
n n o r
T t t t

_____
_____
_____
_____

a e ö
e e e ö
F n (chs) h
l
n n s s
t u w w

_____
_____
_____
_____

b e
e e M
e
K (ai) W
L S t
r s s

_____
_____
_____
_____

Wörter mit „ai" und „ay"

Wörterversteck

R	E	S	I	A	K
B	A	Y	E	R	N
E	T	I	A	S	I
M	A	I	S	I	A
				A	M
				H	

Kaiser

Bayern

Saite

Mai

Hai

Mais

Wörter gesucht

Monatsname

Großer Raubfisch

Teil einer Gitarre oder Violine

Oberster Herrscher

		M	A	I	
	H	A	I		
S	A	I	T	E	
K	A	I	S	E	R

Minirätsel zu Deutschland

Hauptstadt (von Rheinland Pfalz), die am Rhein liegt — M A I N Z

Südliches Bundesland mit der Hauptstadt München — B A Y E R N

Fluss, der bei Mainz in den Rhein mündet — M A I N

Insel im Bodensee — M A I N A U

Kannst du mit acht Wörtern zwei **ai**-Treppenrätsel ausfüllen?

M	A	I	
M	A	I	S
S	A	I	T	E
K	A	I	S	E	R

H	A	I	
M	A	I	N
M	A	I	N	Z
M	A	I	N	A	U

Zusammengesetzte Wörter

Kaiser	Käfer	**Kaiserkrone**
Mai	Kolben	**Maikäfer**
Gitarre	Krone	**Gitarrensaite**
Mais	Saite	**Maiskolben**

Mai	Fisch	Scheibe	**Maibaumkranz**
Hai	Baum	Flosse	**Haifischflosse**
Mais	rund	Kranz	**Maisbrotscheibe**
Bayern	Brot	Fahrt	**Bayernrundfahrt**

Kannst du einsetzen?

Adjektiv zu Bayern **bayerisch**

Adjektiv zu Kaiser **kaiserlich**

Beckenbauer vom Fußballclub **F.C. Bayern** München wird auch der **Kaiser** genannt.

Test) **Wörter mit „v" „x", „chs" oder „ai"** (**über 30 Punkte**

Wörter gesucht

Gefäß für Blumen — V A S E

Getreidepflanze mit Kolben — M A I S

Annahme, Vermutung — V E R D A C H T

Geld oder das Hemd... — W E C H S E L N

Kampfsportler — B O X E R

Wort in Wort

Kaiser **Kai** boxen **Box**

wachsen **Wachs** **Achse**

wechseln **Wechsel** **Echse**

Vorurteil **vor** **Urteil** **Teil** **Ei**

vervielfachen **viel** **Fach** **vielfach**

Silbenrätsel. Findest du zu allen Silben die Wörter?

bo	hang	He	kal	kehr	lust
Mi	nächst	Sech	seln	sen	ser
Ta	Ver	Ver	Vo	Vor	wach
wech	xe	xen	xer	xi	zu

Wörter mit „x"	Wörter mit „chs"	Wörter mit „v"
Hexe	wachsen	Verkehr
Mixer	wechseln	Verlust
Taxi	Sechser	Vokal
boxen	zunächst	Vorhang

Verwende alle Buchstaben im Kästchen und finde mit ihnen ein Wort, das ein „x", „chs" oder „ai" hat. Streiche die bereits gebrauchten Buchstaben durch.

A a b e e e e i (x) m n n o r T t t t

mixen

Axt

extra

Text

boxen

a e ö e e e ö F (chs) h n l n n s s t u w w

Fuchs

wachsen

wechseln

sechs

höchstens

b e e M e e K (ai) W L S t r s s

Kaiser

Mais

Saite

Laib

Waise

Übersicht über meine Merkwörter

1 — Dehnungs-h, aa, ee, oo

Wörter mit ah/äh	eh	oh/öh	uh/üh	ih

2 — Wörter mit Doppelvokal

aa	ee	oo

3 — ß-Laut

aß/äß	ieß	oß/öß	uß/üß	auß/äuß/euß	eiß

4 — Vv x chs

Wörter mit Vv	Ver/ver	Vor/vor

5

Wörter mit x	chs

6 — ä, ai

Wörter mit ä (ohne verwandtes Wort mit a)

7

Wörter mit ai

Übersicht über meine Merkwörter

1 — Dehnungs-h, aa, ee, oo

Wörter mit ah/äh

ah/äh	eh	oh/öh	uh/üh
ähnlich	Ehre, ehrlich	bohren	Frühling
Bahn	Fehler, fehlen	fröhlich	fühlen
bezahlen	lehren, Lehrer	Höhe	führen
Draht	nehmen	Höhle	kühl
erzählen	mehr	Lohn	rühren
fahren	sehr	ohne	
Gefahr	umkehren	Ohr	**ih**
Jahr	Verkehr	Sohn	ihn, ihnen
Nahrung		wohnen	ihr, ihren
			ihm

2 — Wörter mit Doppelvokal

aa	ee	oo
Haare	Beere	Boot
Paar	Beet	Moor
paar	Kaffee	Moos
Saal	Heer	Zoo
Saat	Klee	
Staat	leer	
Waage	Meer	
	Schnee	
	See, Seele	
	Tee	

3 — ß-Laut

aß/äß	ieß	oß/öß	uß/üß	auß/äuß/euß	eiß
Maß	fließen	bloß	Fuß	Strauß	reißen
Spaß	gießen	groß	Gruß	außen	Schweiß
Straße	schießen	Floß	grüßen	außer	weiß
	schließen		süß	äußern	beißen
				draußen	dreißig
					Fleiß
					heiß
					heißen

4 — Vv

Wörter mit Vv

Vv	Ver/ver	Vor/vor
Vase	verbieten	vor, vordere
Vater	verbrauchen	vorbei
Verein	vergessen	Vorfahrt
Vieh	Verkehr	vorn
viel	verlieren	vorsichtig
vielleicht	Verlust	Vorteil
vier	verraten	
Vogel	verschieden	
Volk	verstecken	
voll	versuchen	
vom	verwandt	
von	verzeihen	

5 — x, chs

Wörter mit x

x	chs
Axt	Fuchs
boxen	sechs
extra	wachsen
Hexe	wechseln
mixen	
Taxi	
Text	

6 — ä, ai

Wörter mit ä (ohne verwandtes Wort mit a)

Bär	Käfig	März	schräg
Gerät	*Mädchen*	prägen	*spät*
Käfer	Märchen	Säge	Träne

7 — Wörter mit ai

Hai	Mai	Waise
Kaiser	Mais	
Laib	Saite	

| RS | Name: _____ | Datum: _____ |

Gleich klingende Kurzwörter

Findest du in den Sätzen jeweils die beiden Kurzwörter, die man nicht miteinander verwechseln darf?
Trage sie nochmals ein.

Hast du denn gerade den Autofahrer übersehen?   denn ≠ den

Im letzten Monat ging es ihm wegen der Hitze nicht gut.   ▢ ≠ ▢

Ich hoffe, dass dir das Geschenk gefällt.   ▢ ≠ ▢

Isst du noch etwas oder ist es schon zu spät?   ▢ ≠ ▢

Ihr werdet wohl die Gans nicht ganz aufessen?   ▢ ≠ ▢

Seit einer Woche seid ihr nun wieder hier.   ▢ ≠ ▢

Wenn man ihn so anschaut, geht es dem Mann schlecht.   ▢ ≠ ▢

Viel zu früh fiel das erste Tor.   ▢ ≠ ▢

Bei diesen Wetter gehe ich heute nicht mehr ins Meer.   ▢ ≠ ▢

Es ist nicht wahr, das ich gestern im Kino war.   ▢ ≠ ▢

Wörterzauberer: Schreibe das neue Wort jeweils darunter.

⊕ 1 Buchstabe		⇄ 1 Buchstabe		⊖ 1 Buchstabe	
das	den	seid	mehr	ihn	fasst
___	___	___	___	___	___
im	wen	ganz	wird	denn	Biss
___	___	___	___	___	___
ist	man	fiel	ihm	wahr	dass
___	___	___	___	___	___

Trage nun die wichtigen Minis nochmals wie das gegebene Beispiel in die Tabelle ein.

?	Kleiner Satz oder Wortgruppe	?	Kleiner Satz oder Wortgruppe
das oder dass	**das** Buch, ____ mir gefällt / Ich hoffe, **dass** du kommst.	mehr oder	
den oder		seid oder	
im oder		viel oder	
ist oder		war oder	
in oder ihn		wen oder	
ganz oder		fast oder	
man oder		wird oder	

Bei gleich klingenden Wörtern muss ich genau auf ihren **Sinn** achten (Wortbedeutung im Zusammenhang).

RS Name: _____ Datum: _____

Gleich klingende Kurzwörter

Findest du in den Sätzen jeweils die beiden Kurzwörter, die man nicht miteinander verwechseln darf? Trage sie nochmals ein.

Hast du **denn** gerade **den** Autofahrer übersehen?

Im letzten Monat ging es **ihm** wegen der Hitze nicht gut.

Ich hoffe, **dass** dir **das** Geschenk gefällt.

Isst du noch etwas oder **ist** es schon zu spät?

Ihr werdet wohl die **Gans** nicht **ganz** aufessen?

Seit einer Woche **seid** ihr nun wieder hier.

Wenn **man** ihn so anschaut, geht es dem **Mann** schlecht.

Viel zu früh **fiel** das erste Tor.

Bei diesen Wetter gehe ich heute nicht **mehr** ins **Meer**.

Es ist nicht **wahr**, das ich gestern im Kino **war**.

denn	≠	den
im	≠	ihm
dass	≠	das
isst	≠	ist
Gans	≠	ganz
seit	≠	seid
man	≠	Mann
viel	≠	fiel
mehr	≠	Meer
wahr	≠	war

Wörterzauberer: Schreibe das neue Wort jeweils darunter.

⊕ 1 Buchstabe

das	den
dass	**denn**
im	wen
ihm	**wenn**
ist	man
isst	**Mann**

⇄ 1 Buchstabe

seid	mehr
seit	**Meer**
ganz	wird
Gans	**Wirt**
fiel	ihm
viel	**ihn** **ihr**

⊖ 1 Buchstabe

ihn	fasst
in	**fast**
denn	Biss
den	**bis**
wahr	dass
war	**das**

Trage nun die wichtigen Minis nochmals wie das gegebene Beispiel in die Tabelle ein.

?	Kleiner Satz oder Wortgruppe
das oder dass	**das** Buch, __**das**__ mir gefällt
	Ich hoffe, **dass** du kommst.
den oder **denn**	Hast du **den** Wagen gesehen?
	Wo ist er **denn**?
im oder **ihm**	**im** Wörterlexikon nachschlagen
	Dieses Lexikon gehört **ihm**.
ist oder **isst**	Es **ist** heute ein schöner Sommertag.
	Klaus **isst** deshalb drei Kugeln Eis.
in oder ihn	**in** der Zeitung lesen
	Ich habe **ihn** gefragt.
ganz oder **Gans**	Das war **ganz** anders.
	Fuchs, du hast die **Gans** gestohlen.
man oder **Mann**	Das kann **man** kaum glauben.
	Toll, was dieser **Mann** alles kann.

?	Kleiner Satz oder Wortgruppe
mehr oder **Meer**	**Mehr** arbeiten und **mehr** verdienen
	im **Meer** baden
seid oder **seit**	**Seid** ihr zufrieden?
	Seit heute, ja!
viel oder **fiel**	Dieses Auto kostet **viel** Geld.
	Ihm **fiel** nichts mehr ein.
war oder **wahr**	Das **war** gestern ein toller Tag.
	Es ist wirklich **wahr**.
wen oder **wenn**	**Wen** suchst du?
	Wenn du fertig bist, gehen wir.
fast oder **fasst**	Die Arbeit ist **fast** (beinahe) fertig.
	Er **fasst** den Entschluss.
wird oder **Wirt**	Heute **wird** es noch regnen.
	Hier kocht der **Wirt** selbst.

Bei gleich klingenden Wörtern muss ich genau auf ihren **Sinn** achten (Wortbedeutung im Zusammenhang).

RS | Name: _____ | Datum: _____

Gleich klingende Wörter

Findest du jeweils die Wörter, die man nicht verwechseln darf? Schreibe sie nochmals auf.

Es ist schon ein großer Unterschied,

im Unterricht zu _____ oder einen Bierkrug zu _____, [ ] ≠ [ ]

auf dem _____ zu fahren oder einen _____ zu folgen, [ ] ≠ [ ]

sich auf einen Stuhl zu _____ oder beim Aufsatz in _____ zu schreiben, [ ] ≠ [ ]

eine Sache zu _____ zu führen oder einer _____ zuzuschauen, [ ] ≠ [ ]

_____ zu helfen oder an der Klingel zu _____ , [ ] ≠ [ ]

in _____ zu rudern oder von _____ Briefe zu erhalten, [ ] ≠ [ ]

in den Urlaub zu _____ oder ein Blatt Papier in Stücke zu _____. [ ] ≠ [ ]

Welche Wörter in den beiden Kästchen darfst du nicht miteinander verwechseln. Trage die Wortpaare nochmals ein.

malen		zäh	
Leib		Lerche	
fällt		Stelle	
Zeh		mahlen	
lasst	≠	Wal	
Lärche		Mal	
Ställe		Laib	
Stiel		Feld	
Wahl		Last	
Mahl		Stil	

[ ] ≠ [ ]   [ ] ≠ [ ]

[ ] ≠ [ ]   [ ] ≠ [ ]

[ ] ≠ [ ]   [ ] ≠ [ ]

[ ] ≠ [ ]   [ ] ≠ [ ]

[ ] ≠ [ ]   [ ] ≠ [ ]

Kannst du die Wortpaare jeweils in einen Satz einsetzen?

Mit der Person, die du _____, _____ du schlechte Erfahrungen gemacht. [ ] ≠ [ ]

_____ in der _____ wohne ich lieber auf dem Land. [ ] ≠ [ ]

Neben dem _____ steht ein _____ Papierkorb. [ ] ≠ [ ]

Ich gebe dir den guten _____, dein _____ hier abzuschließen. [ ] ≠ [ ]

Wenn wir _____, _____ die Beschwerden nicht ab. [ ] ≠ [ ]

Die Glocken _____ und wir gehen mit den _____ in die Kirche. [ ] ≠ [ ]

_____ kommen mit _____ auf die Insel. [ ] ≠ [ ]

An beiden _____ des Teiches stehen Schilder: _____ nicht füttern! [ ] ≠ [ ]

_____ diese _____ in die Mehrzahl! [ ] ≠ [ ]

_____ Erwarten hat die Mannschaft _____ verloren. [ ] ≠ [ ]

Wörterzauberer: Kleine Ursache - große Wirkung

(↩) 1 B. (Wechsle nur einen Buchstaben.)   (−) 1 B. (Streiche nur einen Buchstaben.)

Rad	Stadt	lehren		hasst	Boote	wieder
_____	_____	_____		_____	_____	_____
läute	Ende	setze		fasst	isst	Biss
_____	_____	_____		_____	_____	_____

Damit ich gleich klingende Wörter nicht miteinander verwechsle, achte ich genau auf ihren **Sinn**.
Was bedeutet das Wort im Satzzusammenhang?

RS Name: _____ Datum: _____

Gleich klingende Wörter

Findest du jeweils die Wörter, die man nicht verwechseln darf? Schreibe sie nochmals auf.

Es ist schon ein großer Unterschied,

im Unterricht zu __lehren__ oder einen Bierkrug zu __leeren__ ,

auf dem __Rad__ zu fahren oder einen __Rat__ zu folgen,

sich auf einen Stuhl zu __setzen__ oder beim Aufsatz in __Sätzen__ zu schreiben,

eine Sache zu __Ende__ zu führen oder einer __Ente__ zuzuschauen,

__Leuten__ zu helfen oder an der Klingel zu __läuten__ ,

in __Booten__ zu rudern oder von __Boten__ Briefe zu erhalten,

in den Urlaub zu __reisen__ oder ein Blatt Papier in Stücke zu __reißen__ .

lehren	≠	leeren
Rad	≠	Rat
setzen	≠	Sätzen
Ende	≠	Ente
Leuten	≠	läuten
Booten	≠	Boten
reisen	≠	reißen

Welche Wörter in den beiden Kästchen darfst du nicht miteinander verwechseln. Trage die Wortpaare nochmals ein.

malen		zäh			
Leib		Lerche
fällt		Stelle
Zeh		mahlen
lasst	≠	Wal
Lärche		Mal
Ställe		Laib
Stiel		Feld
Wahl		Last
Mahl		Stil

malen	≠	mahlen	Lärche	≠	Lerche
Laib	≠	Leib	Ställe	≠	Stelle
fällt	≠	Feld	Stiel	≠	Stil
Zeh	≠	zäh	Wahl	≠	Wal
lasst	≠	Last	Mahl	≠	Mal

Kannst du die Wortpaare jeweils in einen Satz einsetzen?

Mit der Person, die du __hasst__ , __hast__ du schlechte Erfahrungen gemacht.

__Statt__ in der __Stadt__ wohne ich lieber auf dem Land.

Neben dem __Lehrer__ steht ein __leerer__ Papierkorb.

Ich gebe dir den guten __Rat__ , dein __Rad__ hier abzuschließen.

Wenn wir __reisen__ , __reißen__ die Beschwerden nicht ab.

Die Glocken __läuten__ und wir gehen mit den __Leuten__ in die Kirche.

__Boten__ kommen mit __Booten__ auf die Insel.

An beiden __Enden__ des Teiches stehen Schilder: __Enten__ nicht füttern!

__Setze__ diese __Sätze__ in die Mehrzahl!

__Wider__ Erwarten hat die Mannschaft __wieder__ verloren.

hasst	≠	hast
statt	≠	Stadt
Lehrer	≠	leerer
Rat	≠	Rad
reisen	≠	reißen
läuten	≠	Leuten
Boten	≠	Booten
Enden	≠	Enten
setze	≠	Sätze
wider	≠	wieder

Wörterzauberer: Kleine Ursache - große Wirkung

⇄ 1 B. (Wechsle nur einen Buchstaben.)   ⊖ 1 B. (Streiche nur einen Buchstaben.)

Rad	Stadt		lehren	hasst	Boote	wieder
__Rat__	__statt__	__Staat__	__leeren__	__hast__	__Bote__	__wider__
läute	Ende		setze	fasst	isst	Biss
__Leute__	__Ente__		__Sätze__	__fast__	__ist__	__bis__

Damit ich gleich klingende Wörter nicht miteinander verwechsle, achte ich genau auf ihren **Sinn**. Was bedeutet das Wort im Satzzusammenhang?

RS | Name: _____ Datum: _____

Fremdwörter

In der deutschen Sprache gibt es auch Wörter, die aus anderen Sprachen übernommen wurden. Diese Wörter, die ihre andersartige (fremde) Schreibweise und Aussprache weitgehend beibehalten haben, werden als Fremdwörter bezeichnet.

Fremdwörter sind internationale Fachwörter, die in vielen Sprachen fast gleich lauten und das Gleiche bedeuten.

Beispiele:
- Wörter mit **ph** (wie f gesprochen) oder **th** entstammen dem *Griechischen*, z. B. Philosophie, Phase, Theater, Mathematik.
- Wörter mit **-age** (wie -asche gesprochen) und **-eur** (-ör) kommen aus dem *Französischen*, z. B. Blamage, Garage, Friseur, Masseur.
- Wörter mit **a** oder **ai** (wie ä gesprochen) oder **c** (wie k gesprochen) wurden aus dem *Englischen* übernommen, z. B. Fan, fair, Computer.

Auch Fremdwörter kann man je nach Art ihrer rechtschriftlichen Besonderheit in **drei Gruppen** einteilen.

① **Mitsprechwörter:** Bei silbenweisem Mitsprechen ist jeder Laut hörbar.

Inserat, _____

② **Denkwörter/Nachdenkwörter:** z. B. Wörter mit **doppeltem Mitlaut** oder **ie**

Garantie, _____

③ **Merkwörter:** z. B. Wörter mit **C/c**, **Ch/ch**, **V/v**, **Ph/ph**, **Th/th** oder **y**

Alphabet, _____

Ordne die folgenden Fremdwörter einer der drei Gruppen zu und trage sie oben ein.

> Interesse, Handy, Konsum, probieren, Chaos, Thema, Motor, Physik, Propaganda, Problem, aktuell, Mentalität, Atom, Automat, Biologie, Religion, Recycling, Turnier

Kannst du schon einige Fremdwörter?

Lösungswort: [_____]

Fernsprechanlage
Unbefangen
Beurteilung, Benotung
Eintönig
Wirklich
Abrichtung von Tieren
Auskunft
Fußball-Lehrer, Betreuer
Streitgespräch
Fachmann für Maschinen
Völlig durcheinander

Findest du dazu ein weiteres Fremdwort (Nomen, Verb oder Adjektiv)? Was fällt dir bei den gefundenen Verben auf?

telefonieren
_____
_____
_____
_____
_____
_____
_____
_____
_____

RS Name: _____ Datum: _____

Fremdwörter

In der deutschen Sprache gibt es auch Wörter, die aus anderen Sprachen übernommen wurden. Diese Wörter, die ihre **andersartige (fremde) Schreibweise und Aussprache weitgehend beibehalten** haben, werden als Fremdwörter bezeichnet.

Fremdwörter sind internationale Fachwörter, die in vielen Sprachen fast gleich lauten und das Gleiche bedeuten.

Beispiele:
- Wörter mit **ph** (wie f gesprochen) oder **th** entstammen dem *Griechischen*,
  z. B. Philosophie, Phase, Theater, Mathematik.
- Wörter mit **-age** (wie -asche gesprochen) und **-eur** (-ör) kommen aus dem *Französischen*,
  z. B. Blamage, Garage, Friseur, Masseur.
- Wörter mit **a** oder **ai** (wie ä gesprochen) oder **c** (wie k gesprochen) wurden aus dem *Englischen* übernommen,
  z. B. Fan, fair, Computer.

Auch Fremdwörter kann man je nach Art ihrer rechtschriftlichen Besonderheit in **drei Gruppen** einteilen.

① **Mitsprechwörter:** Bei silbenweisem Mitsprechen ist jeder Laut hörbar.

   Inserat, **Konsum, Motor, Propaganda, Atom, Automat, Religion, Problem**

② **Denkwörter/Nachdenkwörter:** z. B. Wörter mit **doppeltem Mitlaut** oder **ie**

   Garantie, **Interesse, probieren, aktuell, Biologie, Turnier**

③ **Merkwörter:** z. B. Wörter mit **C/c, Ch/ch, V/v, Ph/ph, Th/th** oder **y**

   Alphabet, **Handy, Chaos, Thema, Physik, Recycling**

Ordne die folgenden Fremdwörter einer der drei Gruppen zu und trage sie oben ein.

> Interesse, Handy, Konsum, probieren, Chaos, Thema, Motor, Physik, Propaganda,
> Problem, aktuell, Mentalität, Atom, Automat, Biologie, Religion, Recycling, Turnier

Kannst du schon einige Fremdwörter?

Lösungswort: **FANTASTISCH**

Findest du dazu ein weiteres Fremdwort (Nomen, Verb oder Adjektiv)? Was fällt dir bei den gefundenen Verben auf?

Fernsprechanlage		T	E	L	E	F	O	N		telefonieren
Unbefangen				N	A	I	V			**die Navitität**
Beurteilung, Benotung			Z	E	N	S	U	R		**zensieren**
Eintönig		M	O	N	O	T	O	N		**die Monotonie**
Wirklich				R	E	A	L			**die Realität, realisieren**
Abrichtung von Tieren		D	R	E	S	S	U	R		**dressieren**
Auskunft	I	N	F	O	R	M	A	T	I	O	N	**informieren**
Fußball-Lehrer, Betreuer		T	R	A	I	N	E	R		**trainieren**
Streitgespräch		D	I	S	K	U	S	S	I	O	N	**diskutieren**
Fachmann für Maschinen			T	E	C	H	N	I	K	E	R	**die Technik, technisch**
Völlig durcheinander				C	H	A	O	T	I	S	C	H	**das Chaos**

RS	Name: _____	Datum: _____	

Aussprache, Schreibweise und Bedeutung von Fremdwörtern

Schreibung mit	gesprochen wie (Herkunftsland)	Beispiel	weitere Wörter
• a	ä (engl.)	happy	_____
• ai	ä (engl.)	Training	_____
• Cc	k (engl.)	Computer	_____
• Ch	k (griech.)	Chaos	_____
• g (vor e/i)	sch (franz.)	Genie	_____
• eu	ö (franz.)	Ingenieur	_____
• ea	i (engl.)	Jeans	_____
• ee	i (engl.)	Teenager	_____
• i	ei (engl.)	Online	_____
• ou	u (franz.)	Souvenir	_____
• sh	sch (engl.)	Shirt	_____
• ti (t vor i)	zi (lat.)	Nation	_____
• v	w (lat./franz.)	Vase, Villa	_____
• y	i (engl.)	Baby	_____

Trage zu den oben in der Tabelle angegebenen Beispielen jeweils ein weiteres aus dem Kästchen unten ein. Suche dann noch nach und nach andere passende Fremdwörter!

> Chaos - Hobby - Team - Milieu - fair - Regie - nervös - Comic - Pipeline - Fan - Spleen - Tour - Show - Patient

Nachfolgend sind Fremdwörter so geschrieben wie sie gesprochen werden (Lautschrift). Schreibe daneben die richtige Schreibweise und die deutsche Bedeutung (siehe Kästchen unten).

Aussprache	Schreibweise	Bedeutung
kaoß	Chaos	Durcheinander, Unordnung
rutine	_____	_____
nazional	_____	_____
primitif	_____	_____
amatör	_____	_____
blamasche	_____	_____
schop	_____	_____
kläwer	_____	_____
paiplain	_____	_____
prestisch	_____	_____
tiem	_____	_____
wiruss	_____	_____
ärbäg	_____	_____
bebi	_____	_____

> ~~Durcheinander~~ - Ansehen - Fertigkeit - vaterländisch - Mannschaft - einfach - Kleinkind - klug - Nichtfachmann - Rohrleitung für Erdöl - Beschämung - Geschäft - Krankheitserreger - Luftkissen im Auto

| RS | Name: _____ | Datum: _____ | |

Aussprache, Schreibweise und Bedeutung von Fremdwörtern

Schreibung mit	gesprochen wie (Herkunftsland)	Beispiel	weitere Wörter
• a	ä (engl.)	happy	**Fan - Clan - Catch - Gag - Band**
• ai	ä (engl.)	Training	**fair - Airbag - Hair - Mailbox**
• Cc	k (engl.)	Computer	**Comic - Clown - Caravan - Container**
• Ch	k (griech.)	Chaos	**Charakter - Chamäleon - Chemie**
• g (vor e/i)	sch (franz.)	Genie	**Regie - Garage - Blamage - Gage**
• eu	ö (franz.)	Ingenieur	**Milieu - Monteur - Kontrolleur**
• ea	i (engl.)	Jeans	**Team - Beat - Beagle - Beach - Deal**
• ee	i (engl.)	Teenager	**Spleen - Teen - Beefsteak - cheerio**
• i	ei (engl.)	Online	**Pipeline - Hotline - Hardliner**
• ou	u (franz.)	Souvenir	**Tour - Louvre - Nougat - Cousine**
• sh	sch (engl.)	Shirt	**Show - Cash - Short - Sheriff - Shop**
• ti (t vor i)	zi (lat.)	Nation	**Patient - Aktion - Ration - Fraktion**
• v	w (lat./franz.)	Vase, Villa	**nervös - Vene - Venus - variieren**
• y	i (engl.)	Baby	**Hobby - Teeny - Penny - Handy**

Trage zu den oben in der Tabelle angegebenen Beispielen jeweils ein weiteres aus dem Kästchen unten ein. Suche dann nach und nach noch andere passende Fremdwörter!

> Charakter - Hobby - Team - Milieu - fair - Regie - nervös - Comic - Pipeline - Fan - Spleen - Tour - Show - Patient

Nachfolgend sind Fremdwörter so geschrieben wie sie gesprochen werden (Lautschrift). Schreibe daneben die richtige Schreibweise und die deutsche Bedeutung (siehe Kästchen unten).

Aussprache	Schreibweise	Bedeutung
kaoß	Chaos	Durcheinander (Unordnung)
rutine	**Routine**	**Fertigkeit (gewohnte Ausführung)**
nazional	**national**	**vaterländisch**
primitif	**primitiv**	**einfach (dürftig)**
amatör	**Amateur**	**Nichtfachmann**
blamasche	**Blamage**	**Beschämung (Schande, Bloßstellung)**
schop	**Shop**	**Geschäft (Laden)**
kläwer	**clever**	**klug (gewitzt)**
paiplain	**Pipeline**	**Rohrleitung für Erdöl**
prestisch	**Prestige**	**Ansehen (Geltung)**
tiem	**Team**	**Mannschaft (Arbeitsgruppe)**
wiruss	**Virus**	**Krankheitserreger**
ärbäg	**Airbag**	**Luftkissen**
bebi	**Baby**	**Kleinkind**

> ~~Durcheinander~~ - Ansehen - Fertigkeit - vaterländisch - Mannschaft - einfach - Kleinkind - klug - Nichtfachmann - Rohrleitung für Erdöl - Beschämung - Geschäft - Krankheitserreger - Luftkissen im Auto

Wörter mit Ch/ch und C/c

❶ Wörter gesucht

Ungefähr

Durcheinander

Leben im Zelt

Mut

Normgroßbehälter

Aufzeichnung

Gläubiger Mensch

Salbe

Auto mit offenem Verdeck

❷ Findest du auch diese Wörter? Schreibe die deutsche Bedeutung daneben!

u C c h o   _____ _____

p u C   _____ _____

o i u s n C   _____ _____

m r C h o   _____ _____

| Neffe - Sofa - Pokal - glänzendes Metall |

❸ Zusammengesetzte Wörter □□

Camping • Container _____
Müll • Clown _____
Charakter • Platz _____
Zirkus • Club _____
Tennis • Zug

(r, R, n, e, s, c, l, y, c)

Christ • Programm
Kirche • Baum
Computer • Heft
Comic • Chor

(l, n, i, r, n, g, l)

Lösungswort: □□□□□□□□□□□

Wörter mit Y/y

❶ Wörter gesucht

Buchstabe des Alphabets

Weiterführende Schule

Weltwunder in Ägypten

Turnübungen

Wiederverwertung von Müll

Lösungswort: □□□□□□

❷ Knackst du die Nüsse?

a Y g o

e P d y m a i r

y m S e s t

m S b o l y

m a u i y n G s m

e n i y l c g R c

_____ _____ _____

❸ Wörter mit Y gibt es nur wenige. Du musst sie dir merken. Ordne alle y-Wörter, die du bereits kennst, in die Tabelle unten ein.

Y am Wortanfang	y im Wort		y am Wortende
_____	_____	_____	_____
_____	_____	_____	_____
_____	_____	_____	_____

Wörter mit Ch/ch und C/c

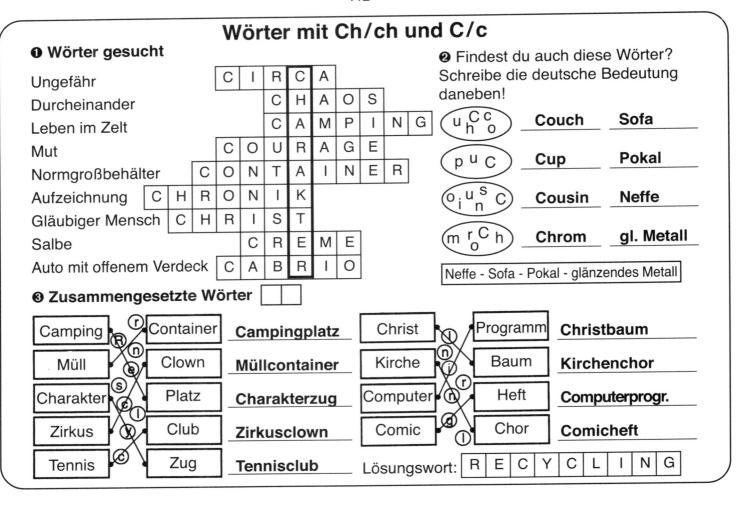

❶ Wörter gesucht

Ungefähr — C I R C A
Durcheinander — C H A O S
Leben im Zelt — C A M P I N G
Mut — C O U R A G E
Normgroßbehälter — C O N T A I N E R
Aufzeichnung — C H R O N I K
Gläubiger Mensch — C H R I S T
Salbe — C R E M E
Auto mit offenem Verdeck — C A B R I O

❷ Findest du auch diese Wörter? Schreibe die deutsche Bedeutung daneben!

u C c h o — **Couch** — **Sofa**

p u C — **Cup** — **Pokal**

o i u s n C — **Cousin** — **Neffe**

m r C h o — **Chrom** — **gl. Metall**

Neffe - Sofa - Pokal - glänzendes Metall

❸ Zusammengesetzte Wörter

Camping	Container	**Campingplatz**	Christ	Programm	**Christbaum**
Müll	Clown	**Müllcontainer**	Kirche	Baum	**Kirchenchor**
Charakter	Platz	**Charakterzug**	Computer	Heft	**Computerprogr.**
Zirkus	Club	**Zirkusclown**	Comic	Chor	**Comicheft**
Tennis	Zug	**Tennisclub**			

Lösungswort: R E C Y C L I N G

Wörter mit Y/y

❶ Wörter gesucht

Buchstabe des Alphabets — Y P S I L O N
Weiterführende Schule — G Y M N A S I U M
Weltwunder in Ägypten — P Y R A M I D E
Turnübungen — G Y M N A S T I K
Wiederverwertung von Müll — R E C Y C L I N G

Lösungswort:

P A R T Y

❷ Knackst du die Nüsse?

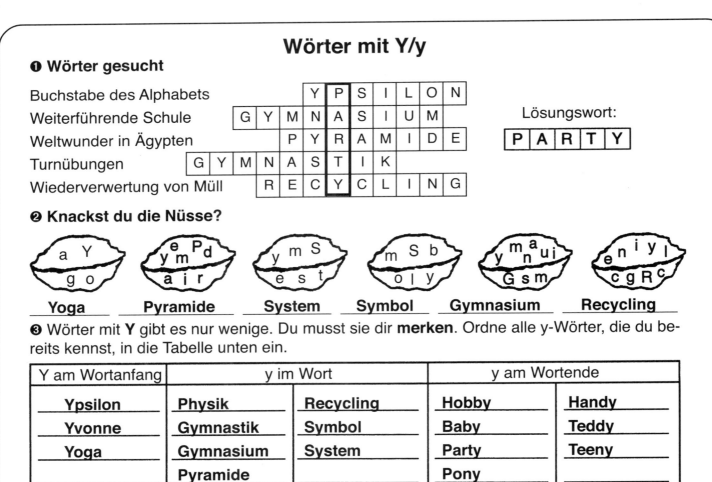

Yoga   **Pyramide**   **System**   **Symbol**   **Gymnasium**   **Recycling**

❸ Wörter mit **Y** gibt es nur wenige. Du musst sie dir **merken**. Ordne alle y-Wörter, die du bereits kennst, in die Tabelle unten ein.

Y am Wortanfang	y im Wort		y am Wortende	
Ypsilon	**Physik**	**Recycling**	**Hobby**	**Handy**
Yvonne	**Gymnastik**	**Symbol**	**Baby**	**Teddy**
Yoga	**Gymnasium**	**System**	**Party**	**Teeny**
	Pyramide		**Pony**	

Wörter mit Th/th

❶ Wörter gesucht

- Königsstuhl
- Arzneimittelgeschäft
- Studium eines Geistlichen
- Tanzlokal
- Irrgarten
- Bücherei
- Wettkämpfer

❷ Diese zwei Wörter darfst du auch ohne h schreiben. Notiere beide Versionen!

a n e t r P _____ _____

f n T i c u s h _____ _____

❸ Knackst du diese Nüsse?

r h e a t e T

h T a m e

t a h i M k t a m e

h e r o e i T

T m e m e h r r o t e

_____ _____ _____ _____ _____

❹ Trage alle Th/th-Wörter in die Tabelle ein. Ergänze diese später mit weiteren Wörtern!

Th am Wortanfang	th im Wort oder am Wortende

Fremdwörter

Einen Mann, der — nennt man — Was tut er?

- ein Instrument spielt — musizieren
- ein Theaterstück beurteilt
- Maschinen zusammenbaut
- eine Fabrik besitzt
- Haare schneidet
- Fahrkarten überprüft
- eine Mannschaft betreut
- Waren (oder Filme) herstellt

Findest du auch zu folgenden Nomen das Verb?

- Blamage _____
- Funktion _____
- Diktat _____
- Probe _____
- Interesse _____
- Information _____
- Spionage _____
- Export _____
- Diskussion _____

Findest du im Kästchen alle Nomen, zu denen es ein Verb mit **-ieren** gibt?

Garage   Optik   Signal
Motor   Energie   Garantie
Blockade   Situation   Reparatur
Argument   Athlet   Pyramide

Schreibe Nomen/Verb nochmals.
Signal / signalisieren;
_____
_____

Wörter mit Th/th

❶ Wörter gesucht

- Königsstuhl
- Arzneimittelgeschäft
- Studium eines Geistlichen
- Tanzlokal
- Irrgarten
- Bücherei
- Wettkämpfer

		T	H	R	O	N		
A	P	O	T	H	E	K	E	
	T	H	E	O	L	O	G	E
D	I	S	K	O	T	H	E	K
L	A	B	Y	R	I	N	T	H
B	I	B	L	I	O	T	H	E	K
A	T	H	L	E	T			

❷ Diese zwei Wörter darfst du auch ohne **h** schreiben. Notiere beide Versionen!

```
a   n      e
         P
   t   r
```
Panter
Panther

```
f      T   i   c
   n
u      s   h
```
Tunfisch
Thunfisch

❸ Knackst du diese Nüsse?

```
  r   h   e   a
     t   e   T
```
Theater

```
   h   T   a
         k
     m   e
```
Thema

```
  t   a   h   i   M
     k
     t   a   m   e
```
Mathematik

```
   h   e   r   o
     e   i   T
```
Theorie

```
           T   m
  e   m   e   h   r
     r   o   t   e
```
Thermometer

❹ Trage alle **Th/th-Wörter** in die Tabelle ein. Ergänze diese später mit weiteren Wörtern!

Th am Wortanfang		**th** im Wort oder am Wortende	
Theater	Thron	Apotheke	Labyrinth
Thema	Theke	Diskothek	Mathematik
Thermometer	Theologie	Bibliothek	
Theorie		Athlet	

Fremdwörter

Einen Mann, der   nennt man   Was tut er?

- ein Instrument spielt
- ein Theaterstück beurteilt
- Maschinen zusammenbaut
- eine Fabrik besitzt
- Haare schneidet
- Fahrkarten überprüft
- eine Mannschaft betreut
- Waren (oder Filme) herstellt

			M	U	S	I	K	E	R			
		K	R	I	T	I	K	E	R			
		M	O	N	T	E	U	R				
	F	A	B	R	I	K	A	N	T			
		F	R	I	S	E	U	R				
		K	O	N	T	R	O	L	L	E	U	R
T	R	A	I	N	E	R						
		P	R	O	D	U	Z	E	N	T		

- musizieren
- **kritisieren**
- **montieren**
- **fabrizieren**
- **frisieren**
- **kontrollieren**
- **trainieren**
- **produzieren**

Findest du auch zu folgenden Nomen das Verb?

- Blamage   **blamieren**
- Funktion **funktionieren**
- Diktat   **diktieren**
- Probe   **probieren**
- Interesse   **interessieren**
- Information   **informieren**
- Spionage   **spionieren**
- Export   **exportieren**
- Diskussion   **diskutieren**

Findest du im Kästchen alle Nomen, zu denen es ein Verb mit **-ieren** gibt?

Garage	Optik	Signal
Motor	Energie	Garantie
Blockade	Situation	Reparatur
Argument	Athlet	Pyramide

Schreibe Nomen / Verb nochmals.

Signal / signalisieren; **Motor/motorisieren; Garantie/garantieren; Blockade/blockieren; Reparatur/reparieren; Argument/argumentieren**

| RS | Name: _____ | Datum: _____ |

Der i-Laut in Fremdwörtern

Du kennst bereits die Regel bei den deutschen Wörtern: Das lang gesprochene i wird meist mit **ie** geschrieben. Bei den Fremdwörtern ist es genau umgekehrt.
Ein lang gesprochenes i̲ wird meist ohne Dehnungszeichen (ie), also nur mit **i** geschrieben.

P__lot - m__nus - El__te - R__s__ko - V__rus - M__krofon - Kr__se - S__rene - Ch__na

Die folgenden Wörter hast du gelernt, wahrscheinlich ohne zu wissen, dass dies Fremdwörter sind.

Pol__zei - B__bel - Z__trone - L__ter - F__bel - Fam__lie - K__no - K__lo - L__nie

Diese fremden Wörter haben sich so stark der deutschen Sprache angepasst, dass man ihren fremden Ursprung gar nicht mehr merkt. Sie werden als **Lehnwörter** bezeichnet.
Besonders die folgenden Endungen bei Fremdwörtern werden nur mit i geschrieben

-ik		-il		-in	

-ine	-it	-iv/-ive	-iz

Wie heißen bei den folgenden Wörtern die Endungen? Vervollständige jeweils das Wort und trage es oben in die Tabelle ein.

Apfels_____ - Fabr__ - Kred__ - Benz__ - posit__ - Just__ - Nikot__ - Lokomot_____ - Prof__ - akt__ - stab__ - Ind__ - Kam__ - Term__ - Masch_____ - mob__ - Mot__ - Polit__ - primit__ - Law_____ - Vent__ - Band__ - Dat__ - Not__ - Krit__ - Vitam__ - Diszipl__

Haben Fremdwörter jedoch am **Wortende** ein lang betontes i̲, dann werden sie meist mit **-ie** geschrieben. Betontes i̲ am Fremdwortschluss, man mit **ie** schreiben muss. Dazu gehören auch die Endungen **-ier** und **-ieren** (sehr häufig bei Verben).

ie	-ier	-ieren

Vervollständige die folgenden Wörter und trage sie oben in die Tabelle ein.

Industr_____ - stud_____ - Turn_____ - reg_____ - Biolog_____ - Rev_____ - Melod_____ - not_____ - Passag_____ - Harmon_____ - inform_____ - Batter_____ - prob_____ - Fotograf_____ - mass_____

Bei einigen Fremdwörtern, die mit ie enden, wird das ie nicht lang und betont, sondern getrennt und unbetont „i-e" gesprochen.
Beispiele: Aktie, Lin___, Famil___, Lil___, Ser___, Mum___
Da ich die beiden Laute i und e hören kann, bereitet die Schreibweise kaum Schwierigkeiten.

Nur am Wortende wird das lange **i** mit ie geschrieben. Dazu gehören auch die Endungen -ier und -ieren. Im Wort (z. B. Bibel/Kino) und allen anderen Endungen nur i (-ik, -il, -in[e], -[t]ion, -it, -iv[e], -iz).

RS	Name:	Datum:

Der i-Laut in Fremdwörtern

Du kennst bereits die Regel bei den deutschen Wörtern: Das lang gesprochene i wird meist mit **ie** geschrieben. Bei den Fremdwörtern ist es genau umgekehrt.
Ein lang gesprochenes i̱ wird meist ohne Dehnungszeichen (ie), also nur mit **i** geschrieben.

P i̱ lot - m i̱ nus - El i̱ te - R i̱ s i̱ ko - V i̱ rus - M i̱ krofon - Kr i̱ se - S i̱ rene - Ch i̱ na

Die folgenden Wörter hast du gelernt, wahrscheinlich ohne zu wissen, dass dies Fremdwörter sind.

Pol i̱ zei - B i̱ bel - Z i̱ trone - L i̱ ter - F i̱ bel - Fam i̱ lie - K i̱ no - K i̱ lo - L i̱ nie

Diese fremden Wörter haben sich so stark der deutschen Sprache angepasst, dass man ihren fremden Ursprung gar nicht mehr merkt. Sie werden als **Lehnwörter** bezeichnet.
Besonders die folgenden Endungen bei Fremdwörtern werden nur mit i geschrieben

-ik		-il	-in	
Fabrik	**Gestik**	**stabil**	**Benzin**	**Nikotin**
Politik	**Statistik**	**mobil**	**Termin**	**Kamin**
Kritik	**Logik**	**Ventil**	**Disziplin**	**Vitamin**

-ine	-it	-iv/-ive		-iz
Apfelsine	**Kredit**	**positive**	**aktiv**	**Justiz**
Maschine	**Bandit**	**Lokomotive**	**primitiv**	**Indiz**
Lawine	**Profit**	**Dativ**	**Motiv**	**Notiz**

Wie heißen bei den folgenden Wörtern die Endungen? Vervollständige jeweils das Wort und trage es oben in die Tabelle ein.

Apfels **ine** - Fabr **ik** - Kred **it** - Benz **in** - posit **iv** - Just **iz** - Nikot **in** - Lokomot **ive** - Prof **it** -
akt **iv** - stab **il** - Ind **iz** - Kam **in** - Term **in** - Masch **ine** - mob **il** - Mot **iv** - Polit **ik** - primit **iv** -
Law **ine** - Vent **il** - Band **it** - Dat **iv** - Not **iz** - Krit **ik** - Vitam **in** - Diszipl **in**

Haben Fremdwörter jedoch am **Wortende** ein lang betontes i, dann werden sie meist mit **-ie** geschrieben. Betontes i am Fremdwortschluss, man mit **ie** schreiben muss. Dazu gehören auch die Endungen **-ier** und **-ieren** (sehr häufig bei Verben).

ie		-ier	-ieren	
Industrie	**Melodie**	**Turnier**	**studieren**	**massieren**
Biologie	**Batterie**	**Revier**	**regieren**	**probieren**
Harmonie	**Fotografie**	**Passagier**	**infomieren**	**notieren**

Vervollständige die folgenden Wörter und trage sie oben in die Tabelle ein.

Industr **ie** - stud **ieren** - Turn **ier** - reg **ieren** - Biolog **ie** - Rev **ier** - Melod **ie** - not **ieren** -
Passag **ier** - Harmon **ie** - inform **ieren** - Batter **ie** - prob **ieren** - Fotograf **ie** - mass **ieren**

Bei einigen Fremdwörtern, die mit ie enden, wird das ie nicht lang und betont, sondern getrennt und unbetont „i-e" gesprochen.
Beispiele: Aktie, Lin **ie** , Famil **ie** , Lil **ie** , Ser **ie** , Mum **ie**
Da ich die beiden Laute i und e hören kann, bereitet die Schreibweise kaum Schwierigkeiten.

Nur am Wortende wird das lange **i** mit ie geschrieben. Dazu gehören auch die Endungen -ier und -ieren. Im Wort (z. B. Bibel/Kino) und allen anderen Endungen nur i (-ik, -il, -in[e], -[t]ion, -it, -iv[e], -iz).

Name: _____ Datum: _____

Wortbausteine am Wortanfang von Fremdwörtern

Anfangsbaustein	Bedeutung	Beispiele
• ad-	zu	Addition,
• ant- / anti-	gegen	Antarktis,
• auto-	selbst	Autogramm,
• e- / ex-	aus, heraus	Exil,
• im- / in-	in, hinein	Injektion,
• inter-	zwischen, zusammen	Interesse,
• kom-	zusammen, mit	Kommunion,
• kon-	zusammen, mit	Konferenz,
• mikro-	sehr klein	Mikrochip,
• multi-	viel, vielfach	multikulturell,
• prä-	vor	präparieren,
• pro-	für, vor	Produkt,
• re-	zurück, neu, wieder	Reaktion,
• sub-	unter	Subjekt,
• super-	über	Superlativ,
• tele-	fern, weit	Telefax,

Fremdwörter erkennt man meist an bestimmten **Anfangsbausteinen**, die immer **gleich** geschrieben werden.

Trage oben in die Tabelle ein zweites Beispiel ein. Ergänze die Tabelle nach und nach mit entsprechenden Fremdwörtern:

Autogramm - Konferenz - Produkt - Subjekt - Telefax - präparieren - Exil - Interesse - Antarktis - Mikrochip - Kommunion - multikulturell - Reaktion - Addition - Superlativ - Injektion

Finde jeweils zu dem Fremdwort den Anfangsbaustein und trage es in die Tabelle ein. Schreibe dann hinter das Fremdwort die deutsche Bedeutung. Du findest sie im Kästchen unten.

Ex- / ex-	In- / in-	Kon- / kon-	Pro- / pro-	Re- / re-

Pro paganda   Werbung _____   ____periment _____
____flikt   _____   ____struieren _____
____duzieren   _____   ____form _____
____akt   _____   ____human _____
____put   _____   ____minent _____
____sequenz   _____   ____istieren _____
____gramm   _____   ____diz _____

Werbung - berühmt - genau - Folgerung - Versuch - vermindern - Zwiespalt / Streit - unmenschlich - Anzeichen / Hinweis - Ablauf - entwerfen - Umgestaltung - bestehen - Eingabe bei der EDV

RS	Name: _____	Datum: _____

Wortbausteine am Wortanfang von Fremdwörtern

Anfangsbaustein	Bedeutung	Beispiele
• ad-	zu	Addition, **Adverb, Adjektiv, Advent**
• ant-/anti-	gegen	Antarktis, **Antipathie, Antialkoholiker**
• auto-	selbst	Autogramm, **automatisch, Automat, Autofokus**
• e-/ex-	aus, heraus	Exil, **Export, Explosion, Experte, Experiment**
• im-/in-	in, hinein	Injektion, **Import, Input, Infekt, Impuls, immun**
• inter-	zwischen, zusammen	Interesse, **international, Intercity, Intervall**
• kom-	zusammen, mit	Kommunion, **Kompromiss, Komfort, Kommission**
• kon-	zusammen, mit	Konferenz, **Kontakt, Konflikt, Konfirmation**
• mikro-	sehr klein	Mikrochip, **Mikroskop, Mikrokosmos, Mikrofilm**
• multi-	viel, vielfach	multikulturell, **Multiplikation, Multimedia**
• prä-	vor	präparieren, **Präposition, Präsident, Prädikat**
• pro-	für, vor	Produkt, **Pronomen, Programm, Prospekt**
• re-	zurück, neu, wieder	Reaktion, **reparieren, regenerieren, Resignation**
• sub-	unter	Subjekt, **subventionieren, subtropisch, Substanz**
• super-	über	Superlativ, **Supermarkt, Supernova, Super-GAU**
• tele-	fern, weit	Telefax, **Telefon, Telekolleg, Teleskop, telegen**

> Fremdwörter erkennt man meist an bestimmten **Anfangsbausteinen**, die immer **gleich** geschrieben werden.

Trage oben in die Tabelle ein zweites Beispiel ein. Ergänze die Tabelle nach und nach mit entsprechenden Fremdwörtern:

> Autogramm - Konferenz - Produkt - Subjekt - Telefax - präparieren - Exil - Interesse - Antarktis - Mikrochip - Kommunion - multikulturell - Reaktion - Addition - Superlativ - Injektion

Finde jeweils zu dem Fremdwort den Anfangsbaustein und trage es in die Tabelle ein. Schreibe dann hinter das Fremdwort die deutsche Bedeutung. Du findest sie im Kästchen unten.

Ex-/ex-	In-/in-	Kon-/kon-	Pro-/pro-	Re-/re-
exakt	**Input**	**Konflikt**	**Propaganda**	**Reform**
Experiment	**inhuman**	**konstruieren**	**Programm**	**reduzieren**
existieren	**Indiz**	**Konsequenz**	**prominent**	**renovieren**

Pro paganda	Werbung	**Ex** periment	**Versuch**
Konflikt	**Zwiespalt, Streit**	**kon**struieren	**entwerfen**
re duzieren	**vermindern**	**Re** form	**Umgestaltung**
ex akt	**genau**	**in** human	**unmenschlich**
In put	**Eingabe bei der EDV**	**pro** minent	**berühmt**
Konsequenz	**Folgerung**	**ex** istieren	**bestehen**
Pro gramm	**Ablauf**	**In** diz	**Anzeichen, Hinweis**

> ~~Werbung~~ - berühmt - genau - Folgerung - Versuch - vermindern - Zwiespalt/Streit - unmenschlich - Anzeichen/Hinweis - Ablauf - entwerfen - Umgestaltung - bestehen - Eingabe bei der EDV

RS Name: _____ Datum: _____

Die wichtigsten Endbausteine bei Fremdwörtern

Endung	Beispiele
• -age	Garage,
• -al / -ale	Personal,
• -anz	Arroganz,
• -ell / -iell	aktuell,
• -ent	Patient,
• -enz	Intelligenz,
• -esse	Interesse,
• -ett / -ette	Skelett,
• -eur (-ör)	Ingenieur,
• -ie	Energie,
• -ier	Klavier,
• -ieren	probieren,
• -ik / -ike	Fabrik,
• -il	stabil,
• -in, ine	Benzin,
• -tion	Information,
• -isch	automatisch,
• -ismus	Optimismus,
• -ist / -istin	Polizist,
• -iv/-ive	intensiv,
• -tät	Qualität,

Setze die folgenden Fremdwörter je nach ihrer Endung als zweites Beispiel in die Tabelle ein.
Ergänze die Tabelle nach und nach mit entsprechenden Fremdwörtern.

intelligent - organisieren - Ventil - naiv - Realität - Kabine - Kopie - Kritik - finanziell - Adresse - General - Distanz - Blamage - Offizier - Reaktion - komisch - Idealismus - Termin - Frisör - Konsequenz - Diskette - Jurist - Alternative

Finde jeweils zu dem Fremdwort die Endung und trage es in die Tabelle ein. Schreibe dann hinter das Fremdwort die deutsche Bedeutung, die im Kästchen unten steht.

-age	-ell	-ett/-ette	-tät	-tion
Reportage				

Report _age_ : _Bericht_____ Kabin _____:_____
Autori _____:_____ Oppos _____:_____
sensation _____:_____ Et _____:_____
Opera _____:_____ Mentali _____:_____
spezi _____:_____ Pinz _____:_____

~~Bericht~~ - Gegenpartei - Denkweise - Stockwerk - Ansehen - besonders - Aufsehen erregend - kleine Greifzange - ärztlicher Eingriff - Ministerrunde

RS	Name: _____	Datum: _____

Die wichtigsten Endbausteine bei Fremdwörtern

Endung	Beispiele
• -age	Garage, **Blamage - Massage, Spionage, Montage, Bandage**
• -al / -ale	Personal, **General - liberal, banal, genial, Finale, brutal, oral**
• -anz	Arroganz, **Distanz - Monstranz, Allianz, Kulanz, Finanz, Eleganz**
• -ell / -iell	aktuell, **finanziell - prinzipiell, Duell, generell, rationell, sensationell**
• -ent	Patient, **intelligent - Produzent, eminent, resistent, konsequent**
• -enz	Intelligenz, **Konsequenz - Frequenz, Konferenz, Referenz**
• -esse	Interesse, **Adresse - Finesse, Raffinesse, Delikatesse, Noblesse**
• -ett / -ette	Skelett, **Diskette - Ballett, kokett, Duett, Etikette, Fassette, Quartett**
• -eur (-ör)	Ingenieur, **Frisör - Malheur, Installateur, Akteur, Regisseur, Monteur**
• -ie	Energie, **Kopie - Chemie, Biologie, Astronomie, Philosophie, Genie**
• -ier	Klavier, **Offizier - Spalier, Manier, Barbier, Papier, Kurier, Turnier**
• -ieren	probieren, **organisieren - explodieren, studieren, operieren, agieren**
• -ik / -ike	Fabrik, **Kritik - Hektik, Physik, Musik, Optik, Akustik, Antike, Ethik**
• -il	stabil, **Ventil - senil, subtil, labil, skurril, Reptil, Fossil, mobil**
• -in, ine	Benzin, **Termin - Kabine, feminin, Medizin, maskulin, Margarine**
• -tion	Information, **Reaktion - Aktion, Fraktion, Demonstration, Operation**
• -isch	automatisch, **komisch - logisch, optisch, fantastisch, akustisch**
• -ismus	Optimismus, **Idealismus - Organismus, Kommunismus, Hinduismus**
• -ist / -istin	Polizist, **Jurist - Organistin, Aktivist, Optimist, Kommunist, Artist**
• -iv / -ive	intensiv, **Alternative - aktiv, intuitiv, naiv, primitiv, Legislative**
• -tät	Qualität, **Realität - Quantität, Universität, Aktivität, Majestät**

Setze die folgenden Fremdwörter je nach ihrer Endung als zweites Beispiel in die Tabelle ein.
Ergänze die Tabelle nach und nach mit entsprechenden Fremdwörtern.

> intelligent - organisieren - Ventil - Realität - Kopie - Kritik - finanziell - Adresse - General - Distanz - Blamage - Offizier - Reaktion - komisch - Idealismus - Termin - Frisör - Konsequenz - Diskette - Jurist - Alternative

Finde jeweils zu dem Fremdwort die Endung und trage es in die Tabelle ein. Schreibe dann hinter das Fremdwort die deutsche Bedeutung, die im Kästchen unten steht.

-age	-ell	-ett / -ette	-tät	-tion
Reportage	sensationell	Pinzette	Autorität	Operation
Etage	**speziell**	**Kabinett**	**Mentalität**	**Opposition**

Report	**age** :	Bericht	Kabin	**ett** :	**Ministerrunde**
Autori	**tät** :	**Ansehen**	Oppos	**ition** :	**Gegenpartei**
sensation	**ell** :	**Aufsehen erregend**	Et	**age** :	**Stockwerk**
Opera	**tion** :	**ärztlicher Eingriff**	Mentali	**tät** :	**Denkweise**
spezi	**ell** :	**besonders**	Pinz	**ette** :	**kleine Greifzange**

> ~~Bericht~~ - Gegenpartei - Denkweise - Stockwerk - Ansehen - besonders - Aufsehen erregend - kleine Greifzange - ärztlicher Eingriff - Ministerrunde

Fremdwörter mit zwei Schreibweisen

Bei einigen Fremdwörtern gelten zwei Schreibweisen. Sie dürfen so geschrieben werden wie in ihrer Herkunftssprache. Durch ihren häufigen Gebrauch haben sie sich nach und nach der deutschen Sprache angepasst. Deshalb ist auch die deutsche Schreibung erlaubt.

Schwierige Laute oder Lautverbindungen, die eingedeutscht wurden:

Laut wird zu	fremde Schreibweise	eingedeutschte Schreibweise	weitere Beispiele
ai → ä	Polonaise* (frz.)	Polonäse	_____
c → k	Creme* (frz.)	Krem(e)	_____
c → sch	charmant* (frz.)	scharmant	_____
é → ee	Coupé* (frz.)	Kupee	_____
gh → g	Spaghetti* (ital.)	Spagetti	_____
ou → u	Nougat (frz.)	Nugat*	_____
ph → f	Fantasie (gr.)	Fantasie*	_____
th → t	Panther* (gr.)	Panter	_____
ti → zi	potentiell (frz.)	potenziell*	_____
y → j	Mayonnaise (frz.)	Majonäse*	_____

* = bevorzugte Schreibweise

Fremdwörter mit Ph/ph

Bei einigen Fremdwörtern ist der „ph"-Laut (wie „f" gesprochen) bereits auch dem deutschen Sprachgebrauch angeglichen. Es sind deshalb zwei Schreibweisen möglich.

Fantasie/**Ph**antasie, Del**ph**in/_____, _____Grafik_____/_____

Besonders bei Wörtern mit den Wortbausteinen | phon | | photo | | graph | gibt es die zwei Schreibweisen „f" und „ph".

Wörter mit **fon/phon**	Wörter mit **foto/photo**	Wörter mit **graf/graph**

Wörterrätsel

Kamerabild
Erdkunde
Denker
Intelligenter Fisch
Schreib-, Zeichenkunst
Stimmverstärker
Trugbild

Wörter, die jedoch weiterhin mit „ph" geschrieben werden müssen:

_____
_____
_____
_____
_____

Fremdwörter mit zwei Schreibweisen

Bei einigen Fremdwörtern gelten zwei Schreibweisen. Sie dürfen so geschrieben werden wie in ihrer Herkunftssprache. Durch ihren häufigen Gebrauch haben sie sich nach und nach der deutschen Sprache angepasst. Deshalb ist auch die deutsche Schreibung erlaubt.

Schwierige Laute oder Lautverbindungen, die eingedeutscht wurden:

Laut wird zu	fremde Schreibweise	eingedeutschte Schreibweise	weitere Beispiele
ai → ä	Polonaise* (frz.)	Polonäse	**Mayonnaise/Majonäse***
c → k	Creme* (frz.)	Krem(e)	**Club/Klub*; Disco/Disko*; cirka/zirka***
c → sch	charmant* (frz.)	scharmant	**Ketchup/Ketschup*; Sketch/Sketsch***
é → ee	Coupé* (frz.)	Kupee	**Varieté/Varietee*; Exposé/Exposee***
gh → g	Spaghetti* (ital.)	Spagetti	**Ghetto/Getto*; Joghurt/Jogurt***
ou → u	Nougat (frz.)	Nugat*	**Bravour/Bravur***
ph → f	Phantasie (gr.)	Fantasie*	**Photo/Foto*; Telephon/Telefon***
th → t	Panther* (gr.)	Panter	**Thunfisch*/Tunfisch**
ti → zi	potentiell (frz.)	potenziell*	**existentiell/existenziell***
y → j	Mayonnaise (frz.)	Majonäse*	**Yacht*/Jacht; Yoga*/Joga**

* = bevorzugte Schreibweise

Fremdwörter mit Ph/ph

Bei einigen Fremdwörtern ist der „ph"-Laut (wie „f" gesprochen) bereits auch dem deutschen Sprachgebrauch angeglichen. Es sind deshalb zwei Schreibweisen möglich.
Fantasie/**Ph**antasie, Del**ph**in/___**Delfin**___, ___Grafik___/___**Graphik**___
Besonders bei Wörtern mit den Wortbausteinen ┌phon┐ ┌photo┐ ┌graph┐ gibt es die zwei
Schreibweisen „f" und „ph".

Wörter mit **fon/phon**	Wörter mit **foto/photo**	Wörter mit **graf/graph**
Telefon/Telephon	**Fotokopie/Photokopie**	**Geografie/Geographie**
Mikrofon/Mikrophon	**Fotografie/Photographie**	**Paragraf/Paragraph**

Wörterrätsel

Kamerabild			F	O	T	O	G	R	A	F	I	E
Erdkunde				G	E	O	G	R	A	F	I	E
Denker		P	H	I	L	O	S	O	P	H		
Intelligenter Fisch				D	E	L	F	I	N			
Schreib-, Zeichenkunst	G	R	A	F	I	K						
Stimmverstärker	M	I	K	R	O	F	O	N				
Trugbild	P	H	A	N	T	O	M					

Wörter, die jedoch weiterhin mit „ph" geschrieben werden müssen:

Physik, Philosophie, Phäno-men, Phantom, Pharao, Phase, Phlegma, Strophe, Atmosphä-re, Katastrophe

Fremdwörter und ihre Bedeutung

Ordne die folgenden Fremdwörter alphabetisch und schreibe hinter sie die entsprechende deutsche Worterklärung von unten.

Prinzip - Problem - Prämie - Profit - privat - Projekt - Produkt - prominent - Präposition - programmieren - Prognose - präsentieren - präzise - Protokoll

Fremdwort	Worterklärung	Fremdwort	Worterklärung
1 _____		8 _____	
2 _____		9 _____	
3 _____		10 _____	
4 _____		11 _____	
5 _____		12 _____	
6 _____		13 _____	
7 _____		14 _____	

Belohnung - berühmt, bekannt - Daten eingeben - Ergebnis, Erzeugnis - genau - Gewinn, Nutzen - Grundsatz - Niederschrift, Aufzeichnung - persönlich - Plan, Vorhaben - Schwierigkeit - Verhältniswort - Vorhersage - vorlegen, zeigen

Fremdwörter

Bei manchen Leuten sind Fremdwörter Glücksache. Bei dir auch?
Trage die Buchstaben vor der angekreuzten Lösung von links nach rechts unten in die Kästchen ein.

Lyrik
IC O Erzählungen
ER O Kammermusik
DU O Gedichte

perfekt
A O regelmäßig
S O vollkommen
R O treulos

Motto
ES O Werbung
UT O Leitspruch
CH O Glücksspiel

Distanz
I O alter Volkstanz
A O Abstand, Entfernung
G O Meinungsverschie-
denheit

Recycling
H O Erholungsgelände
M O Mülltransport
B O Rohstoffwiederverwertung

permanent
N O handlich
I O hervorragend
T O dauernd, ständig

anonym
T O undurchsichtig
D O ohne Namensnennung
L O fehlerlos

Bankett
U O Festmahl
D O Bankgeschäft
N O Konzert

Bonus
K O Preisnachlass
I O Gutschrift
U O Sieger

pauschal
N O anmaßend
G O alles zusammen
C O ganz klein

exportieren
R O Waren ausführen
E O Waren einführen
I O Waren herstellen

konservieren
R O beobachten
F O haltbar machen
E O übereinstimmen

Lösung: ☐☐ ☐☐☐☐☐ ☐☐☐ ☐☐☐☐☐☐

Fremdwörter und ihre Bedeutung

Ordne die folgenden Fremdwörter alphabetisch und schreibe hinter sie die entsprechende deutsche Worterklärung von unten.

> Prinzip - Problem - Prämie - Profit - privat - Projekt - Produkt - prominent - Präposition - programmieren - Prognose - präsentieren - präzise - Protokoll

	Fremdwort	Worterklärung		Fremdwort	Worterklärung
1	**Prämie**	**Belohnung**	8	**Produkt**	**Ergebnis, Erzeugnis**
2	**Präposition**	**Verhältniswort**	9	**Profit**	**Gewinn, Nutzen**
3	**präsentieren**	**vorlegen, zeigen**	10	**Prognose**	**Vorhersage**
4	**präzise**	**genau**	11	**Projekt**	**Plan, Vorhaben**
5	**Prinzip**	**Grundsatz**	12	**programmieren**	**Daten eingeben**
6	**privat**	**persönlich**	13	**prominent**	**berühmt, bekannt**
7	**Problem**	**Schwierigkeit**	14	**Protokoll**	**Niederschrift, Aufzeich.**

> Belohnung - berühmt, bekannt - Daten eingeben - Ergebnis, Erzeugnis - genau - Gewinn, Nutzen - Grundsatz - Niederschrift, Aufzeichnung - persönlich - Plan, Vorhaben - Schwierigkeit - Verhältniswort - Vorhersage - vorlegen, zeigen

Fremdwörter

Bei manchen Leuten sind Fremdwörter Glücksache. Bei dir auch?
Trage die Buchstaben vor der angekreuzten Lösung von links nach rechts unten in die Kästchen ein.

Lyrik
IC O Erzählungen
ER O Kammermusik
DU ⊠ Gedichte

perfekt
A O regelmäßig
S ⊠ vollkommen
R O treulos

Motto
ES O Werbung
UT ⊠ Leitspruch
CH O Glücksspiel

Distanz
I O alter Volkstanz
A ⊠ Abstand, Entfernung
G O Meinungsverschiedenheit

Recycling
H O Erholungsgelände
M O Mülltransport
B ⊠ Rohstoffwiederverwertung

permanent
N O handlich
I O hervorragend
T ⊠ dauernd, ständig

anonym
T O undurchsichtig
D ⊠ ohne Namensnennung
L O fehlerlos

Bankett
U ⊠ Festmahl
D O Bankgeschäft
N O Konzert

Bonus
K O Preisnachlass
I ⊠ Gutschrift
U O Sieger

pauschal
N O anmaßend
G ⊠ alles zusammen
C O ganz klein

exportieren
R ⊠ Waren ausführen
E O Waren einführen
I O Waren herstellen

konservieren
R O beobachten
F ⊠ haltbar machen
E O übereinstimmen

Lösung: | D | U | | B | I | S | T | | G | U | T | | D | R | A | U | F |

Westliche Industriestaaten

Besonders in Westeuropa haben viele Industriebran-chen zunehmende Wettbewerbsprobleme durch die hohen Lohn- und Lohnnebenkosten. Im Vergleich zu Osteuropa und den Mittelmeerländern, insbesonde-re aber zu den Entwicklungsländern, liegen die Her-stellungskosten wesentlich höher. Immer mehr Be-triebe versuchen deshalb ihre Konkurrenzfähigkeit da-durch zu sichern, dass sie zunächst im Inland ver-stärkt rationalisieren, automatisieren und durch Per-sonalabbau ihre Kosten reduzieren.

Als nächster Schritt wird dann häufig ein Teil der Pro-duktion an Standorte verlagert, wo manuelle Tätig-keiten von billig entlohnten Arbeitskräften ausgeführt werden. Die erzeugten Güter werden wieder in die westlichen Staaten exportiert.

Ein weiteres charakteristisches Resultat gegenwärti-ger Wirtschaftsprozesse sind die Fusionen von Indu-strieunternehmen über nationale Grenzen hinweg. Aus vielen großen Unternehmen sind inzwischen mul-tinationale Konzerne geworden.

(113)

Welche deutsche Bedeutung (siehe unten) entspricht dem Frendwort im Text?
Setze die Zahl, die vor der deutschen Bedeutung steht, über das Fremdwort. Verbinde Fremdwort und deutsche Be-deutung miteinander.

1. Industriezweige
2. _____
3. _____
4. _____
5. _____
6. _____
7. _____
8. _____
9. _____
10. _____
11. _____
12. _____
13. _____
14. _____
15. _____
16. _____

❹ Welche Fremdwörter sind am **Anfangsbaustein** des Wortes zu erkennen? Markiere diesen Wortbaustein.

_____

❺ Welche Fremdwörter sind am **Endbaustein** des Wortes zu erkennen? Markiere diesen Wort-baustein.

_____

_____

❻ Trage die entsprechenden Fremdwörter nochmals in die Tabelle ein. Findest du jeweils noch zwei bis drei weitere Fremdwörter?

-ie / -enz / -(t)ion ⇨ Nomen	-ieren ⇨ Verben	-isch / -ell ⇨ Adjektive

Westliche Industriestaaten

Besonders in Westeuropa haben viele **Industriebranchen**[1] zunehmende Wettbewerbsprobleme durch die hohen Lohn- und Lohnnebenkosten. Im Vergleich zu Osteuropa und den Mittelmeerländern, insbesondere aber zu den Entwicklungsländern, liegen die Herstellungskosten wesentlich höher. Immer mehr Betriebe versuchen deshalb ihre **Konkurrenzfähigkeit**[2] dadurch zu sichern, dass sie zunächst im Inland verstärkt **rationalisieren**[3], **automatisieren**[4] und durch **Personalabbau**[5] ihre Kosten **reduzieren**[6].

Als nächster Schritt wird dann häufig ein Teil der **Produktion**[7] an Standorte verlagert, wo **manuelle**[8] Tätigkeiten von billig entlohnten Arbeitskräften ausgeführt werden. Die erzeugten Güter werden wieder in die westlichen Staaten **exportiert**[9].

Ein weiteres **charakteristisches**[10] **Resultat**[11] gegenwärtiger Wirtschafts**prozesse**[12] sind die **Fusionen**[13] von Industrieunternehmen über **nationale**[14] Grenzen hinweg. Aus vielen großen Unternehmen sind inzwischen **multinationale**[15] **Konzerne**[16] geworden.

(113)

Welche deutsche Bedeutung (siehe unten) entspricht dem Frendwort im Text?

Setze die Zahl, die vor der deutschen Bedeutung steht, über das Fremdwort. Verbinde Fremdwort und deutsche Bedeutung miteinander.

1. Industriezweige
2. **Wettbewerbsfähigkeit**
3. **zweckmäßig gestalten**
4. **selbsttätig ablaufen**
5. **Beschäftigtenabbau**
6. **vermindern**
7. **Herstellung**
8. **mit der Hand**
9. **ausgeführt**
10. **kennzeichnend**
11. **Ergebnis**
12. **Abläufe**
13. **Zusammenschlüsse**
14. **staatlich**
15. **aus mehreren Staaten bestehend**
16. **Zusammenschlüsse von Firmen**

❹ Welche Fremdwörter sind am **Anfangsbaustein** des Wortes zu erkennen? Markiere diesen Wortbaustein.
Produktion, **Kon**kurrenz, **Kon**zerne, **auto**matisieren, **re**duzieren, **ex**portieren, **multi**national

❺ Welche Fremdwörter sind am **Endbaustein** des Wortes zu erkennen? Markiere diesen Wortbaustein.
Industr**ie**, Produkt**ion**, Konkurr**enz**, rationalis**ieren**, automatis**ieren**, Person**al**, reduz**ieren**, manu**ell**, export**ieren**, charakterist**isch**, Fus**ion**, nation**al**

❻ Trage die entsprechenden Fremdwörter nochmals in die Tabelle ein. Findest du jeweils noch zwei bis drei weitere Fremdwörter?

-ie / -enz / -(t)ion ⇨ Nomen	-ieren ⇨ Verben	-isch / -ell ⇨ Adjektive
Industrie, Produktion, Konkurrenz, Fusion, Reduktion, Opposition, Kapitulation, Kalkulation, Absolution, Kommunion, Koalition, Aktion	**automatisieren, reduzieren, exportieren, rationalisieren, rotieren, fusionieren, dirigieren, regieren, agieren**	**charakteristisch, maschinell, reell, visuell, automatisch, egoistisch, traditionell, eventuell, plastisch, fantastisch, elektrisch**

RS	Name: _____	Datum: _____	

Fremdwörter (Merkwörter)

❶ Nach kurzem Vokal folgt nur ein Mitlaut:

- **b**: Job _____
- **l**: Kolonie _____
- **m**: Kamera _____
- **n**: Ananas _____

- **p**: kaputt _____
- **r**: Interesse _____
- **t**: Kapitel _____

❷ Doppelter Mitlaut, obwohl davor kein kurzer Vokal steht:

- Effekt _____
- Porzellan _____
- Grammatik _____

- korrekt _____
- Fassade _____
- Batterie _____

❸ Auch nach einem kurz gesprochenen Vokal steht meist nur k oder z. Ausnahmen sind:

- Wörter mit **ck**: checken, _____
- Wörter mit **kk**: Akku, _____
- Wörter mit **zz**: Skizze, _____

❹ Langes i am Wortende nur mit i:

Taxi, _____

❺ Wörter mit doppeltem Selbstlaut:

- **ee**: Idee, _____
- **oo**: Boom, _____

❻ Wörter mit b, d, g am Wortende:

Sie können nicht so verlängert werden, dass man das b, d, g besser hört.

- -b: Job, _____
- -d: Trend, _____
- -a: Gag, _____

❼ Wörter mit V/v:

- **V/v**: Vokal, _____
  _____
- **v (im Wort)**: nervös, _____
- **-iv/-ive**: aktiv, _____

❽ Wörter mit ä:

ä	Prä-/prä-	-än/-äne	-ät/-tät	-är/-äre
Pädagogik,				

❾ Wörter mit y:

- im Wort: System, _____
- am Wortende: Handy, _____

❿ Wörter mit ph, th, rh:

- **Ph/ph**: Physik, _____
- **Th/th**: Theater, _____
- **Rh/rh**: Rheuma, _____

RS | Name: _____ | Datum: _____

Fremdwörter (Merkwörter)

❶ Nach kurzem Vokal folgt nur **ein Mitlaut**:

- **b**: Job — **Klub, Mob, Roboter**
- **l**: Kolonie — **Hotel, Motel, Gewalt**
- **m**: Kamera — **Publikum, Limit, Krimi**
- **n**: Ananas — **Mini**

- **p**: kaputt — **Pop, Chip, Clip, Slip**
- **r**: Interesse — **Zigarette, voraus**
- **t**: Kapitel — **fit, Jet, City**

❷ **Doppelter Mitlaut**, obwohl davor kein kurzer Vokal steht:

- Effekt **Kaffee, Buffet, raffiniert**
- Porzellan **Allee, Million, kontrollieren**
- Grammatik **Renommee, nummerieren**

- korrekt **Karriere, Konkurrenz**
- Fassade **passieren, Kassette**
- Batterie **Lotterie, kaputt**

❸ Auch nach einem kurz gesprochenen Vokal steht meist nur **k** oder **z**. Ausnahmen sind:

- Wörter mit **ck**: checken, **Picknick, Check, Deck**
- Wörter mit **kk**: Akku, **Akkord, Mokka, Mekka**
- Wörter mit **zz**: Skizze, **Pizza, Razzia, Pizzeria**

❹ Langes **i** am Wortende nur mit **i**:

Taxi, **Mini, Kombi, Bikini, Trabi, Stasi, Spezi**

❺ Wörter mit **doppeltem Selbstlaut**:

- **ee**: Idee, **Gelee, Tournee, Chaussee, Armee, Frottee, Moschee, Klischee**
- **oo**: Boom, **Pool, Cartoon, Zoom**

❻ Wörter mit **b, d, g am Wortende**:

Sie können nicht so verlängert werden, dass man das b, d, g besser hört.

- **-b**: Job, **Klub, Mob**
- **-d**: Trend, **Boulevard**
- **-g**: Gag, **Smog, Grog, Hotdog**

❼ Wörter mit **V / v**:

- **V / v**: Vokal, **Vitamin, Verb, Ventil, Vulkan, vage, variabel, Vase, Video, Virus, Volumen, Visum, vital, Violine, Visum, Vokabel, Volt, Vitrine, violett, Vers, Vanille**
- **v** (im Wort): nervös, **Advent, Klavier, Sklave, November, Novelle, clever**
- **-iv / -ive**: aktiv, **positiv, Genitiv, primitiv, subjektiv, Adjektiv, naiv, objektiv, negativ**

❽ Wörter mit **ä**:

ä	Prä- / prä-	-än / -äne	-ät / -tät	-är / -äre
Pädagogik, **Ära** **Phänomen**	**Prämie, Präsident,** präparieren	Kapitän, Domäne	Diät, Mentalität	familiär, **Affäre**

❾ Wörter mit **y**:

- im Wort: System, **Dynamo, Tyrann, Symbol, Pyramide, Gymnasium, Lyrik, Typ**
- am Wortende: Handy, **Baby, Pony, Teddy, Hobby**

❿ Wörter mit **ph, th, rh**:

- **Ph / ph**: Physik, **Phänomen, Pharao**; Strophe, **Atmosphäre**; Philosophie, **Phase**
- **Th / th**: Theater, **Thema, Thermometer, Theorie**; Rhythmus, **Athlet, Sympathie**
- **Rh / rh**: Rheuma, **Rhythmik, Rhabarber, Rhein, Rhesusfaktor, Rhodos, Rhombus**

RS	Name: _____	Datum: _____	

So verbessere ich richtig

In dem folgenden Text stecken Fehler. Wie viele findest du? Streiche sie an.

In der deutschen Sprache gipt es viele Mitsprechwörter. Bei diesen Wörtern mus ich ganz deutlich mitsprechen und genau hinhören, um das Wort richtig schreiben zu können.

Es gibt aber auch in der deutschen Sprache fiele Wörter, die man anders schreibt als man sie auspricht. Beispiel: „Es steht ein Reh im Schnee". Hier wird däutlich, dass der lang gesprochene e-Laut drei Schreibweisen hat: **e**, **eh**, **ee**.

Aus diesen Grunt ist die deutsche Sprache nicht einfach und wir machen viele Feler. Dieses Fehler-machen ist aber garnicht schlimm, sondern geradezu wichtich für unser Lernen. Ein Fehler ferweist auf eine schwirige Stele und gibt uns die Gelegenheit, „aus diesem Fehler zu lernen".

Ich habe insgesamt ☐ Fehler gefunden.

So verbessere ich richtig

① Ich unterstreiche die Fehlerstelle rot, z.B. gi<u>p</u>t, mu<u>s</u>, <u>sch</u>pricht.

② Ich schreibe in Kurzform, was ich denke, um den Fehler zu berichtigen, z. B. *gibt* kommt von *geben* (= Ⓖf), bei *ge-ben* höre ich deutlich ein b → es *gibt*.

Bei *muss* höre ich nach dem kurz gesprochenen Selbstlaut nur den einen Mitlaut s, deshalb ss (VdM). Oder: Nach V̇ wird, wenn nur ein Mitlaut folgt, dieser verdoppelt.

③ Aufgrund dieser Überlegungen schreibe ich das Wort nochmals richtig mit Markierung der Schwierigkeit und Ergänzungen, z.B. ✐ mu**ss**/mü**ss**en, gi**b**t/ge**b**en/Ga**b**e, **sp**richt/**sp**rechen/**Sp**rache.

Oft helfen verwandte Wörter, um ein Wort richtig zu schreiben.

Kannst du mit der folgenden Tabelle auch die übrigen Fehler verbessern? Nimm deine Liste mit Abkürzungen zu Hilfe.

Fehler-wörter	Zeichen Kürzel	Ich denke so, um den Fehler zu berichtigen	Verbesserung und Markierungen mit Ergänzungen
(gipt)	Ⓖf	kommt von geben, ge-**b**en → b	er gi**b**t, du gi**b**st, ge**b**en
(mus)	VdM		
(auspricht)	☐☐↑		
(fiele)	Vv		
(däutlich)			
(Grunt)	⬒↱		
(Feler)	Vh		
(wichtich)	☐☐ ig	NS -ig, Verlängerung → wichtiger	wichti**g**
(schwirig)	i → ie		
(ferweist)	**v**er		
(Stele)	VdM		Ste**ll**en
(garnicht)		genau wie **wie viel**, **zu viel**	gar nicht

| RS | Name: _____ | | Datum: _____ | |

So verbessere ich richtig

In dem folgenden Text stecken Fehler. Wie viele findest du? Streiche sie an.

In der deutschen Sprache gipt es viele Mitsprechwörter. Bei diesen Wörtern mus ich ganz deutlich mitsprechen und genau hinhören, um das Wort richtig schreiben zu können.

Es gibt aber auch in der deutschen Sprache fiele Wörter, die man anders schreibt als man sie auspricht. Beispiel: „Es steht ein Reh im Schnee". Hier wird däutlich, dass der lang gesprochene e-Laut drei Schreibweisen hat: **e**, **eh**, **ee**.

Aus diesen Grunt ist die deutsche Sprache nicht einfach und wir machen viele Feler. Dieses Fehlermachen ist aber garnicht schlimm, sondern geradezu wichtich für unser Lernen. Ein Fehler ferweist auf eine schwirige Stele und gibt uns die Gelegenheit, „aus diesem Fehler zu lernen".

Ich habe insgesamt ☐12☐ Fehler gefunden.

So verbessere ich richtig

① Ich unterstreiche die Fehlerstelle rot, z.B. gi<u>p</u>t, mu<u>s</u>, <u>sch</u>pricht.

② Ich schreibe in Kurzform, was ich denke, um den Fehler zu berichtigen, z. B. *gibt* kommt von *geben* (= Ⓖf), bei *ge-ben* höre ich deutlich ein b → es *gibt*.

Bei *muss* höre ich nach dem kurz gesprochenen Selbstlaut nur den einen Mitlaut s, deshalb ss (ṾdM). Oder: Nach Ṿ wird, wenn nur ein Mitlaut folgt, dieser verdoppelt.

③ Aufgrund dieser Überlegungen schreibe ich das Wort nochmals richtig mit Markierung der Schwierigkeit und Ergänzungen, z.B. ✎ mu**ss**/mü**ss**en, gi**b**t/ge**b**en/Ga**b**e, **sp**richt/**sp**rechen/ **Sp**rache.

Oft helfen verwandte Wörter, um ein Wort richtig zu schreiben.

Kannst du mit der folgenden Tabelle auch die übrigen Fehler verbessern? Nimm deine Liste mit Abkürzungen zu Hilfe.

Fehler-wörter	Zeichen Kürzel	Ich denke so, um den Fehler zu berichtigen	Verbesserung und Markierungen mit Ergänzungen
(gipt)	Ⓖf	kommt von geben, ge-**b**en → b	er gi**b**t, du gi**b**st, ge**b**en
(mus)	ṾdM	von müssen, nach s → ss	er mu**ss**, du mu**ss**t, mü**ss**en
(auspricht)	☐	Nahstelle von VS + Verb aussprechen	au**s**suchen, au**s**setzen, Au**s**sage
(fiele)	Vv	viel = MW mit v ≠ fiel (1. Verg.: fallen)	**v**iel, **v**iele
(däutlich)		von deuten, kein verwandt. W. mit au	d**eu**tlich, Bed**eu**tung
(Grunt)	↱	W. verlängern + trennen: Grün - **d**e	Grun**d**regel, Grun**d**satz
(Feler)	·Vh	**e** vor l (m/n/r); manch. mit h (Merkw.)	F**eh**ler, f**eh**len
(wichtich)	☐ ig	NS -ig, Verlängerung → wichti**g**er	wichti**g**, am wichti**g**sten
(schwirig)	i→ ie	**i** fast immer mit ie	schw**ie**rig, Schw**ie**rigkeit
(ferweist)	**ver**	VS **ver** immer mit **v**	**v**erweisen, **V**erweis, **v**erbrauchen
(Stele)	ṾdM	nach e nur l hörbar → **ll**	Ste**ll**e, ste**ll**en, aufste**ll**en
(garnicht)		genau wie **wie viel**, **zu viel**	gar nicht, gar kein

Fehler - Hitparade

Fehler erkennen und sie berichtigen gehört zum Lernen dazu.

Wo mache ich die meisten Fehler?

Art des Fehlers	Häufigkeit (Setze für jeden Fehler einen Strich!)	Übung*
Mitsprechwörter		
Buchstaben ausgelassen		
Buchstaben falsch gehört		
Mitlauthäufung		
Gleich klingende Wörter Ende od. Ente, kennen od. können		
Nachdenkwörter Wörter mit **Mitlautverdoppelung** **ff, ll, mm, nn, pp, rr, ss, tt**		
Wörter mit **ck** und **tz**		
Wörter mit **ie**		
Wörter mit weichem oder hartem Mitlaut am Wortende **b/p, d/t, g/k** oder **h**		
Wörter mit **ä** oder **äu** (Stammwort mit a oder au)		
Anders klingende Mitlaute: **Qu/qu** (kw) **Sp/sp** (Schp/schp), **St/st** (Scht/scht)		
Großschreibung Nomen + Satzanfänge Bei Nachsilben -heit, -keit, -nis, -ung		
Merkwörter Wörter mit Dehnungs -**h**		
Wörter mit **ß**		
Wörter mit Doppelvokal **aa - ee - oo**		
Wörter mit **V/v, Ver/ver**		
Wörter mit **ä/äu** und ohne verwandtes Wort mit a/au		
Wörter mit **ai**		
Wörter mit **x** (ks-Laut) x, chs, cks, ks, gs		
Fremdwörter mit Cc/Ch/ch, Th/th, Ph/ph und y		
Unregelmäßige Zeitwörter gehen - ging - gegangen		
Gleich klingende Wörter Ra**d** - Ra**t**, sei**d** - sei**t**, im - i**h**m		
Aufeinander treffende Doppellaute bei Wortbausteinen (z. B. verreisen, beenden)		

Beurteile deine Übung: ☺ oder ⊕ = keine Fehler; ☹ oder ⊖ = mehrere/viele Fehler, Übung dringend notwendig.

Meine Zwickis

Widerspenstige Wörter sind lästig. Du kannst sie zähmen.

Schreibe sie richtig auf und markiere genau die schwierige Stelle (die dich zwickt). Übe diese Wörter öfter und sie zwicken nicht mehr.

Lass sie dir diktieren (Eltern, Freund, Freundin) oder sprich sie auf Band. Kontrolliere dann die diktierten Wörter sofort und stelle das Ergebnis fest:

(+) Wort ganz richtig geschrieben (−) Wort falsch geschrieben

Trage das + oder − Zeichen jeweils in einem Kreis hinter das Wort auf der Zwicki-Liste ein.

Beispiele: ich muss(+), das Quatrat(−), der Teddi(−), der Satz(+), er dret(−), niemand(+)

Hast du schon 3(+) hinter einem Wort? Prima, dann kannst du es. Bei einer weiteren richtigen Wiederholung darfst du die Kreise hinter dem Wort ausmalen.

Übrigens, ein(−) kann ganz leicht zu (+) werden. Aus dem früheren Fehler habe ich gelernt. Warum sich also aufregen? Wähle je nach Länge des Wortes eine entsprechende Zeile aus.

Wort					
sehr ___ OOO	OOO	OOO	OOO	OOO	
OOO	OOO	OOO	OOO	OOO	
OOO	OOO	OOO	OOO	OOO	
OOO	OOO	OOO	OOO	OOO	
OOO	OOO	OOO	OOO	OOO	
OOO	OOO	OOO	OOO	OOO	
OOO	OOO	OOO	OOO	OOO	
OOO	OOO	OOO	OOO		
OOO	OOO	OOO	OOO		
OOO	OOO	OOO	OOO		
OOO	OOO	OOO	OOO		
OOO	OOO	OOO	OOO		
OOO	OOO	OOO	OOO		
OOO	OOO	OOO	OOO		
OOO	OOO	OOO	OOO		
OOO	OOO	OOO	OOO		
OOO	OOO	OOO	OOO		
das Thermometer ___ OOO	OOO	OOO			
OOO	OOO	OOO			
OOO	OOO	OOO			
OOO	OOO	OOO			
OOO	OOO	OOO			
OOO	OOO	OOO			
OOO	OOO	OOO			

RS	Name: _____	Datum: _____	

Im Wörterbuch nachschlagen

Das ist die wichtigste und sicherste Methode, um ein Wort richtig schreiben zu können. Mit einem Wörterlexikon lässt es sich gut arbeiten. Ohne fremde Hilfe kannst du selbst nachschlagen und feststellen, wie ein Wort richtig geschrieben wird. Wenn du häufiger in deinem **Wörterbuch nachschlägst**, wirst du bald merken, dass du immer **sicherer** wirst und mehr und mehr Wörter **fehlerfrei** schreibst.

Die Wörter in einem Wörterlexikon sind nach dem Abc geordnet. Voraussetzung zum Nachschlagen ist deshalb, dass du das Alphabet beherrschst.

❶ Dabei ist zunächst der **erste** Buchstabe wichtig.

Beispiel: Du findest das Wort Arzt unter dem Buchstaben 🄰
　　　　　　　　　Brille unter dem Buchstaben 🄱
　　　　　　　　　Clown unter dem Buchstaben 🄲

Du kannst dir das Alphabet besser merken, wenn du es in überschaubaren Gruppen lernst, z.B.

A B C D E　　F G H I J K　　L M N O P　　Q U R S T　　U V W　　X Y Z

Nenne von den angegebenen Buchstaben Vorläufer und Nachfolger

___C___　___F___　___K___　___M___　___D___　___S___　___H___　___V___　___T___

❷ Auch der zweite und die weiteren Buchstaben sind wichtig.

Bei gleichem ersten Buchstaben kommt es auf den **zweiten** an.

B	e	r	g
B	l	i	t	z
B	r	i	l	l	e

Du findest Berg vor Blitz, weil das e im Alphabet vor dem l kommt und Blitz vor Brille, weil l vor r steht. Ordne rechts die Wörter und markiere den entsprechenden Buchstaben.

Woche				
wild				
Wald				

ohne				
oder				
offen				

Bei gleichen ersten und zweiten Buchstaben kommt es auf den **dritten** an. Ordne die Wörter jeweils nach dem 3. Buchstaben und markiere nochmals den Buchstaben, auf den es ankommt.

N	a	c	h	t
N	a	d	e	l
N	a	g	e	l

passen				
packen				
Paket				

Bauch				
Bank				
bald				

Wenn die ersten drei Buchstaben gleich sind, entscheidet der **vierte**.

g	r	a	b	e	n
G	r	a	m	m
G	r	a	s

vergessen					
verletzen					
verbieten					

stark				
Stadt				
Stamm				

Die Wörter im Wörterbuch sind in einer bestimmten Form angeordnet

• Namenwörter (Nomen) stehen zuerst in der Einzahl mit Begleiter, z. B. Sonne, die
• Tunwörter (Verben) stehen in der Grundform/Nennform, z. B. spielen.
• Wiewörter / Eigenschaftswörter (Adjektive) stehen in der Grundstufe, z. B. kalt.

Deshalb musst du manchmal Wörter erst verändern, um sie nachschlagen zu können.
Beispiel:

er spielt, spielte → nachschlagen: spielen　　des Baumes, Bäume → Baum　　kälter　　→ kalt
du fällst, er fiel → nachschlagen: fallen　　die Bälle　　→ Ball　　am liebsten → lieb

Du suchst das Wort	Du findest es unter	Du suchst das Wort	Du findest es unter
du gibst	_____	es glüht	_____
dünner	_____	am härtesten	_____
Lieder	_____	ist geflossen	_____
er rannte	_____	Länder	_____

| RS | Name: _____ | Datum: _____ | |

Im Wörterbuch nachschlagen

Das ist die wichtigste und sicherste Methode, um ein Wort richtig schreiben zu können. Mit einem Wörterlexikon lässt es sich gut arbeiten. Ohne fremde Hilfe kannst du selbst nachschlagen und feststellen, wie ein Wort richtig geschrieben wird. Wenn du häufiger in deinem **Wörterbuch nachschlägst**, wirst du bald merken, dass du immer **sicherer** wirst und mehr und mehr Wörter **fehlerfrei** schreibst.

Die Wörter in einem Wörterlexikon sind nach dem Abc geordnet. Voraussetzung zum Nachschlagen ist deshalb, dass du das Alphabet beherrschst.

❶ Dabei ist zunächst der **erste** Buchstabe wichtig.

Beispiel: Du findest das Wort Arzt unter dem Buchstaben [A]

Brille unter dem Buchstaben [B]

Clown unter dem Buchstaben [C]

Du kannst dir das Alphabet besser merken, wenn du es in überschaubaren Gruppen lernst, z.B.

A B C D E   F G H I J K   L M N O P   Q U R S T   U V W   X Y Z

Nenne von den angegebenen Buchstaben Vorläufer und Nachfolger

_B C D_   _E F G_   _J K L_   _L M N_   _C D E_   _R S T_   _G H I_   _U V W_   _S T U_

❷ Auch der zweite und die weiteren Buchstaben sind wichtig.

Bei gleichem ersten Buchstaben kommt es auf den **zweiten** an.

B	e	r	g	
B	l	i	t	z
B	r	i	l	l	e

Du findest Berg vor Blitz, weil das e im Alphabet vor dem l kommt und Blitz vor Brille, weil l vor r steht. Ordne rechts die Wörter und markiere den entsprechenden Buchstaben.

Woche	W	a	l	d	
wild	W	i	l	d	
Wald	W	o	c	h	e

ohne	o	d	e	r	
oder	o	f	f	e	n
offen	o	h	n	e	

Bei gleichen ersten und zweiten Buchstaben kommt es auf den **dritten** an. Ordne die Wörter jeweils nach dem 3. Buchstaben und markiere nochmals den Buchstaben, auf den es ankommt.

N	a	c	h	t
N	a	d	e	l
N	a	g	e	l

passen	p	a	c	k	e	n
packen	P	a	k	e	t	
Paket	p	a	s	s	e	n

Bauch	b	a	l	d	
Bank	B	a	n	k	
bald	B	a	u	c	h

Wenn die ersten drei Buchstaben gleich sind, entscheidet der **vierte**.

g	r	a	b	e	n
G	r	a	m	m	
G	r	a	s		

vergessen	v	e	r	b	i	e	t	e	n
verletzen	v	e	r	g	e	s	s	e	n
verbieten	v	e	r	l	e	t	z	e	n

stark	S	t	a	d	t
Stadt	S	t	a	m	m
Stamm	s	t	a	r	k

Die Wörter im Wörterbuch sind in einer bestimmten Form angeordnet

• Namenwörter (Nomen) stehen zuerst in der Einzahl mit Begleiter, z. B. Sonne, die

• Tunwörter (Verben) stehen in der Grundform/Nennform, z. B. spielen.

• Wiewörter / Eigenschaftswörter (Adjektive) stehen in der Grundstufe, z. B. kalt.

Deshalb musst du manchmal Wörter erst verändern, um sie nachschlagen zu können.

Beispiel:

er spielt, spielte → nachschlagen: spielen   des Baumes, Bäume → Baum   kälter → kalt

du fällst, er fiel → nachschlagen: fallen   die Bälle → Ball   am liebsten → lieb

Du suchst das Wort	Du findest es unter	Du suchst das Wort	Du findest es unter
du gibst	**geben**	es glüht	**glühen**
dünner	**dünn**	am härtesten	**hart**
Lieder	**Lied**	ist geflossen	**fließen**
er rannte	**rennen**	Länder	**Land**

RS | Name: _____ | Datum: _____

Im Wörterbuch nachschlagen

In den meisten Wörterbüchern erhältst du nicht nur die richtige Schreibweise eines Wortes, sondern noch weitere Hinweise.

❶ So können Nomen (Namenwörter) im Wörterbuch stehen:

④ So wird das Wort richtig geschrieben
So wird das Wort ausgesprochen
⑤ Hinweise auf die Fälle: Wessen-, Wem-, Wenfall

① Begleiter (Artikel) des Nomens

② Das ist die Mehrzahl (Plural) des Wortes

③ So wird das Wort getrennt

der Christ [krɪst]; des/dem/den Chris|ten; die Chris|ten; der **Christ|baum**; die **Christen|heit**; das **Christ|en|tum**; die **Chris|ten-**|**ver|fol|gung**; die **Chris|tin**; die Christin nen; das **Christ|kind**; des Christkind[e]s; **christ|lich**; die christliche Seefahrt;

⑥ Das sind weitere verwandte Wörter und Zusammensetzungen zur Wortfamilie Christ.

das Me|di|um (die Kommunikation vermittelnde Person oder Sache); die Me|di|en (insbesondere: Film, Funk, Fernsehen, Presse); die neuen Medien (insbesondere: Computer, Internet, CD-ROM, DVD)

⑦ Worterklärung (Definition)

⑧ Beispiele zum besseren Verständnis

Wichtige Hinweise zu Nomen

_____

_____

_____

_____

_____

_____

❷ So können Verben (Tunwörter) im Wörterbuch stehen:

② Hinweis auf (unregelmäßige) Zeitformen
Gegenwart (du greifst, sie greift)
1. Vergangenheit (sie griff)
2. Vergangenheit (sie hat gegriffen)
Befehlsform (greife danach)

① Grundform (Infinitiv) des Wortes

③ Verwandtes Wort

grei|fen; du greifst; sie greift; sie griff; sie hat danach gegriffen; greife danach!; die Krankheit hat sehr um sich gegriffen; der Sieg war zum Greifen nahe; der **Greif|vo|gel**

④ Satzbeispiel zu dem Wort

⑤ Hinweis auf Silbentrennung

Wort im Satzzusammenhang

hän|gen; das Bild hängt; das Bild hing an der Wand; das Bild hat hier gehangen; mit Hängen und Würgen (*umgangssprachlich für:* mit Müh und Not); an einem Nagel hängen bleiben; er ist daran hängen geblieben; das Bild soll hängen bleiben; ich lasse meinen Freund nicht hängen (*umgangssprachlich für:* ich lasse ihn nicht im Stich); ich habe ihn nicht hängen lassen; der Kunde hat seinen Hut hängen lassen

⑥ Redewendung zu dem Wort und ihre Bedeutung

⑦ Hinweis auf Getrenntschreibung

Wichtige Hinweise zu Verben

_____

_____

_____

_____

_____

_____

_____

❸ So können Adjektive (Eigenschaftswörter) im Wörterbuch stehen:

② Steigerung des Adjektivs mit Silbentrennung
1. Steigerungsstufe/Höchststufe

① Grundform des Adjektivs

Satzbeispiel

glatt; glat|ter *oder* glät|ter; am glat|testen *oder* glät|tes|ten; es wird schon alles glatt gehen (gut gehen); sie hat ihre Haare glatt gekämmt; die **Glät|te;** das **Glatteis; glät|ten;** du glättest; sie glättete; sie hat das Papier geglättet; glätte das Papier!

③ Redewendung mit Erklärung

verwandte Wörter

① Grundform

Verwandtes Verb mit Zeitformen

hart; här|ter; am här|tes|ten; hart auf hart; eine harte Währung; ein hart gekochtes Ei; das Brot ist hart geworden; der hart gefrorene Boden; die **Här|te; här|ten;** du härtest; sie härtet; sie härtete; sie hat den Stahl gehärtet; härte ihn!; das **Hart|geld** (Münzen); des Hartgeld[e]s; **hart|her|zig;** die **Hart|her|zig-**|**keit;** das **Hart|holz; hart|nä!|ckig;** die **Hart-**|**nä!|ckig|keit**

④ Hinweis auf Getrenntschreibung

⑤ Satzbeispiel

verwandte Wörter

⑥ verwandte zusammengesetzte Wörter

Wichtige Hinweise zu Adjektiven

_____

_____

_____

_____

_____

RS | **Name:** _____ **Datum:** _____

Im Wörterbuch nachschlagen

In den meisten Wörterbüchern erhältst du nicht nur die richtige Schreibweise eines Wortes, sondern noch weitere Hinweise.

❶ So können Nomen (Namenwörter) im Wörterbuch stehen:

④ So wird das Wort richtig geschrieben
So wird das Wort ausgesprochen
⑤ Hinweise auf die Fälle: Wessen-, Wem-, Wenfall

① Begleiter (Artikel) des Nomens

der Christ [krıst]; des/dem/den Chris|ten; **die Chris|ten; der Christ|baum; die Chris-ten|heit; das Chris|ten|tum; die Christen-ver|fol|gung; die Chris|tin; die Christin nen; das Christ|kind; des Christkind[e]s; christ|lich;** die christliche Seefahrt;

⑥ Das sind weitere verwandte Wörter und Zusammensetzungen zur Wortfamilie Christ.

② Das ist die Mehrzahl (Plural) des Wortes

③ So wird das Wort getrennt

das Me|di|um (die Kommunikation vermit-telnde Person oder Sache); die Me|di|en (insbesondere: Film, Funk, Fernsehen, Presse); die neuen Medien (insbesonde-re: Computer, Internet, CD-ROM, DVD)

⑦ Worterklärung (Definition)

⑧ Beispiele zum besseren Verständnis

Wichtige Hinweise zu Nomen
1. Begleiter (Artikel)
2. Mehrzahl (Plural)
3. Silbentrennung
4. Aussprache
5. Fälle, bes. Wessen-Fall
6. Verwandte Wörter
7. Worterklärung
8. Beispiele

❷ So können Verben (Tunwörter) im Wörterbuch stehen:

② Hinweis auf (unregelmäßige) Zeitformen
Gegenwart (du greifst, sie greift)
1. Vergangenheit (sie griff)
2. Vergangenheit (sie hat gegriffen)
Befehlsform (greife danach)

① Grundform (Infinitiv) des Wortes

grei|fen; du greifst; sie greift; sie griff; sie hat danach gegriffen; greife danach!; die Krankheit hat sehr um sich gegriffen; der Sieg war zum Greifen nahe; der **Greif|vo|gel**

③ Verwandtes Wort

④ Satzbeispiel zu dem Wort

⑤ Hinweis auf Silbentrennung

Wort im Satzzusammenhang

hän|gen; das Bild hängt; das Bild hing an der Wand; das Bild hat hier gehangen; mit Hängen und Würgen (*umgangs-sprachlich für:* mit Müh und Not); an ei-nem Nagel hängen bleiben; er ist daran hängen geblieben; das Bild soll hängen bleiben; ich lasse meinen Freund nicht hängen (*umgangssprachlich für:* ich lasse ihn nicht im Stich); ich habe ihn nicht hängen lassen; der Kunde hat seinen Hut hängen lassen

⑥ Redewendung zu dem Wort und ihre Bedeutung

⑦ Hinweis auf Getrenntschreibung

Wichtige Hinweise zu Verben
1. Grundform des Verbs
2. (Unregelmäßige) Zeit-for:nen
3. Verwandte Wörter
4. Satzbeispiel
5. Silbentrennung
6. Redewendung
7. Getrenntschreibung

❸ So können Adjektive (Eigenschaftswörter) im Wörterbuch stehen:

② Steigerung des Adjektivs mit Silbentrennung
1. Steigerungsstufe/Höchststufe

① Grundform des Adjektivs

glatt; glat|ter *oder* glät|ter; am glat|tes-ten *oder* glät|tes|ten; es wird schon alles glatt gehen (gut gehen); sie hat ihre Haa-re glatt gekämmt; **die Glät|te; das Glatt-eis; glät|ten;** du glättest; sie glättete; sie hat das Papier geglättet; glätte das Pa-pier!

③ Redewendung mit Erklärung

verwandte Wörter

Satzbeispiel

① Grundform

hart; här|ter; am här|tes|ten; hart auf hart; eine harte Währung; ein hart ge-kochtes Ei; das Brot ist hart geworden; der hart gefrorene Boden; **die Här|te; här|ten;** du härtest; sie härtet; sie härte-te; sie hat den Stahl gehärtet; härte ihn!; **das Hart|geld** (Münzen); des Hart-geld[e]s; **hart|her|zig; die Hart|her|zig-keit; das Hart|holz; hart|nä!|ckig; die Hart-nä|ckig|keit**

Verwandtes Verb mit Zeitformen

④ Hinweis auf Getrenntschreibung

⑤ Satzbeispiel

verwandte Wörter

⑥ verwandte zusam-mengesetzte Wörter

Wichtige Hinweise zu Adjektiven
1. Grundform des Adjektivs
2. Steigerung mit Silben-trennung
3. Redewendungen
4. Getrenntschreibung
5. Satzbeispiele
6. Verwandte Wörter

Dein Wörterbuch gibt noch mehr Hinweise (1)

Kläre mit Hilfe des Wörterbuches die Bedeutung folgender Fremdwörter:

Worterklärung
verstanden?
ja   nein

Prinzip _____ ◯   ◯

Interesse _____ ◯   ◯

positiv _____ ◯   ◯

Recycling _____ ◯   ◯

Thermometer _____ ◯   ◯

Wie trennt man folgende Wörter?

empfinden _____

entwickeln _____

kratzen _____

Lehrerinnen _____

überqueren _____

verwechseln _____

Setze mit Hilfe des Wörterbuchs in die Mehrzahl.

Ärztin _____

Clown _____

Erlebnis _____

Medium _____

Technik _____

Thema _____

Dein Wörterbuch gibt noch mehr Hinweise (2)

Steigere die Wörter mit Hilfe des Wörterbuchs.

brav _____ am _____

dreckig _____ am _____

hoch _____ am _____

jung _____ am _____

nah _____ am _____

stark _____ am _____

Setze folgende Verben in die 1. und 2. Vergangenheit.

beginnen ich _____ er_____

frieren   ich _____ er_____

messen   ich _____ er_____

rennen   ich _____ er_____

schweigen ich _____ er_____

streiten   ich _____ er_____

Suche aus dem Wörterbuch jeweils vier verwandte Wörter. Schreibe zu den Nomen den Begleiter.

Christ _____

Ehre _____

mehr _____

voll _____

Bilde mit Hilfe des Wörterbuchs drei zusammengesetzte Wörter. Schreibe zu den Nomen den Begleiter.

Bahn _____

Blitz _____

Meer _____

Schwimmen _____

Dein Wörterbuch gibt noch mehr Hinweise (1)

Kläre mit Hilfe des Wörterbuches die Bedeutung folgender Fremdwörter:

Worterklärung verstanden?
ja   nein

Prinzip	Grundlage, Grundsatz, Regel	◯ ◯
Interesse	besondere Beachtung, Neigung, Vorliebe für etwas	◯ ◯
positiv	bejahend, zustimmend, zutreffend	◯ ◯
Recycling	Wiederverwertung von bereits benutzten Materialien	◯ ◯
Thermometer	Temperaturmessgerät für Wärme und Kälte	◯ ◯

Wie trennt man folgende Wörter?

empfinden	emp-finden
entwickeln	ent-wi-ckeln
kratzen	krat-zen
Lehrerinnen	Leh-re-rin-nen
überqueren	über-que-ren
verwechseln	ver-wech-seln

Setze mit Hilfe des Wörterbuchs in die Mehrzahl.

Ärztin	Ärztinnen
Clown	Clowns
Erlebnis	Erlebnisse
Medium	Medien
Technik	Techniken
Thema	Themen

Dein Wörterbuch gibt noch mehr Hinweise (2)

Steigere die Wörter mit Hilfe des Wörterbuchs.

brav	braver	am	bravsten
dreckig	dreckiger	am	dreckigsten
hoch	höher	am	höchsten
jung	jünger	am	jüngsten
nah	näher	am	nächsten
stark	stärker	am	stärksten

Setze folgende Verben in die 1. und 2. Vergangenheit.

beginnen	ich begann	er	hat begonnen
frieren	ich fror	er	hat gefroren
messen	ich maß	er	hat gemessen
rennen	ich rannte	er	ist gerannt
schweigen	ich schwieg	er	hat geschwiegen
streiten	ich stritt	er	hat gestritten

Suche aus dem Wörterbuch jeweils vier verwandte Wörter. Schreibe zu den Nomen den Begleiter.

Christ	das Christentum, christlich, der Christbaum, das Christkind
Ehre	ehren, ehrlich, die Ehrlichkeit, ehrgeizig, das Ehrenwort
mehr	mehrere, mehrmals, mehrfach, die Mehrheit, die Mehrzahl
voll	völlig, vollkommen, vollenden, vollständig, der Vollmond

Bilde mit Hilfe des Wörterbuchs drei zusammengesetzte Wörter. Schreibe zu den Nomen den Begleiter.

Bahn	der Bahnhof, die Bahnschranke, der Bahnsteig, bahnbrechend
Blitz	das Blitzlicht, der Blitzschlag, blitzblank, blitzschnell
Meer	der Meeresblick, das Meerschweinchen, der Meeresstrand, das Meerwasser
Schwimmen	das Schwimmbad, das Schwimmbecken, der Schwimmsport, der Schwimmvogel

Gemeinsam geht mehr ⑤

Die Naturkatastrophe in Südasien entwickelte sich in wenigen Stunden. Die Folgen der Riesenwelle, die sich mit 700 km/h in allen Richtungen ausbreitete und an Land entsetzliche Verwüstungen hinterließ, werden erst in Jahren nicht mehr zu sehen sein. Zwar ist Geld vorhanden, aber es wird noch lange dauern, bis die enormen Schäden behoben sind und in den betroffenen Ländern Normalität einkehrt. Bei den notwendigen Hilfsmaßnahmen stehen meist die ausländischen Aktionen im Brennpunkt. Es ist aber eine längst erwiesene Tatsache, dass den lokalen Hilfskräften eine bedeutende Rolle zukommt, und zwar deshalb, weil die Einheimischen der Landessprache kundig sind und sich mit den örtlichen Verhältnissen besser auskennen. Eine Hilfe ist also am effektivsten, wenn einheimische und ausländische Helfer kooperieren und sich ergänzen. Mit dieser Strategie gelingt es auch am besten, neben der jeweils aktuellen Notwendigkeit zur schnellen Hilfe auch die Lebensbedingungen der Menschen langfristig zu verbessern.

(143)

Merkwörter:

V h: _____

V ß: _____

Fremdwörter (FW):

i ≠ ie ⇨ i ⇨ -iv

_____

i nur am Wortende mit ie ⇨ -ie, -ier, -ieren:

_____

VM (= nach kurzem Vokal folgt nur ein Mitlaut)

_____

VdM (= doppelter Mitlaut, obwohl davor kein kurzer Vokal)

_____

FW mit ä, Endung -ät:

_____

FW mit ph:

_____

Nachdenkstrategien

① V ⇨ dM

② V ⇨ ck/tz
entwickeln

③ i ⇨ ie

④ (ä)(a)

⑤ ☐⇨ oder (Gf) + h
geht - gehen

⑥ V er-/or-
VS ver-/vor- immer mit V

Gemeinsam geht mehr

Die Naturkatastrophe in Südasien entwickelte sich in wenigen Stunden. Die Folgen der Riesenwelle, die sich mit 700 km/h in allen Richtungen ausbreitete und an Land entsetzliche Verwüstungen hinterließ, werden erst in Jahren nicht mehr zu sehen sein. Zwar ist Geld vorhanden, aber es wird noch lange dauern, bis die enormen Schäden behoben sind und in den betroffenen Ländern Normalität einkehrt. Bei den notwendigen Hilfsmaßnahmen stehen meist die ausländischen Aktionen im Brennpunkt. Es ist aber eine längst erwiesene Tatsache, dass den lokalen Hilfskräften eine bedeutende Rolle zukommt, und zwar deshalb, weil die Einheimischen der Landessprache kundig sind und sich mit den örtlichen Verhältnissen besser auskennen. Eine Hilfe ist also am effektivsten, wenn einheimische und ausländische Helfer kooperieren und sich ergänzen. Mit dieser Strategie gelingt es auch am besten, neben der jeweils aktuellen Notwendigkeit zur schnellen Hilfe auch die Lebensbedingungen der Menschen langfristig zu verbessern.

(143)

Merkwörter:

V h: **mehr, Jahr, einkehren, Maßnahmen**

V ß: **Maßnahme, hinterließ (hinterlassen)**

Fremdwörter (FW):

i ≠ ie ⇨ i ⇨ -iv
effektiv

i nur am Wortende mit **ie** ⇨ -ie, -ier, -ieren:
kooperieren, Strategie

VM (= nach kurzem Vokal folgt nur ein Mitlaut)
kooperieren, Strategie

VdM (= doppelter Mitlaut, obwohl davor kein kurzer Vokal)
effektiv

FW mit **ä**, Endung **-ät**:
Normalität

FW mit **ph**:
Katastrophe

Nachdenkstrategien

① V ⇨ dM
Welle, alle, betroffen, brennen, Rolle, dass, zukommen, Verhältnisse, besser, auskennen, aktuell, schnell, verbessern

② V ⇨ ck/tz
entwickeln
entsetzlich

③ i ⇨ ie
Riese, erwiesen, kooperieren, Strategie, hinterließ (hinterlassen)

④ ä / a
Ländern - Land
Schäden - Schaden
ausländisch - Ausland
längst - lang
Kräfte - Kraft
Verhältnis - Verhalten
ergänzen - ganz

⑤ ⬜⇨ oder Gf + h
geht - gehen
sehen, Geld - Gelder, stehen, wird - werden, Land - Länder, deshalb, kundig - kundiger, langfristig - langfristiger

⑥ V er-/or-
VS ver-/vor- immer mit V
Verwüstungen, vorhanden, Verhältnis, verbessern

Der Läufer von Marathon ④

Der persische König Darius I. war 490 v. Chr. mit seinem Heer bei Marathon gelandet und wollte die griechische Stadt Athen erobern. Aber die Griechen stellten sich ihm entschlossen entgegen und trieben seine Soldaten auf die Schiffe zurück. Die Perser jedoch steuerten ihre Boote nicht heimwärts, sondern wollten vom Meer die ungeschützte Stadt Athen angreifen. Da schickte der griechische Feldherr Miltiades einen jungen Krieger auf den Weg, um den Athenern den Sieg zu melden und sie vor den anrückenden kriegerischen Persern zu warnen.

Der Jüngling kannte die Bedeutung seiner Meldung und das beflügelte seinen Lauf. Er lief durch Täler und über Höhen, ohne sich Rast zu gönnen. Keuchend erreichte er Athen und konnte gerade noch seine Botschaft verkünden, ehe er vollkommen erschöpft auf dem Marktplatz tot zusammenbrach. In etwas mehr als zwei Stunden hatte er den gut 42 Kilometer langen Weg zurückgelegt. Dieses Ereignis prägte den Begriff „Marathonlauf", der seit 1896 auch olympische Disziplin ist.

(159)

Merkwörter:

V h:

_____

VdS:

_____

(ä) ohne (a):

_____

Vv:

_____

Fremdwörter:

i ≠ ie ⇨ i ⇨ -in:

_____

Th / th:

_____

y:

_____

Nachdenkstrategien

① Ṿ ⇨ dM

_____

_____

_____

_____

② Ṿ ⇨ ck / tz

_____

_____

_____

③ i̲ ⇨ ie

_____

_____

_____

④ (ä)(a) + (äu)(au)

Läufer - laufen

_____

⑤ ⬚ ⇨ oder (Gf) + ‿‿

_____

_____

_____

_____

⑥ V$_{or-}^{er-}$

VS ver- / vor- immer mit v

Der Läufer von Marathon

Der persische König Darius I. war 490 v. Chr. mit seinem Heer bei Marathon gelandet und wollte die griechische Stadt Athen erobern. Aber die Griechen stellten sich ihm entschlossen entgegen und trieben seine Soldaten auf die Schiffe zurück. Die Perser jedoch steuerten ihre Boote nicht heimwärts, sondern wollten vom Meer die ungeschützte Stadt Athen angreifen. Da schickte der griechische Feldherr Miltiades einen jungen Krieger auf den Weg, um den Athenern den Sieg zu melden und sie vor den anrückenden kriegerischen Persern zu warnen.

Der Jüngling kannte die Bedeutung seiner Meldung und das beflügelte seinen Lauf. Er lief durch Täler und über Höhen, ohne sich Rast zu gönnen. Keuchend erreichte er Athen und konnte gerade noch seine Botschaft verkünden, ehe er vollkommen erschöpft auf dem Marktplatz tot zusammenbrach. In etwas mehr als zwei Stunden hatte er den gut 42 Kilometer langen Weg zurückgelegt. Dieses Ereignis prägte den Begriff „Marathonlauf", der seit 1896 auch olympische Disziplin ist. (159)

Merkwörter:

V h:

ihm, ihre, ohne, mehr

VdS:

Heer, Boot, Meer

(ä) ohne (a):

heimwärts, prägen

Vv:

vollkommen

Fremdwörter:

i ≠ ie ⇨ i ⇨ -in:

Disziplin

Th/th:

Marathon, Marathonlauf, Athen

y:

olympisch

Nachdenkstrategien

① V ⇨ dM

wollte, stellten, entschlossen, Schiffe, Feldherr, kannte (kennen), gönnen, konnte (können), dann, vollkommen, zusammen, hatte, Begriff

② V ⇨ ck/tz

zurück, schicken, anrückenden, zurückgelegt, ungeschützt, Marktplatz

③ i ⇨ ie

griechisch, Griechen, trieben (treiben), Krieger, Sieg, sie, lief (laufen)

④ (ä)(a) +(äu)(au)

Läufer - laufen

Täler - Tal

⑤ ☐⇨ oder (Gf) + ～

König - Könige

Stadt - Städte

Feldherr - Felder

Weg - Wege

Sieg - Siege

Höhe

zurückgelegt -

zurücklegen

ehe - ehe

gelegt - legen

prägte - prägen

⑥ V er-/or-

VS ver-/vor- immer mit v

verkünden

Frisch gepresste Säfte

Hast du schon einmal frisch gepressten Saft probiert? Du wirst staunen, wie groß der geschmackliche Unterschied im Vergleich zu neu gekauften Säften ist. Mit selbst hergestellten Säften genießt man nicht nur ein einzigartiges Getränk, der Körper erhält auch natürliche Vitamine, Mineralstoffe, Spurenelemente und wertvolle Enzyme.

Dr. Norman Walker, ein bekannter Arzt, beschäftigte sich vorwiegend mit der Bedeutung solcher gesunden Säfte. Er selbst war so fit, dass er noch mit hundert Jahren Bücher schrieb und Fahrrad fuhr.

Der eindeutige Vorteil: Wenn man seinen Saft selbst frisch zubereitet, kann man auch sicher sein, dass keine unreifen oder gar faulen Früchte verwendet werden. Man weiß genau, dass der Saft wirklich ganz frisch ist und nicht mit Zusatzstoffen versehen wurde.

Ein Glas Saft liefert die Vitalstoffe von einem ganzen Pfund Obst oder Gemüse. Diese reichhaltigen Nährstoffe werden vom Körper schnell aufgenommen. Man spürt einen raschen Energieschub und kann sich so richtig wohlfühlen.

(150)

Merkwörter:

V̲ h:

_____

V̲ß:

_____

V / v:

_____

Fremdwörter:

V̲M (= nach kurzem Vokal nur ein Mitlaut)

_____

i̲ ≠ ie ⇨ i:

_____

i̲ nur am Wortende mit **ie** ⇨ -ie, -ier, -ieren:

_____

V / v:

_____

y:

_____

Nachdenkstrategien

① V ⇨ dM

gepresst, _____

_____

_____

_____

_____

② V ⇨ ck / tz

_____

③ i̲ ⇨ ie

_____

_____

_____

④ ä a

Säfte - Saft _____

_____

_____

_____

_____

⑤ ⬜⇨ , Gf + __h

_____

_____

_____

_____

_____

⑥ V er- / or-

VS ver-/vor- immer mit v

_____

_____

Frisch gepresste Säfte

Hast du schon einmal frisch gepressten Saft probiert? Du wirst staunen, wie groß der geschmackliche Unterschied im Vergleich zu neu gekauften Säften ist. Mit selbst hergestellten Säften genießt man nicht nur ein einzigartiges Getränk, der Körper erhält auch natürliche Vitamine, Mineralstoffe, Spurenelemente und wertvolle Enzyme.

Dr. Norman Walker, ein bekannter Arzt, beschäftigte sich vorwiegend mit der Bedeutung solcher gesunden Säfte. Er selbst war so fit, dass er noch mit hundert Jahren Bücher schrieb und Fahrrad fuhr.

Der eindeutige Vorteil: Wenn man seinen Saft selbst frisch zubereitet, kann man auch sicher sein, dass keine unreifen oder gar faulen Früchte verwendet werden. Man weiß genau, dass der Saft wirklich ganz frisch ist und nicht mit Zusatzstoffen versehen wurde.

Ein Glas Saft liefert die Vitalstoffe von einem ganzen Pfund Obst oder Gemüse. Diese reichhaltigen Nährstoffe werden vom Körper schnell aufgenommen. Man spürt einen raschen Energieschub und kann sich so richtig wohlfühlen. (150)

Merkwörter:

V̲ h:
Jahren, Fahrrad, fuhr (fahren), Nährstoffe, wohlfühlen

V̲ß:
groß, genießt, weiß

V / v:
wertvolle

Fremdwörter:

V̲M (= nach kurzem Vokal nur ein Mitlaut)
fit

i̲ ≠ ie ⇨ i:
Vitamine

i̲ nur am Wortende mit **ie** ⇨ -ie, -ier, -ieren:
probieren, Energie

V / v:
Vitamine, Vitalstoffe

y:
Enzyme

Nachdenkstrategien

① V ⇨ dM
gepresst, **hergestellt, wertvoll, Mineralstoff, bekannt, wenn, kann, dass, Stoff, schnell, aufgenommen (aufnehmen)**

② V ⇨ ck / tz
geschmacklich, Zusatzstoffe

③ i ⇨ ie
Unterschied, genießt, vorwiegend, schrieb (schreiben), liefern, Energieschub

④ (ä)(a)
Säfte - Saft
Getränk - trank (trinken)
erhält - erhalten
beschäftigen (f) - schaffen (ff), Nährstoff (Nahrung)

⑤ ▢⇨ , (Gf) + _h_
beschäftigte - beschäftigen
Fahrrad - Räder
schrieb - schreiben
versehen
Pfund - Pfunde
Schub - Schübe
richtig - richtiger

⑥ V er- / or-
VS ver-/vor- immer mit v
Vergleich, vorwiegend, Vorteil, verwenden, versehen

Was ist Öko-Landbau? ⑤

Nachdenkstrategien

Die Ökologie untersucht, wie Pflanzen und Tiere von ihrer Umwelt (z. B. Klima, Nahrung, Umgebung) abhängen und sich gegenseitig beeinflussen.

Als Öko-Lebensmittel dürfen nur solche bezeichnet werden, die nach den Richtlinien des ökologischen Landbaus erzeugt und verarbeitet wurden. Wichtigster Grundsatz beim ökologischen Landbau ist der möglichst geschlossene Betriebskreislauf: Die Äcker und Wiesen liefern Futter für das Vieh. Der Dung wird als Stallmist auf den Flächen zur Düngung ausgebracht. Öko-Bauern verzichten auf Pestizide und synthetische Düngemittel. Die Fruchtbarkeit der Böden bauen die Öko-Landwirte durch vielseitige Fruchtfolgen und durch den Anbau von Kleegras auf. In der Tierhaltung steht die artgerechte Haltung ganz im Vordergrund: Die Milchkühe, Schweine oder Hühner müssen Weidegang oder Auslauf erhalten. Außerdem sind für jedes Tier umfangreiche Mindestflächen vorgeschrieben. Die Haltung von Hühnern in Käfigen und der Einsatz von Leistungsförderern und Antibiotikazusätzen zum Futter sind verboten. Ferner ist der Einsatz von Gentechnik und die Bestrahlung von Lebensmitteln tabu.

(150)

Merkwörter:

<u>V</u> h: _____

<u>V</u>dS: _____

<u>V</u> ß: _____

V / v: _____

ⓐohneⓐ: _____

Fremdwörter:

<u>i</u> ≠ ie ⇨ i:

_____

_____

<u>i</u> nur am Wortende mit **ie** ⇨ -ie:

_____

y + th:

_____

---

① V ⇨ dM

_____
_____
_____
_____

② V ⇨ ck / tz

_____

③ <u>i</u> ⇨ ie

_____
_____

④ ⓐ ⓐ

_____
_____
_____

⑤ ⬜➡ , Ⓖf + ‿ h

<u>Land|bau - Länder,</u>

_____
_____
_____
_____
_____
_____

⑥ V er- / or-

VS ver-/vor- immer mit v

_____
_____

Was ist Öko-Landbau?

Die Ökologie untersucht, wie Pflanzen und Tiere von ihrer Umwelt (z. B. Klima, Nahrung, Umgebung) abhängen und sich gegenseitig beeinflussen.

Als Öko-Lebensmittel dürfen nur solche bezeichnet werden, die nach den Richtlinien des ökologischen Landbaus erzeugt und verarbeitet wurden. Wichtigster Grundsatz beim ökologischen Landbau ist der möglichst geschlossene Betriebskreislauf: Die Äcker und Wiesen liefern Futter für das Vieh. Der Dung wird als Stallmist auf den Flächen zur Düngung ausgebracht. Öko-Bauern verzichten auf Pestizide und synthetische Düngemittel. Die Fruchtbarkeit der Böden bauen die Öko-Landwirte durch vielseitige Fruchtfolgen und durch den Anbau von Kleegras auf. In der Tierhaltung steht die artgerechte Haltung ganz im Vordergrund: Die Milchkühe, Schweine oder Hühner müssen Weidegang oder Auslauf erhalten. Außerdem sind für jedes Tier umfangreiche Mindestflächen vorgeschrieben. Die Haltung von Hühnern in Käfigen und der Einsatz von Leistungsförderern und Antibiotikazusätzen zum Futter sind verboten. Ferner ist der Einsatz von Gentechnik und die Bestrahlung von Lebensmitteln tabu.

(150)

Merkwörter:

V̲ h: **Nahrung, Vieh, Hühner, Bestrahlung**

V̲dS: **Kleegras**

V̲ ß: **außerdem**

V / v: **vielseitig, Vieh, Vordergrund**

(ä)ohne(a): **Käfig**

Fremdwörter:

i̲ ≠ ie ⇨ i: **Klima, Richtlinien, Pestizide**

i̲ nur am Wortende mit ie ⇨ -ie: **Ökologie**

y + th: **synthetisch**

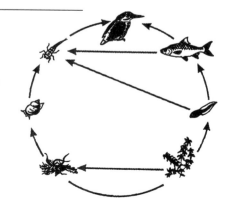

Nachdenkstrategien

① V ⇨ dM
beeinflussen, Lebensmittel, geschlossen, Futter, Stallmist, Düngemittel, müssen

② V ⇨ ck / tz
Einsatz, Zusätzen, Grundsatz

③ i ⇨ ie
Tiere, Betriebskreislauf, Wiesen, liefern, Vieh, vielseitig, Tierhaltung, vorgeschrieben

④ (ä)(a)
abhängen - Hang
Äcker - Acker
Fläche - flach
Zusätzen - Zusatz

⑤ ☐⇨ , (Gf) + ‿h

Landbau - Länder, gegenseitig - gegenseitiger, erzeugt - erzeugen, wichtigster - wichtige, Grundsatz - Gründe, möglichst - mögen, Betriebskreislauf - Betriebe, steht - stehen, Landwirte - Länder, Milchkühe,

---

⑥ V er-/or-
VS ver-/vor- immer mit v
verarbeitet, verzichten, verboten, vorgeschrieben

Haustiere

Wie treue Freunde können Haustiere uns Gesellschaft leisten und uns ihre Zuneigung schenken. Umgekehrt sind sie auf unsere Fürsorge angewiesen. Wir sorgen für ihre Nahrung, Pflege und für ihren Schutz.

Alle Haustiere stammen von Wildtieren ab, die vom Menschen gezähmt und durch Züchtung verändert wurden. Das älteste Haustier ist wohl der Hund, wie über 10 000 Jahre alte Funde vermuten lassen. Sehr bald folgten Schaf, Rind und Ziege, die wegen ihres Fleischs, der Milch und der Wolle gehalten wurden. Katzen gab es als echte Haustiere zuerst in Ägypten um 2000 v. Chr.

Wenn man ein Haustier halten will, ist zunächst die richtige Wahl sehr wichtig. Manche Haustiere wie Hunde brauchen viel Auslauf – es wäre grausam, sie in engen Wohnungen zu halten. Katzen dagegen fühlen sich fast überall wohl, am liebsten streifen sie aber im Freien umher. Viele Haustiere beanspruchen kaum Platz, ein Aquarium oder Vogelkäfig kann praktisch überall aufgestellt werden.

(150)

Merkwörter:

V h: _____
_____

V / v: _____

x / chs: _____

ⓐohneⓐ: _____
_____

Fremdwörter:

qu: _____
_____

y: _____

Nachdenkstrategien

① V ⇨ dM

② V ⇨ ck / tz

③ **i** ⇨ ie

④ (ä)(a)

⑤ ⬜➡ , (Gf) + ‿h

⑥ V er-/or-

VS ver-/vor- immer mit v

Haustiere

Wie treue Freunde kö①nnen Haustie③re uns Gese①llschaft leisten und uns ihre Zuneigung schenken. Umgekehrt sind sie auf unsere Fürsorge angewie③sen. Wir sorgen für ihre Nahrung, Pflege und für ihren Schu②tz.

Alle Haustiere sta①mmen von Wildtie⑤ren ab, die vom Menschen ge-zä④hmt und durch Züchtung ⑥ver④ändert wurden. Das ④älteste Haustier ist wohl der Hun⑤d, wie über 10 000 Jahre alte Funde ⑥vermuten la①s-⑤sen. Sehr bal⑤d folg⑤ten Schaf, Rin⑤d und Zie③ge, die wegen ihres Fleischs, der Milch und der Wo①lle gehalten wurden. Ka②tzen gab⑤ es als echte Haustiere zuerst in Ägypten um 2000 v. Chr.

Wenn man ein Haustier halten wi①ll, ist zun④ächst die richtige Wahl sehr wichti⑤g. Manche Haustiere wie Hunde brauchen viel Auslauf – es wä④re grausam, sie in engen Wohnungen zu halten. Ka②tzen dagegen fühlen sich fast übera①ll wohl, am lie③bsten streifen sie aber im Freien umher. Vie③le Haustiere beanspruchen kaum Pla②tz, ein Aquarium oder Vogelkäfig kann praktisch übera①ll aufgeste⑤llt werden.

(150)

Merkwörter:

V h: **umgekehrt, Nahrung, gezähmt, wohl, Jahre, sehr, Wahl, Wohnungen, fühlen, ihr**

V / v: **Vogelkäfig, viele**

x / chs: **zunächst**

ⓐohneⓐ: **Ägypten**
          Käfig

Fremdwörter:

qu:
Aquarium

y:
Ägypten

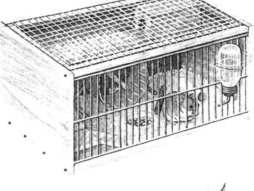

Nachdenkstrategien

① V ⇨ dM

können, Gesellschaft, stammen, lassen, Wolle, will, überall, aufgestellt

② V ⇨ ck / tz

Schutz, Katzen, Platz

③ i ⇨ ie

Haustiere, angewiesen (anweisen), Wildtiere, Ziege, viel, liebsten

④ (ä)(a)

verändern - anders

gezähmt - zahm

älteste - alt

zunächst - nahe

wäre - war

⑤ □ ⇨ , (Gf) + ‿ h

Wildtieren - wilder

Hund - Hunde

Rind - Rinder

bald - baldiges (Wieder-sehen)

folgten - folgen

gab - geben

wichtig - wichtiger

liebsten - lieber

⑥ V er-/or-

VS ver-/vor- immer mit v

verändert

vermuten

⑤
Viel Elend auf unserer Welt

Seit vier Monaten ist die Sudanesin Samira mit ihren beiden Kindern auf der Flucht. Es ist unfassbar, was sie im Bürgerkrieg im Sudan erleiden musste.

„Sie kamen über Nacht, überfielen und töteten unsere Männer und brannten die Hütten nieder. Alles, was wir hatten, ist zerstört, das Vieh erschlagen und die ganzen Vorräte vernichtet", erzählt die 22-Jährige mit stockender Stimme. Rebellen kämpfen massiv gegen regierungsnahe Milizen. Es geht um Land, um Wasser, um Öl. Und ob Rebellen oder Milizen, sie schrecken vor niemandem und vor keiner Brutalität zurück. Über eine Million Menschen sind in der Region inzwischen auf der Flucht. Mit vielen Aktivitäten versuchen humanitäre Organisationen, z. B. Unicef, Caritas und Malteser die bestehende große Not zu lindern. Die Aktionen solcher Verbände muss man finanziell unterstützen, damit sie effektive Hilfe anbieten können.

(150)

Merkwörter:

V h: _____

V ß: _____

V / v: _____

Fremdwörter:

VdM (doppelter Mitlaut, obwohl kein kurzer Vokal vorausgeht):

_____

i ≠ ie ⇨ i:

_____

FW mit **i** nur am Wortende mit **ie** ⇨ -ie, -ier, -ieren,-ierung

_____

FW mit **ä**:

_____

FW mit **v**:

_____

FW mit **ph**:

_____

① Ṿ ⇨ dM

② Ṿ ⇨ ck / tz

③ **i** ⇨ ie

④ ⓐ ⓐ

⑤ ☐→ , Ⓖf + ‿h
Elend - elendig

⑥ V er-/or-
VS ver-/vor- immer mit v

Viel Elend auf unserer Welt

Seit vier Monaten ist die Sudanesin Samira mit ihren beiden Kindern auf der Flucht. Es ist unfassbar, was sie im Bürgerkrieg im Sudan erleiden musste.

„Sie kamen über Nacht, überfielen und töteten unsere Männer und brannten die Hütten nieder. Alles, was wir hatten, ist zerstört, das Vieh erschlagen und die ganzen Vorräte vernichtet", erzählt die 22-Jährige mit stockender Stimme. Rebellen kämpfen massiv gegen regierungsnahe Milizen. Es geht um Land, um Wasser, um Öl. Und ob Rebellen oder Milizen, sie schrecken vor niemandem und vor keiner Brutalität zurück. Über eine Million Menschen sind in der Region inzwischen auf der Flucht. Mit vielen Aktivitäten versuchen humanitäre Organisationen, z. B. Unicef, Caritas und Malteser die bestehende große Not zu lindern. Die Aktionen solcher Verbände muss man finanziell unterstützen, damit sie effektive Hilfe anbieten können.

(150)

Merkwörter:

V h: ihr, Vieh, erzählt, 22-Jährige (Jahr)

V ß: groß

V / v: Vieh, viel, vier, Aktivität

Fremdwörter:

VdM (doppelter Mitlaut, obwohl kein kurzer Vokal vorausgeht):
massiv, effektiv, Million

i ≠ ie ⇨ i:
massiv, Milizen

FW mit i nur am Wortende mit ie ⇨ -ie, -ier, -ieren,-ierung
Regierung

FW mit ä:
Brutalität, humanitär, Aktivität

FW mit v:
Aktivität, effektiv, massiv

FW mit ph:
katastrophal

Nachdenkstrategien

① V ⇨ dM
unfassbar, musste, Männer, brannten, Hütten, alles, hatten, Stimme, Rebellen, Wasser, finanziell

② V ⇨ ck / tz
stockend, schrecken zurück, unterstützen

③ i ⇨ ie
viel, vier, Krieg, überfielen, Vieh, Regierung, nieder, niemand, anbieten

④ ä ○ a
Männer - Mann
Vorräte - Vorrat
kämpfen - Kampf
Verbände - Verband

⑤ □⇨ , Gf + h
Elend - elendig
Krieg - Kriege
nahe
Land - Länder
bestehende
regierungsnahe
Verbände - Verband

⑥ V er-/or-
VS ver-/vor- immer mit v
Vorräte, vernichtet, Verbände, versuchen

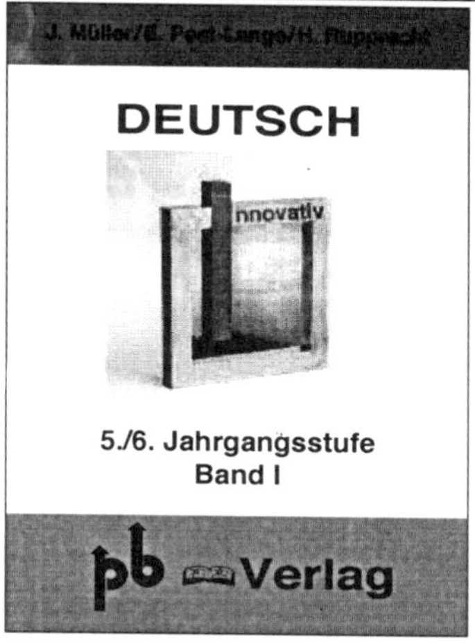
J. Müller/E. Post-Lange/H. Rupprecht
DEUTSCH
innovativ
5./6. Jahrgangsstufe
Band I
pb Verlag

Inhaltsübersicht

Sprache kreativ / wir spielen
Konsonanten,Vokale und andere Zungenbrecher
Gefüllte Kalbsbrust einmal anders
ABC-Gedichte
Mit Wortarten kann man spielen!
Teekessel und Wortverstecken
Ein Koffer voll mit Faltspielen
Lexikonbeispiele
Wortspiele zum Thema „Hund"
Substantive zusammensetzen
Achtung, das sind Adjektive!
Silben verändern Wörter
Mit Sätzen spielen
Würfelgeschichten
Dichter-Training!
Die Prise
Epische Kleinformen
Kennst du dich aus: Epische Kleinformen
Fabel: Die ziemlich intelligente Fliege
Erzählung: Kannitverstan
Sage: Die Steinerne Brücke zu Regensburg
Legende: Der Bär des heiligen Korbinian u.a.
Märchen: Ein Wunsch ist frei
Schwank: Das wohlfeile Mittagessen
Schattentheater/Spielen ohne Sprache
Dialogstück: In der Apotheke
Beispielgeschichten: Ein Gerücht
Fliegen
Fliegen - kein Problem (Pflanzen und Tiere)
Gedankenkonstruktionen: Gedankenketten, Ideenstern,
Clustering, Wortfamilien
Der Traum vom Fliegen: Azubi bei Leonardo da Vinci
Wir falten ein Papierflugzeug
Der Traum vom Fliegen: Der Schneider von Ulm
Der Alptraum vom Fliegen
Theater-Stück: "Der Traum vom Fliegen"
Indianer
Der Oregon Trail
Mit dem Planwagen unterwegs
Auf dem Weg in den Westen
Mit dem Treck unterwegs
Indianer in Sicht
Endlich am Ziel
Ein neues Zuhause
Immer unterwegs
Eine Reise ins Indianerland
Leben bei den Indianern
Die ewigen Jagdgründe
Im Tipi
Der Mythos vom "edlen Wilden"
Indianersprache
Eine Indianergeschichte-von dir geschrieben
Der Wildtöter
Winnetou
Comic
Kennst du dich aus: Comic
Der Weg der Bildergeschichte durch die Jahrhunderte
Mein Lieblingscomic / Steckbrief
Fragebogen
Comic-Zeichner gesucht: Der Trick mit dem Garn - bewegte Gesichter
Comic-Zeichner gesucht: Gib den Gesichtern einen Ausdruck!
Comic-Texter gesucht: Die Sache mit der Vase
Blasen und anderes
Blasen und Texte
Gut und Böse
Comic-Zeichner gesucht: Die Rutschpartie
Die Polizei sucht!
...nachts in einer schummrigen Hafenkneipe
Helden einmal anders
Neue Geschichten - bekannte Figuren
Kommunikation
Hier geht es um den Adressaten
Briefmarken
Meine eigene Briefmarke
Die Reise einer Briefmarke
Unser Gruppenbuch
Bild-Geschichten
Dass (k) einer des anderen Sprache versteht
Eine Brieffreundschaft
Eine Klassenbrieffreundschaft
Der erste Brief
Schicke ein Fax an ...
Vorsicht, beim Schreiben
Was ist geeignet, wenn ...
Morsen
Die Erfindung des Telefons
Gedichte über den Schultag
Was ist los im Chatroom?
Chatroom im Klassenzimmer
Stamm- und Expertengruppe

Deutsch innovativ 5/6 Bd. I
Nr. 940 *150 Seiten* €20,90

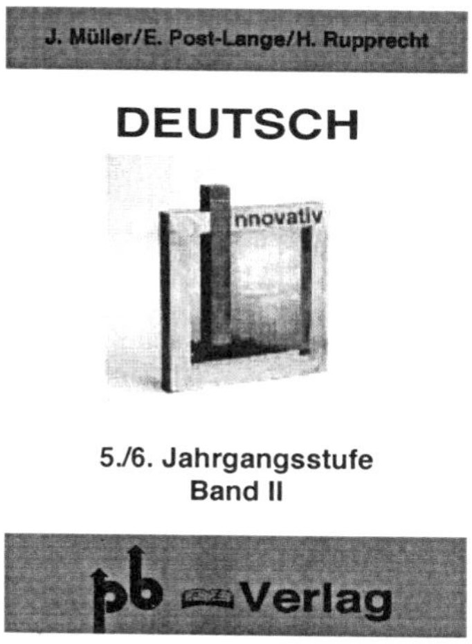
J. Müller/E. Post-Lange/H. Rupprecht
DEUTSCH
innovativ
5./6. Jahrgangsstufe
Band II
pb Verlag

Inhaltsübersicht

Neue Methoden
Wir lernen einen Gedankensturm
Wir spielen Aquarium
Wir setzen unsere Tastbox ein
Stamm- und Expertengruppen
Gruppen bilden macht Spaß
Tipps zum Freien Schreiben
Der Lern- und Übungszirkel
Einstieg in die Wochenplanarbeit
Miteinander
Im Cafe
Das Gespräch
Cluster: Miteinander
Richtiges Verhalten: Ratschläge für Eltern
Pro-und Contra-Diskussionen: Regeln
Essensregeln
Schilder
Spiele mit Wörtern
Trampelpfade in der Grünanlage
Die Geschichte vom grünen Fahrrad
Seltsamer Spaziernitt
Die beiden Ziegen
Der Arme und die Gurken
Die Nuss - oder wenn zwei sich streiten
Missverständnisse
Kopfmonster
Kopfläuse ... was tun?,
Bücherwürmer gefragt!
Flöhe, Wanzen, Läuse - Redensarten
Tierbeschreibung
Quälgeister-Memory
Der Floh
Wanted: Billy the Flea!
Ein Floh erzählt
Fantasie und Grips
Scherzfragen und Denksport
Die rettende Idee
Robin Hood
Ein und dieselbe Geschichte - auf den Erzähler kommt es an!
Aufsatzvorlagen
Zahnpasta-Reklame
Die Kunst der Verpackung
Gesucht: Starke Sprüche
Zukunft und Vergangenheit
Stamm- und Expertengruppen
Mein Erzählschrank
Zeitreise
Aquarium
Besuch aus dem All
Dein Roboter
Buchstabengedanken
Schreib los!
Zukunftswerkstatt
Zukunft und Vergangenheit
Die neue Rechtschreibung im Übungszirkel
Märchen und andere Texte
Hans im Glück
Märchenerzähler gesucht
Es war einmal ... Wir erfinden Märchen
Gut zureden
Märchen: Wir verändern den Schluss
Märchen: Gut und Böse mit vertauschten Rollen
Märchenquartett
Das große Märchenspiel,
Alter Schwank
Die Grille und die Ameise
Münchhausen: Der Ritt auf der Kanonenkugel
Allein auf einer unbewohnten Insel!
Der Zahnarzt
Wasser
Ein Regentropfen erzählt seine Geschichte
Wasser-Cluster
Aus Regen wird Trinkwasser
Ein Verdurstender in der Wüste
Eine Meerjungfrau erzählt
Die Schatzinsel und andere Erzählungen
Zwei Flüsse im Vergleich
Wie kommt der Sauerstoff ins Wasser?
Ein Wasser-Tag
Mind-Map
Die neue Rechtschreibung und das Wasser
Eine Regenwanderung
Gedichte zum Wasser
Traumreise

Deutsch innovativ 5/6 Bd. II
Nr. 941 *152 Seiten* €20,90

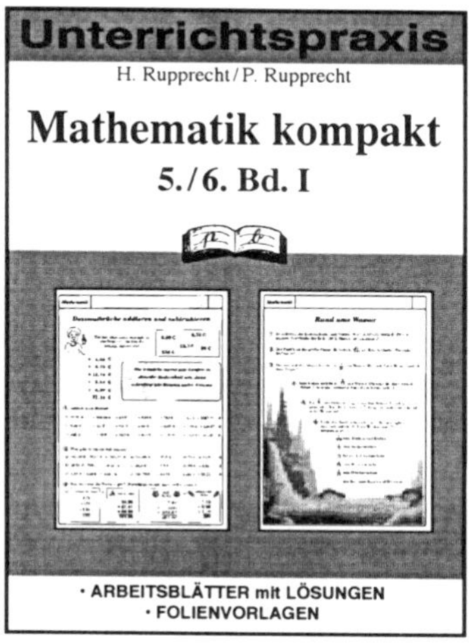
Unterrichtspraxis
H. Rupprecht/P. Rupprecht
Mathematik kompakt
5./6. Bd. I
· ARBEITSBLÄTTER mit LÖSUNGEN
· FOLIENVORLAGEN

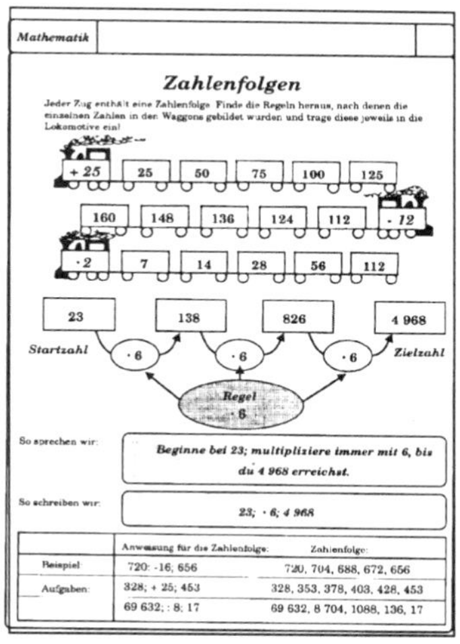
Mathematik

Zahlenfolgen

Jeder Zug enthält eine Zahlenfolge. Finde die Regeln heraus, nach denen die einzelnen Zahlen in den Waggons gebildet wurden und trage diese jeweils in die Lokomotive ein!

+ 25 | 25 | 50 | 75 | 100 | 125
160 | 148 | 136 | 124 | 112 | - 12
· 2 | 7 | 14 | 28 | 56 | 112

Startzahl 23 – · 6 – 138 – · 6 – 826 – · 6 – 4 968 Zielzahl
Regel · 6

So sprechen wir: *Beginne bei 23; multipliziere immer mit 6, bis du 4 968 erreichst.*

So schreiben wir: *23; · 6; 4 968*

	Anweisung für die Zahlenfolge:	Zahlenfolge:
Beispiel:	720: -16; 656	720, 704, 688, 672, 656
Aufgaben:	328; + 25; 453	328, 353, 378, 403, 428, 453
	69 632; : 8; 17	69 632, 8 704, 1088, 136, 17

Inhaltsverzeichnis

Natürliche Zahlen
Zahlen, Die Zahlen - ein kleiner historischer Ausflug, Geschichte der Zahlen und Zahlensysteme, Zahlen schreiben wie die alten ..., Natürliche Zahlen, Ziffern - Zahlen - Zahlwörter, Wir erweitern den Zahlenraum bis zur Billion, Im Zehnersystem zur Billion, Stellenwerthaus, Spielbank Klasse 5, Wir lesen große Zahlen, Große Zahlen, Wir zerlegen große Zahlen, Große Zahlen lassen sich zerlegen und aufbauen, Zahlen am Zahlenstrahl, Wir ordnen große Zahlen
Wir vergleichen Zahlen, Zahlenfolgen, Wir üben mit Zahlenfolgen, Reif für die Insel, Zahlenfolgen, Wir runden große Zahlen, Schätzen und runden, Zahlen kann man darstellen!, Zahlen zum Sachunterricht, Übungszirkel

Brüche und Dezimalbrüche
Zeichnen und Zerlegen, Faltspiele, Legespiele, Wir teilen gerecht, Wir teilen Ganze, Von der Division zum Bruch, Brüche: Zähler und Nenner, Wir vergleichen Brüche, Immer der gleiche Bruch!, Wir addieren gleichnamige Brüche, Wir subtrahieren gleichnamige Brüche, Wir addieren und subtrahieren gleichnamige Brüche, Brüche am Zahlenstrahl, Echte und unechte Brüche - gemischte Zahlen, Ganze und gemischte Zahlen als Brüche, Bruch - Lege - Spiel, Bruch - Memory, Bruch - Stern, Bruchrechenbrett, Die Sache mit dem Komma - Dezimalbrüche, Zehnerbrüche Dezimalbrüche, Folienvorlage, Längen mit Komma, Geldbeträge und Gewichte mit Komma, Dezimalbrüche vergleichen und ordnen, Dezimalbrüche runden, Dezimalbrüche addieren und subtrahieren, Bruch - Domino, Rechenstäbe, Übungszirkel, Brüche sind Rechenanweisungen, Rund ums Wasser, Bruchteile berechnen, Wir erweitern Brüche, Wir kürzen Brüche, Wir üben das Erweitern und Kürzen, Wir vergleichen Brüche, Bruch - Sammler (Kartenspiel), Übungszirkel, Addieren und subtrahieren von Brüchen, Addieren und subtrahieren von ungleichnamigen Brüchen, Brüche multiplizieren, Brüche dividieren, Dezimalbrüche multiplizieren und dividieren, Übungszirkel

Mathem. Kompakt 5./6 Bd. I
Nr. 960 *146 Seiten* € 19,90

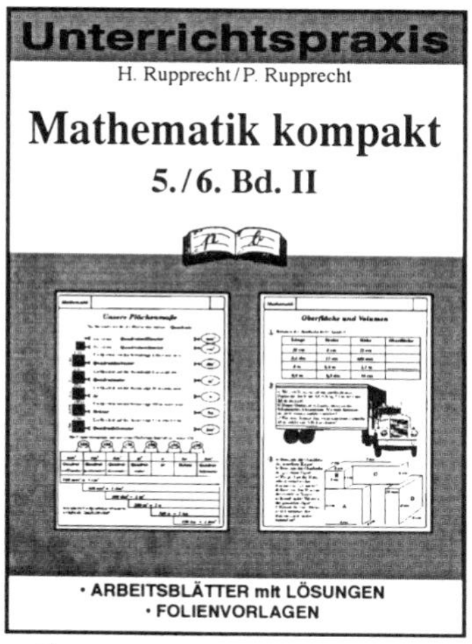
Unterrichtspraxis
H. Rupprecht/P. Rupprecht
Mathematik kompakt
5./6. Bd. II
· ARBEITSBLÄTTER mit LÖSUNGEN
· FOLIENVORLAGEN

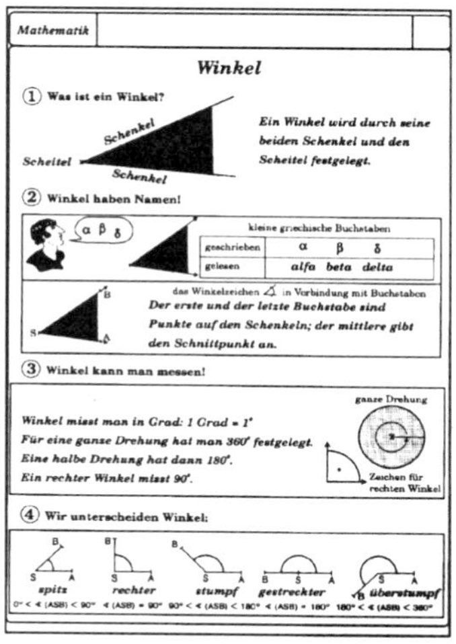
Mathematik

Winkel

① **Was ist ein Winkel?**

Scheitel, Schenkel, Schenkel

Ein Winkel wird durch seine beiden Schenkel und den Scheitel festgelegt.

② **Winkel haben Namen!**

α β δ

kleine griechische Buchstaben

geschrieben	α	β	δ
gelesen	alfa	beta	delta

das Winkelzeichen ∡ in Verbindung mit Buchstaben

Der erste und der letzte Buchstabe sind Punkte auf den Schenkeln; der mittlere gibt den Schnittpunkt an.

③ **Winkel kann man messen!**

Winkel misst man in Grad: 1 Grad = 1°
Für eine ganze Drehung hat man 360° festgelegt.
Eine halbe Drehung hat dann 180°.
Ein rechter Winkel misst 90°.

ganze Drehung
Zeichen für rechten Winkel

④ **Wir unterscheiden Winkel:**

spitz	rechter	stumpf	gestreckter	überstumpf
0° < ∡ (ASB) < 90°	∡ (ASB) = 90°	90° < ∡ (ASB) < 180°	∡ (ASB) = 180°	180° < ∡ (ASB) < 360°

Inhaltsverzeichnis

Geometrie
Geometrie-Zeichen-Kurs:, 1. Längen, 2. senkrecht und parallel / bestimmen, 3. senkrecht und parallel / zeichnen, Linien haben Namen, Gerade Linien, Das Gitternetz, Spiegelreiche Figuren, Wir spiegeln im Gitternetz, Rechteck und Quadrat, Strecken und Streckenzüge, Der Umfang von Rechteck und Quadrat, Streckenzüge und Umfang, Längenmaße:, Unsere Längenmaße, Längenmaße - ein kleiner Ausflug in alte Zeiten, Längenmaße, Wir rechnen mit dem Maßstab, Wir zeichnen im Maßstab, Steckbrief Quader und Würfel, Netze von Würfel und Quader, Quader und Würfel, Wir berechnen den Flächeninhalt, Unsere Flächenmaße, Ausschneidebogen / Flächenmaße, Ausschneidebogen / Längenmaße, Übungszirkel, Parallelogramme, Der Kreis, Kreise, Geometrie-Zeichen-Kurs: 4. Winkel zeichnen und messen, Winkel, Winkel / Partnerübungen, Die Drehung, Die Parallelverschiebung, Wir untersuchen geometrische Körper, Geometrische Körper, Bastelbogen / Geometrische Körper, Die Oberfläche von Quader und Würfel, Die Volumeneinheiten, Das Volumen von Quadern, Oberfläche und Volumen, Volumeneinheiten, Übungszirkel

Rechnen
Mensch ärgere dich nicht!, Weitere Maßeinheiten, Wir rechnen mit Maßeinheiten, Die Grundrechenarten / Strichrechnungen, Additionsaufgaben, Subtraktionsaufgaben, Die Grundrechenarten / Punktrechnungen, Multiplikationsaufgaben, Divisionsaufgaben, Was weißt du noch von den Grundrechenarten?, Wichtige Regeln, Weitere Regeln und vorteilhaftes Rechnen, Wir überschlagen Rechnungen, Kennst du dich aus mit den Rechenregeln?, Schlaue Füchse überschlagen zuerst die Rechnung!, Übungszirkel, Gleichungen - Ungleichungen, Der fehlenden Zahl auf der Spur (3 Teile), Terme und Rechenbäume, Tricks für Textaufgaben, Textaufgabe, Textaufgaben, Merkwürdige Aufgaben, Rechenscheiben, Kartenspiele, Übungszirkel

Mathem. Kompakt 5/6 Bd. II
Nr. 961 *146 Seiten* € 19,90

pb verlag

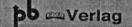

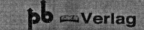

Deutsch

Deutsch innovativ

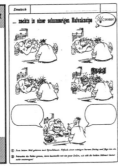

940	5./6. Schuljahr Band I, *150 S.*	✐	20,90
941	5./6. Schuljahr Band II, *154S.*	✐	20,90

Rechtschreiben

511	Rechtschreibstrategien 5./6. Bd.I		
	147 Seiten	✐	20,50
592	Rechtschreibstrategien 5./6. Bd.II		i.V.
543	Mein Rechtschreib-Regelheft		
	Schülerheft, *48 S. DIN A 4*	✐	9,90
	Im Klassensatz nur		6,90

Sprachlehre UP

220	5./6. Schuljahr	✐	17,90
	118 Seiten, 53 AB, 12 FV		

Aufsatz

242	5./6. Schuljahr Bd. I	✐	19,90
	Sachliche Darstellungsformen,		
	130 Seiten, 24 StB, 55 AB		
243	5./6. Schuljahr Bd. II	✐	19,90
	Erzählende Darstellungsformen,		
	130 Seiten, 25 StB, 32 AB, 12 FV		
495	So macht Aufsatz Spaß 5./6.	✐	15,50
	Kopierheft, 72 Seiten		
910	Kreatives Schreiben 5./6.	✐	17,50
	Techniken, Tipps, Schülerbeisp. 96 S.		
975	Aufsatz-mal anders 5./6.	✐	14,50
	Kopierheft, 62 S.		
523	Aufsatzkorrektur-leicht gemacht 5.-10.		
	Praktische Hilfen zur gerechten		
	Bewertung, 146 S.	✐	20,50

Begleithefte zu aktueller Jugendliteratur

912	Jugendbücher 5./6. *112 S.*	✐	15,90

Gedichte

209	5./6. Schuljahr	✐	14,90
	84 Seiten, 21 Gedichte mit 16 StB		
	z.B. von Ringelnatz, Brecht, Morgenstern,		
	Huchel, Goethe, Mörike, Busch, Heine...		

Grammatik leichter lernen

504	5./6. Schuljahr		5,90
	Schülerheft, 98 Seiten, DIN A 5		
506	Mini-Grammatik	✐	2,90
	Schülerheft, 28 S. DIN A 5		

Minutenübungen (Kartei)

245	Wortschatz/Rechtschreiben 5. Schuljahr, *A5, 102 S.*	$	6,90
246	Wortschatz/Rechtschreiben 6. Schuljahr, *A5, 102 S.*	$	6,90

Literatur/Lesen

568	Literatur 5./6. Schuljahr	✐	20,50
	148 Seiten, 26 StB, 18 AB, 46 FV		
525	Textknacker 5./6.	✐	20,50
	Lesetexte besser verstehen,144 S.		
529	Kurzgesch. u. Erzähl. 5./6. *108 S.*	✐	17,90
519	Du-Geschichten zum sozialen Lernen		
	40 Seiten	✐	11,90

Mathematik

Unterrichtspraxis

960	Mathematik kompakt 5./6. Bd. I		
	146 Seiten	✐	19,90
961	Mathematik kompakt 5./6. Bd. II		
	146 Seiten	✐	19,90

Übungen und Rechenspiele

233	5. Schuljahr *112 Seiten*	✐	16,90
234	6. Schuljahr *108 Seiten*	✐	16,90

Kopierhefte mit Pfiff
für Freiarbeit, Übung, Differenzierung

755	Fit mit Tricks in Textaufgaben	$	6,90
	64 Seiten, 29 AB		
489	Sachaufgaben	$	6,90
	68 Seiten, 40 AB		
491	Maßeinheiten	$	6,90
	64 Seiten, 30 FV		
492	Gleichungen, *64 S.*	$	6,90
494	Bruchrechnen Band II	$	6,90
	64 Seiten, 31 FV		

Konzentration/Denksport

Geistreiche und vergnügliche Denkspiele, nicht nur für den Mathematikunterricht

729	Gripsfit 5./6. *66S.*	✐	14,50

Kath. Religion

Unterrichtspraxis UP

916	Religion UP 5., *148 S.*	✐	20,50
622	Foliensatz zu Religion 5.	$	9,90
917	Religion UP 6., *144 S.*	✐	20,50

Ethik

Unterrichtspraxis nach Themenkreisen

614	In sozialer Verantwortung leben und lernen *110 Seiten*	✐	17,90
615	Weltreligionen *122 Seiten*	✐	18,90
616	Nach ethischen Maßstäben entscheiden und handeln *88 Seiten*	✐	16,50
617	Ethische Grundfragen in der Literatur		
	102 Seiten	✐	17,50

Erdkunde

Stundenbilder

206	Deutschland	✐	20,50
	144 Seiten, 17 StB, 35 AB, 17 FV		
532	Deutschland-Quiz	✐	11,90
	Kopierheft, 48 Seiten		
533	Deutschland-Lernspiele	✐	10,90
	Kopierheft, 44 Seiten		
309	Europa	✐	20,50
	144 Seiten, 13 StB, 34 AB, 17 FV		
333	Amerika *156 Seiten*	✐	21,90
331	Asien/Afrika *160 Seiten*	✐	21,90
870	Russland/GUS *80 Seiten*	✐	16,50
330	Entwicklungsländer *138 Seiten*	✐	20,50
332	Naturkatastrophen *144 Seiten*	✐	20,50

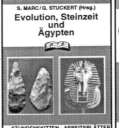

Geschichte

Stundenbilder

840	Evolution/Steinzeit/Ägpten	✐	21,90
	160 Seiten		
841	Griechenland/Rom/Völkerwanderung		
	136 Seiten	✐	19,90
211	Mittelalter	✐	21,90
	160 Seiten, 32 StB, 27 AB, 55 FV		
312	Neuzeit bis Ende 18. Jahrhundert	✐	22,50
	176 Seiten, 22 StB, 39 AB, 21 FV		
831	19. Jahrhundert u. Imperialismus		
	112 Seiten	✐	18,90
832	1. Weltkrieg u. Weimarer Republik		
	128 Seiten	✐	19,90

$	= Sonderpreistitel
✐	= Neue Rechtschreibung